# Cynnwys

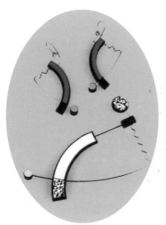

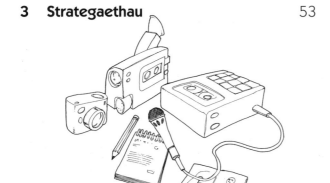

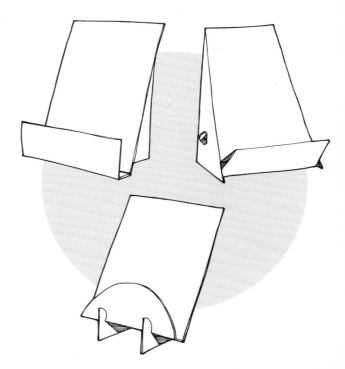

iii

## 6 Siartiau dewis

### Siart Dewis Defnyddiau Modelu

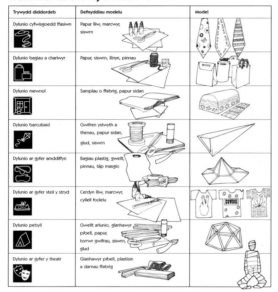

| Trywydd diddordeb | Defnyddiau modelu | Model |
|---|---|---|
| Dylunio cyfwisgoedd ffasiwn | Papur lliw, marcwyr, siswrn | |
| Dylunio bagiau a chariwyr | Papur, siswrn, llinyn, pinnau | |
| Dylunio mewnol | Samplau o ffabrig, papur sidan | |
| Dylunio barcutiaid | Gwifren ystwyth a thenau, papur sidan, glud, siswrn | |
| Dylunio ar gyfer amddiffyn | Bagiau plastig, gwellt, pinnau, tâp masgio | |
| Dylunio ar gyfer steil y stryd | Cerdyn lliw, marcwyr, cyllell fodelu | |
| Dylunio pebyll | Gwellt arlunio, glanhawyr pibell, papur, torrwr gwifrau, siswrn, glud | |
| Dylunio ar gyfer y theatr | Glanhawyr pibell, plastisin a darnau ffabrig | |

# DYLUNIO A THECHNOLEG

## 14-16

Cyhoeddwyd gan Wasg Taf Cyf.
1 Gweithdai Bodedern, Bodedern, Ynys Môn LL65 3TL.

Comisiynwyd gyda chymorth ariannol Awdurdod Cymwysterau, Cwricwlwm ac Asesu Cymru.
Cyhoeddwyd dan nawdd Cynllun Cyhoeddiadau Cyd-bwyllgor Addysg Cymru.

**Dylunio a Thechnoleg 14 - 16**
Addasiad Cymraeg: cyfrol gyfansawdd yn seiliedig ar *Nuffield Design & Technology, 14-16 resources*: *Food Technology*; *Textiles; Product Design*; *Graphics*.

Dyluniwyd y cyfrolau gwreiddiol gan Pentacor, High Wycombe, Swydd Buckingham HP12 3DJ

Argraffiad Cymraeg cyntaf 2002
Cysodwyd gan Almon, Pwllheli
Argraffwyd yng Nghymru gan Gwmni EPC, Cwmbrân

ISBN 0 948469 70 6

**Project Dylunio a Thechnoleg Nuffield**
**Cyfarwyddwyr y project**
**Cyfarwyddwr gweithredol a Golygydd Ymgynghorol y gyfrol hon** Dr David Barlex
**Cydgyfarwyddwyr** Yr Athro Paul Black a'r Athro Geoffrey Harrison
**Dirprwy gyfarwyddwr - hyrwyddo** David Wise

*Mae hawlfraint ar y ffotograffau a'r deunyddiau eraill isod a gwnaed pob ymdrech i gysylltu â phob perchennog hawlfraint. Rydym yn ddiolchgar am y caniatâd a gafwyd i'w hatgynhyrchu.*

Tony Stone Images, tudalennau 8, 9 (Ian Shaw), 46 gwaelod (Tim Brown), 47 ar y dde (Don Morley), 85 (Pete McArthur), 150; Telegraph Colour Library, tudalennau 20 (Benelux Press), 47 gwaelod chwith (Space Frontiers) ; Yr Amgueddfa Brydeinig, tudalen 21; Anne Finlay, tudalen 24 ar y chwith; Jane Adam, tudalen 24 ar y dde; Quart de Poil, tudalen 25; Sue Cunningham, tudalen 34; Trevor Clifford Photography, tudalennau 38, 39, 40, 105, 109, 111, 115, 116 uchod, 116 gwaelod ar y dde, 142, 148 uchod, 148 gwaelod, 193; Intermediate Technology Photo Library, tudalennau 42 uchod, 43; Top Shop, tudalennau 44, 45; The Image Bank/Derek Berwin, tudalen 46 uchod; British Petroleum, tudalen 47 uchod; DuPont, tudalennau 48,49; Rex Features, tudalennau 50, 153 uchod ar y dde; Colorific!, tudalen 73; John Plater, tudalen 89; Art Directors Photo Library/Terry Why tudalen 91; Longman Photographic Unit, tudalen 94; Neville Kuypers Associates, tudalennau 96, 134 isod, 137; Gareth Boden, tudalennau 100, 101, 139, 144, 145, 146, 147, 197, 198, 200; BBC Copyright, tudalen 116 gwaelod chwith; Timber Kits, tudalen 126 uchod; Cabaret Mechanical Theatre, tudalennau 126 gwaelod, 127 uchod ar y dde, 127 gwaelod,129 (Heini Schneebeli), 127 uchod chwith (Gary Alexander); Robert Harding Picture Library, tudalen 134 uchod; BCB International Ltd tudalen 141; David King Collection tudalen 148 canol; Popperfoto, tudalen 153 gwaelod chwith; Magnum Photos, tudalen 153 uchod chwith (Peter Marlow), gwaelod ar y dde (Rene Burri); John Plater, tudalennau 170, 173, 174, 175.

**Lluniau'r clawr a'r dudalen deitl:**
Y Tŷ Gwydr Mawr, Gardd Fotaneg Genedlaethol Cymru, Sir Gaerfyrddin.
Atgynhyrchwyd trwy garedigrwydd Gardd Fotaneg Genedlaethol Cymru, www.gardenofwales.org.uk

# Rhan 1  Dysgu D&T yn CA4

## *Beth wna i ei ddylunio a'i wneud?*

Yng Nghyfnod Allweddol 3 roeddech yn gweithio gydag amrywiaeth eang o ddefnyddiau ond yng Nghyfnod Allweddol 4 rydych yn cael arbenigo. Felly, efallai'ch bod wedi dewis arbenigo mewn dylunio a gwneud ym maes bwyd, tecstilau, defnyddiau gwrthiannol neu gyfryngau graffig. Yng Nghyfnod Allweddol 4 mae disgwyl ichi weithio at safon uwch mewn dylunio a gwneud; dylai safon eich cynnyrch fod yn uwch nag yng Nghyfnod Allweddol 3. Am ddwy flynedd yn unig mae cwrs Cyfnod Allweddol 4 yn para, ac mae'n amlwg felly na fydd gennych ddigon o amser i ennill y sgiliau a'r wybodaeth a'r ddealltwriaeth ychwanegol y bydd eu hangen arnoch i wella'ch gwaith mewn mwy nag un maes. Dangosir isod y math o bethau y gallech eu dylunio a'u gwneud.

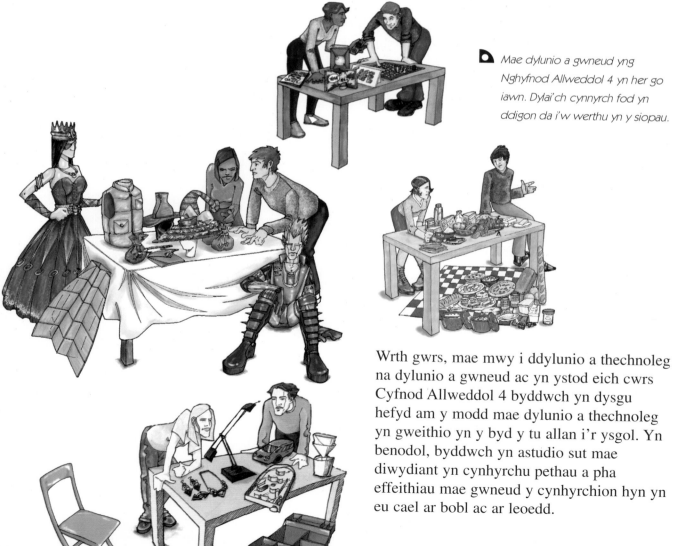

▶ *Mae dylunio a gwneud yng Nghyfnod Allweddol 4 yn her go iawn. Dylai'ch cynnyrch fod yn ddigon da i'w werthu yn y siopau.*

Wrth gwrs, mae mwy i ddylunio a thechnoleg na dylunio a gwneud ac yn ystod eich cwrs Cyfnod Allweddol 4 byddwch yn dysgu hefyd am y modd mae dylunio a thechnoleg yn gweithio yn y byd y tu allan i'r ysgol. Yn benodol, byddwch yn astudio sut mae diwydiant yn cynhyrchu pethau a pha effeithiau mae gwneud y cynhyrchion hyn yn eu cael ar bobl ac ar leoedd.

# Sut bydda i'n dysgu?

Os byddwch yn dilyn ffordd Nuffield o wneud dylunio a thechnoleg, bydd eich athro yn defnyddio tri dull dysgu gwahanol. Disgrifir y rhain isod.

## 1 Tasgau Adnoddau

Gweithgareddau ymarferol byr yw'r rhain. Maent yn gwneud i chi feddwl ac yn eich helpu i ennill y wybodaeth a'r sgiliau y bydd eu hangen arnoch i allu dylunio a gwneud yn wirioneddol dda.

## 2 Astudiaethau Achos

Mae'r rhain yn disgrifio enghreifftiau go iawn o ddylunio a thechnoleg yn y byd y tu allan i'r ysgol. Drwy eu darllen byddwch yn darganfod mwy na thrwy ddylunio a gwneud ar eu pennau'u hunain. Mae Astudiaethau Achos yn eich helpu i ddysgu sut mae cwmnïau a busnesau yn dylunio ac yn cynhyrchu nwyddau a sut mae'r nwyddau hyn yn cael eu marchnata a'u gwerthu. Byddwch chi'n dysgu hefyd am effaith y cynhyrchion hyn ar y bobl sy'n eu defnyddio a'r lleoedd lle maen nhw'n cael eu gwneud.

## 3 Tasgau Gallu

Mae'r rhain yn ymwneud â dylunio a gwneud cynnyrch sy'n gweithio. Pan fyddwch yn mynd i'r afael â Thasg Gallu, byddwch yn defnyddio'r hyn y byddwch wedi'i ddysgu drwy wneud Tasgau Adnoddau ac Astudiaethau Achos. Mae Tasgau Gallu yn cymryd llawer mwy o amser na Thasgau Adnoddau ac Astudiaethau Achos. Bydd eich athro yn trefnu'ch gwersi fel eich bod yn gwneud y Tasgau Adnoddau a'r Astudiaethau Achos y bydd eu hangen arnoch i wneud Tasg Gallu fel rhan o'r Dasg Gallu honno. Dyma'r ffordd y bydd eich athro yn sicrhau eich bod yn cael llwyddiant yn eich dylunio a'ch gwneud. Dangosir yma sut mae'r dulliau hyn yn gweithio gyda'i gilydd.

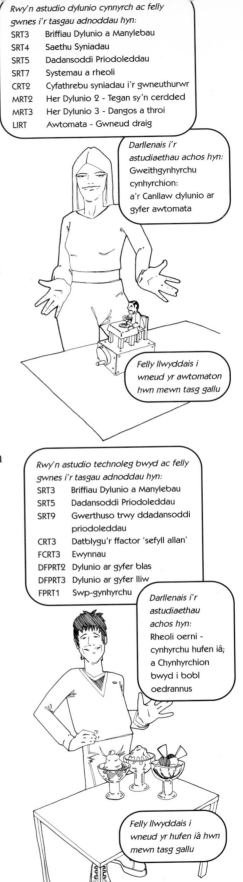

Rwy'n astudio dylunio cynnyrch ac felly gwnes i'r tasgau adnoddau hyn:

| | |
|---|---|
| SRT3 | Briffiau Dylunio a Manylebau |
| SRT4 | Saethu Syniadau |
| SRT5 | Dadansoddi Priodoleddau |
| SRT7 | Systemau a rheoli |
| CRT2 | Cyfathrebu syniadau i'r gwneuthurwr |
| MRT2 | Her Dylunio 2 - Tegan sy'n cerdded |
| MRT3 | Her Dylunio 3 - Dangos a throi |
| LIRT | Awtomata - Gwneud draig |

Darllenais i'r astudiaethau achos hyn: Gweithgynhyrchu cynhyrchion: a'r Canllaw dylunio ar gyfer awtomata

Felly llwyddais i wneud yr awtomaton hwn mewn tasg gallu

Rwy'n astudio technoleg bwyd ac felly gwnes i'r tasgau adnoddau hyn:

| | |
|---|---|
| SRT3 | Briffiau Dylunio a Manylebau |
| SRT5 | Dadansoddi Priodoleddau |
| SRT9 | Gwerthuso trwy ddadansoddi priodoleddau |
| CRT3 | Datblygu'r ffactor 'sefyll allan' |
| FCRT3 | Ewynnau |
| DFPRT2 | Dylunio ar gyfer blas |
| DFPRT3 | Dylunio ar gyfer lliw |
| FPRT1 | Swp-gynhyrchu |

Darllenais i'r astudiaethau achos hyn: Rheoli oerni - cynhyrchu hufen iâ; a Chynhyrchion bwyd i bobl oedrannus

Felly llwyddais i wneud yr hufen iâ hwn mewn tasg gallu

# Tasgau Adnoddau ar gyfer dysgu gwybodaeth, sgiliau a dealltwriaeth

Mae adnoddau Project Dylunio a Thechnoleg Nuffield yn Saesneg yn cynnwys Tasgau Adnoddau ar ffurf taflen gyfarwyddiadau fel yr un isod. Gallwch weld eu bod yn wahanol i'r rhai roeddech yn eu defnyddio yng Nghyfnod Allweddol 3.

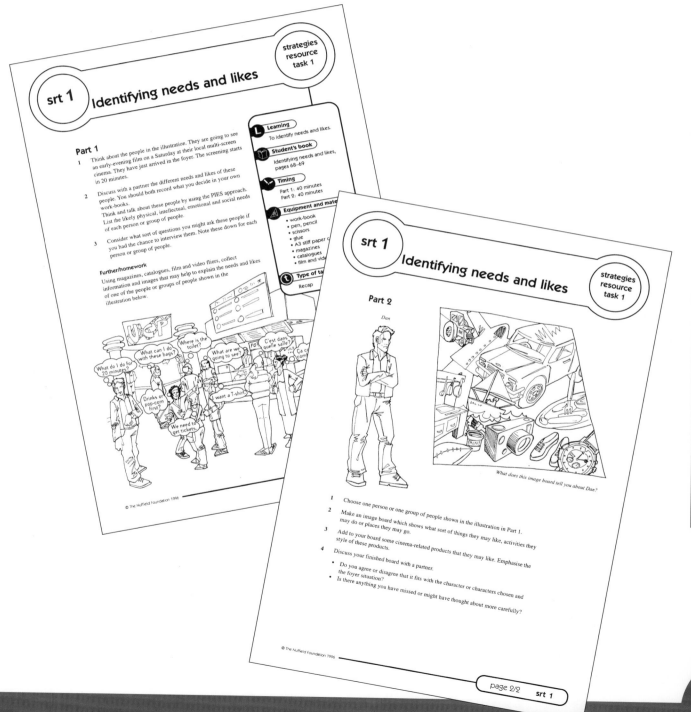

1

# Mwy am Dasgau Adnoddau

Mae tri math o Dasg Adnoddau.

## Tasgau Adnoddau Adolygu

Tasgau yw'r rhain sy'n mynd dros bethau y byddwch, yn ôl pob tebyg, wedi'u gwneud yng Nghyfnod Allweddol 3. Mae'r rhain yn ddefnyddiol dros ben, gan eich atgoffa o bethau y byddwch efallai wedi anghofio amdanynt neu roi cyfle ichi ddal i fyny ar bethau rydych wedi'u colli.

## Tasgau Adnoddau Estynnol

Tasgau yw'r rhain sy'n cymryd syniad a gafodd ei gyflwyno i chi, yn ôl pob tebyg, yng Nghyfnod Allweddol 3 ac yn ei ddatblygu ymhellach. Maent yn ddefnyddiol ar gyfer adolygu syniadau Cyfnod Allweddol 3 a'ch helpu i'w defnyddio mewn ffordd fwy datblygedig.

## Tasgau Adnoddau Syniadau Newydd

Tasgau yw'r rhain sy'n ymdrin â gwybodaeth a dealltwriaeth sy'n newydd yng Nghyfnod Allweddol 4. Mae'n annhebygol y byddwch wedi gwneud y gwaith hwn yng Nghyfnod Allweddol 3. Maent yn bwysig i'ch helpu i symud ymlaen.

Gall eich athro:

- drefnu'r wers fel bod pawb yn gwneud yr un Dasg Adnoddau;
- gosod tasgau gwahanol i wahanol fyfyrwyr;
- gadael i chi ddewis o blith nifer o Dasgau Adnoddau.

Weithiau byddwch yn gweithio ar eich pen eich hun ac weithiau'n rhan o dîm.

*Hwyrach y bydd eich athrawes yn cyflwyno dilyniant o Dasgau Adnoddau drwy siarad â'r dosbarth cyfan*

# Astudiaethau Achos ar gyfer ymwybyddiaeth a dirnadaeth

Mae dau fath o Astudiaeth Achos yng Nghyfnod Allweddol 4.

Y math cyntaf yw'r rhai sy'n ymdrin â thechnolegau 'mawr'. Dyma'r technolegau sy'n cael effaith bwysig ar y ffordd mae pobl yn byw. Maent yn cael eu cysylltu'n aml ag adeg arbennig mewn hanes. Mae hi'n bwysig i chi ddarllen yr Astudiaethau Achos hyn gan y byddant o help ichi fedru deall sut mae technoleg yn effeithio ar ein bywydau.

Yr ail fath yw'r rhai sy'n ymdrin â chynhyrchion sy'n debyg i'r rhai y byddwch chi'n eu dylunio a'u gwneud. Maent yn disgrifio:

- sut y cafodd y dyluniadau eu datblygu, eu cynhyrchu, eu marchnata a'u gwerthu;
- sut mae'r cynhyrchion yn gweithio;
- sut mae'r cynhyrchion yn effeithio ar y bobl sy'n eu gwneud, ar y rhai sy'n eu defnyddio ac ar bobl eraill.

Efallai y bydd Astudiaeth Achos arbennig yn ymdrin ag un o'r agweddau hyn neu â phob un ohonynt. Mae hi'n bwysig ichi ddarllen yr Astudiaethau Achos hyn gan y byddant yn eich helpu i ddylunio fel dylunydd proffesiynol.

Mae hi'n hawdd methu â chanolbwyntio wrth ddarllen Astudiaeth Achos ac felly mae pob un yn cynnwys cwestiynau y dylech geisio'u hateb wrth ichi eu darllen. Bydd trafod eich atebion gyda chyfaill yn fuddiol yn aml. Bydd hyn o gymorth ichi feddwl am yr astudiaeth a gwneud synnwyr ohoni.

Mae'r Astudiaethau Achos hefyd yn cynnwys Gweithgareddau Ymchwil. Bydd y rhain yn cael eu gosod yn waith cartref yn aml gan eu bod yn gofyn ichi ddod o hyd i wybodaeth sydd ddim yn yr Astudiaeth Achos. Mae hyn yn bwysig gan y bydd yn eich helpu i ddysgu sut i gael gafael ar wybodaeth newydd yn ogystal â deall mwy am ddylunio a thechnoleg.

Myfyriwr yn cyflwyno ffrwyth ei waith ymchwil ar gyfer yr Astudiaeth Achos i'r dosbarth cyfan

## Tasgau Gallu ar gyfer dylunio a gwneud

Bydd pob un o'r cynhyrchion y byddwch yn eu dylunio a'u gwneud yng Nghyfnod Allweddol 4 yn dod o grŵp arbennig o gynhyrchion. Yr enw a roddwn ar y grwpiau hyn o gynhyrchion yw **trywyddau diddordeb**. Dangosir y trywyddau diddordeb ar gyfer pob maes canolbwynt yn y tabl isod.

| Maes canolbwynt | Trywyddau diddordeb |
| --- | --- |
| Dylunio cynnyrch | seddau, storio, goleuo, awtomata, teganau a phethau chwarae, offer profi, addurno'r corff |
| Technoleg bwyd | cynhyrchion bwyd – i'r henoed, – i'r ifanc iawn, – i rai mewn perygl, – ar gyfer deiet arbennig, – o fwyd sylfaenol, – o'r pobydd, – gan deisenwyr |
| Tecstilau | theatr, dylunio mewnol, barcutiaid, pebyll, steil stryd, gwarchod, bagiau a bagiau cario, cyfwisgoedd |
| Cynhyrchion graffig | arwyddion, pecynnau, gêmau bwrdd, dylunio mewnol, rhyngwynebau defnyddwyr, gwybodaeth, peirianneg cerdyn |

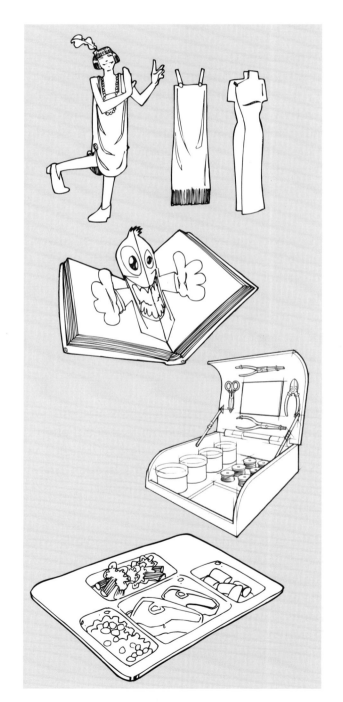

Yn ystod eich cwrs Cyfnod Allweddol 4 cewch gyfle i weithio ar o leiaf dri thrywydd diddordeb. Pe baech yn gweithio ar un trywydd diddordeb yn unig, byddech yn dysgu llawer am y rhan arbennig honno o ddylunio a thechnoleg, ond ni fyddech chi'n gwybod dim am rannau eraill. Pe baech yn gweithio ar lawer mwy na thri thrywydd diddordeb, ni fyddai gennych amser i astudio dim byd mewn dyfnder ac, o ganlyniad, ni fyddech yn gwybod llawer iawn am unrhyw ran o ddylunio a thechnoleg. Ond drwy ganolbwyntio ar dri thrywydd diddordeb cewch gyfle i feistroli lefel ac amrywiaeth resymol o wybodaeth, dealltwriaeth a sgil ym maes dylunio a thechnoleg. Dangosir yma rai cynhyrchion posibl o drywyddau diddordeb y gwahanol feysydd canolbwynt.

# Rheoli tair Tasg Gallu

Os ydych yn dilyn cwrs TGAU llawn, mae'n debyg y byddwch yn gwneud tair Tasg Gallu yn ystod Blwyddyn 10, pob un o wahanol drywydd diddordeb. Bydd eich athro yn gweithio gyda chi i benderfynu pa rai y bydd y dosbarth yn mynd i'r afael â nhw. Ym Mlwyddyn 11 cewch fynd yn ôl at hen drywydd diddordeb neu fynd i'r afael ag un newydd. Mae'n debyg y byddwch yn seilio eich gwaith cwrs TGAU ar y trywydd diddordeb a ddewiswch ym Mlwyddyn 11. Mae hyn yn gwneud synnwyr gan y dylech chi fod yn well wrth ddylunio a gwneud ym Mlwyddyn 11 nag ym Mlwyddyn 10.

Bydd hi'n dipyn o waith gwneud tair Tasg Gallu lawn ym Mlwyddyn 10, ac felly efallai y bydd eich athro yn trefnu'r gwersi fel mai dim ond rhan o rai o'r tasgau y byddwch chi'n eu gwneud. Bydd angen yn sicr ichi wneud un Dasg Gallu gyflawn lle byddwch yn dylunio, gwneud a phrofi cynnyrch gorffenedig.

Mewn Tasg Gallu arall efallai na fyddwch chi'n cynhyrchu ond model sy'n gweithio o'r cynnyrch. Mae hyn yn golygu na fyddwch yn treulio llawer o amser ar yr eitem orffenedig. Mewn Tasg Gallu arall efallai na fyddwch chi'n llunio ond cyfres o gynigion dylunio ar ffurf brasluniau anodedig manwl. Bydd hyn yn lleihau'r amser a dreuliwch ar y Dasg Gallu yn fwy byth.

Efallai y bydd eich athro yn rhoi briff dylunio i'r dosbarth ynghyd â manyleb ac yn gofyn ichi ddylunio a gwneud cynnyrch sy'n cwrdd â'r gofynion hyn. Efallai y bydd eich athro hyd yn oed yn rhoi y briff, y fanyleb a'r gosodiad ichi, ac yn gofyn ichi wneud y cynnyrch fel eich bod yn dysgu am y broses gynhyrchu. Mae hi'n bwysig, wrth gwrs, ichi gyflawni'r Tasgau Adnoddau a'r Astudiaethau Achos sydd eu hangen ar gyfer pob un o'r Tasgau Gallu hyn. Yn y modd hwn byddwch yn meistroli llawer o wybodaeth, dealltwriaeth a sgiliau sy'n berthnasol i ddylunio a thechnoleg ac yn dal i gadw mewn cysylltiad â dylunio a gwneud. Bydd hyn yn eich rhoi chi mewn sefyllfa gref i fynd i'r afael â Thasg Gallu lawn ym Mlwyddyn 11.

Tair ffordd wahanol o orffen tasg gallu ym maes tecstilau.

# Sicrhau bod eich dylunio yn gwneud synnwyr

Byddwch yn dilyn briff a fydd yn crynhoi'r wybodaeth ganlynol am eich cynnyrch;

- i beth y caiff ei ddefnyddio;
- pwy fydd yn ei ddefnyddio;
- lle y gallai gael ei ddefnyddio;
- lle y gallai gael ei werthu.

Bydd hyn yn eich helpu i feddwl am ddyluniad eich cynnyrch. Bydd hefyd o gymorth ichi ysgrifennu'r fanyleb. Bydd angen ichi gyfeirio at y briff a'r fanyleb wrth ddylunio. Drwy gymharu eich syniadau dylunio â'r briff a'r fanyleb, byddwch yn gallu gweld a ydynt yn datblygu i gyfeiriadau synhwyrol.

Yr enw a roddwn ar y broses hon yn aml yw **adolygu** ac mae'n bwysig dros ben. Os methwch ag adolygu'ch gwaith ar yr adegau cywir byddwch yn sicr o wastraffu llawer o amser ac mae'n debygol iawn y bydd eich syniadau dylunio yn anaddas; mae'n bosibl, mewn ambell achos, na fyddant yn gweithio o gwbl.

## Adolygiad cyntaf

Pan fydd gennych rai syniadau ar gyfer eich cynnyrch ar ffurf brasluniau anodedig wedi'u tynnu'n sydyn, dylech wneud eich adolygiad cyntaf drwy gymharu'ch syniadau â gofynion y briff a'r fanyleb. Gofynnwch y cwestiynau canlynol i chi'ch hun am bob syniad dylunio:

- A fydd y dyluniad yn gwneud beth mae i fod i'w wneud?
- A fydd y dyluniad yn addas i'r defnyddwyr?
- A fydd y dyluniad yn addas ar gyfer y lle y caiff ei ddefnyddio neu'i werthu?
- A yw'r dyluniad yn debygol o weithio?
- A yw'r dyluniad yn edrych yn iawn ar gyfer y defnyddwyr a'r gwerthwyr?
- A ydw i wedi nodi unrhyw ofynion arbennig y bydd angen i'r dyluniad gwrdd â hwy yn nes ymlaen?

Os nad oes ateb cadarnhaol i **bob un** o'r cwestiynau hyn bydd angen gwrthod neu addasu'r syniad dylunio. Yn y ffordd hon, gallwch ddefnyddio'r adolygiad cyntaf i gael gwared â syniadau dylunio nad ydynt yn cwrdd â'ch gofynion. Gallwch wneud y sgrinio hwn mewn dwy ffordd:

- ar eich pen eich hun drwy eistedd i lawr, meddwl drwy'r peth yn eich pen a gwneud nodiadau ar gyfer pob syniad dylunio;
- drwy weithio mewn grŵp ac egluro'ch syniadau i'r myfyrwyr eraill a fydd yn eu gwerthuso trwy ddefnyddio'r cwestiynau uchod. Mae hyn yn cymryd mwy o amser a bydd angen i chithau helpu'r myfyrwyr eraill yn y grŵp i werthuso eu syniadau dylunio hwy. Ond mae'n werth treulio'r amser ychwanegol hwn fel arfer gan fod pobl eraill yn aml yn fwy synhwyrol wrth feirniadu'ch syniadau nag yr ydych chi.

Pa ffordd bynnag a ddewiswch mae hi'n bwysig ichi drafod ffrwyth eich adolygiad â'ch athro.

## Ail adolygiad

Drwy hidlo'ch syniadau cyntaf byddwch yn gallu canolbwyntio ar ddatblygu un syniad dylunio a manylion y dyluniad hwnnw. Mae modd ichi gyflwyno'r manylion hyn mewn nifer o ffyrdd:

- fel cymysgedd o frasluniau anodedig, modelau sy'n gweithio, lluniadau cyflwyno wedi'u rendro, a lluniadau gweithio (cynlluniau yw enw arall arnynt) ym meysydd dylunio cynnyrch a chynhyrchion graffig;

- fel cymysgedd o frasluniau anodedig sy'n disgrifio effeithiau newidiadau mewn dulliau coginio, cynhwysion, rhewi a dadrewi; canlyniadau sesiynau blasu, lluniadau cyflwyno wedi'u rendro weithiau, a'r cyfarwyddiadau ar gyfer gwneud ryseitiau ym maes technoleg bwyd;

- fel cymysgedd o frasluniau anodedig, toiles, lluniadau cyflwyno wedi'u rendro, a phatrymau ym maes tecstilau.

Er mwyn sicrhau bod eich dyluniad yn dal i ddatblygu i gyfeiriad synhwyrol, mae angen ichi ofyn y cwestiynau canlynol cyn dechrau gwneud y cynnyrch:

- A ydw i'n siŵr fod y dyluniad yn gwneud yr hyn mae i fod i'w wneud?
- A ydw i'n siŵr pa mor fanwl gywir mae angen imi fod wrth weithio?
- Faint o amser y bydd hi'n ei gymryd imi gynhyrchu holl rannau fy nyluniad?
- A oes gen i ddigon o amser i wneud hyn?
- Os nad oes, beth y gallaf ei newid fel bod gennyf ddyluniad y gallaf ei gwblhau mewn pryd ac sy'n dal i gwrdd â'r fanyleb?
- A fydd y defnyddiau a'r cydrannau perthnasol ar gael pan fydd eu hangen arnaf?
- A fydd yr offer a'r cyfarpar ar gael pan fydd eu hangen arnaf?
- A ydw i'n siŵr y gallaf i gael y cynnyrch terfynol i edrych fel rydw i am iddo edrych?
- A oes gen i ddigon o amser i wneud y gwaith gorffennu?
- A oes unrhyw beth y gallaf ei wneud i fod yn fwy effeithlon?

Mae'n debyg mai chi yw'r unig un all ateb y cwestiynau hyn, ond bydd hi'n werth cadarnhau'ch atebion â'ch athrawon gan eu bod nhw'n debygol o wybod am unrhyw beryglon ac anawsterau cudd.

# Gwerthuso'r cynhyrchion terfynol

Dyma enghreifftiau o'r ffyrdd y gallwch werthuso'ch dyluniad ar ôl ichi ei wneud. Gallwch ddarganfod mwy amdanynt yn yr adran ar *Strategaethau* (tudalennau 75-80). Bydd hi'n bwysig ichi ddefnyddio'r holl ddulliau gwahanol hyn wrth ddod i gasgliad ynghylch safon eich dyluniad.

### Holi'r defnyddiwr

Drwy wylio ymateb y ddefnyddwraig pan wisgodd yr het ac yna'i holi hi, roedd Steffan yn gallu darganfod beth a hoffai a beth na hoffai am yr het yr oedd ef wedi'i dylunio a'i gwneud.

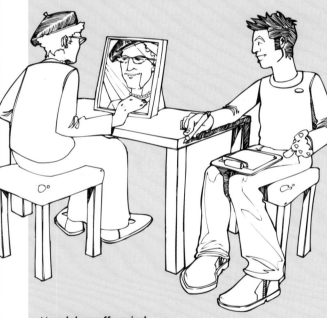

### Manyleb perfformiad

Dyluniodd Gwyn gyfres o brydau calori isel dan yr enw "Gwylio pwysau o amgylch y byd". Dyma'r fanyleb:

- Pob pryd i fod yn llai na 250 calori.
- Pob pryd i'w goginio naill ai'n gonfensiynol neu mewn ffwrn ficrodon.
- Pob pryd i'w seilio ar rysait o wlad wahanol.

Cafodd ei synnu pan welodd mai dim ond rhai o'r prydau oedd yn llwyddiant yn y ffwrn ficrodon. Mae hi'n bwysig ichi ddylunio'ch cynnyrch i gwrdd â holl ofynion y fanyleb.

### Enillwyr a chollwyr

Dyluniodd Siân ddefnydd pacio i warchod hadblanhigion wrth iddynt gael eu cludo. Roedd i gael ei gynhyrchu o gerdyn wedi'i wneud o bapur wedi'i ailgylchu, gan ddefnyddio'r offer torri cyfrifiadurol diweddaraf sy'n gallu torri 50 dalen ar y tro. Roedd yn gyflymach, yn rhatach ac yn defnyddio papur wedi'i ailgylchu. Pwy allai fod ar eu colled? Cafodd Siân ar ddeall fod pensiynwyr lleol yn cael eu cyflogi gan y cwmni hadau i wneud defnydd pacio tebyg allan o gerdyn sgrap. Byddent yn cwrdd unwaith yr wythnos ac roedd hyn yn rhan bwysig o'u bywyd cymdeithasol. Byddai dyluniad newydd Siân yn gwneud hyn i gyd yn ddiangen. Wrth feddwl am enillwyr a chollwyr gallai Siân weld bod yna ystyriaethau eraill.

### Priodoldeb

Dyluniodd Ffred gyfres o bosau jig-so i ysgolion meithrin i helpu'r plant i ddysgu ymolchi a gwisgo amdanynt. Roedd y darnau yn hawdd i'w gwneud ac yn hawdd i'w pecynnu. Roedd yn gobeithio y gallent gael eu gweithgynhyrchu mewn ardal ddifreintiedig, yn rhan o gynllun adfywio. Drwy ofyn y cwestiynau ar dudalen 77 roedd yn gallu penderfynu a oedd ei ddyluniad yn briodol.

## Ystyried pa mor dda mae eich cynnyrch yn cwrdd â'r fanyleb

Un ffordd o wneud hyn yw drwy drafod eich cynnyrch gyda myfyrwyr eraill. Rhowch sgôr blob i bob rhan o'r fanyleb – 5 blob os yw'n cwrdd â rhan arbennig ohoni yn dda iawn, 3 blob os yw'n cwrdd â hi yn weddol dda, 1 blob os nad yw'n cwrdd â hi yn dda a dim un blob os yw'n methu cwrdd â'r rhan hon o'r fanyleb. Beth sy'n dod nesaf sy'n anodd. Eglurwch wrth y myfyrwyr eraill yn y grŵp pam rydych chi wedi rhoi'r sgorau a wnaethoch. Eu gwaith nhw fydd herio eich barn. Eich gwaith chi fydd eu darbwyllo bod eich barn yn gywir. Os byddwch yn gwneud hyn, byddwch mewn safle da i symud ymlaen i edrych ar eich cynnydd eich hun.

## Edrych ar eich cynnydd eich hun

Ar ddiwedd Tasg Gallu mae hi'n bwysig edrych yn ôl ar beth rydych wedi ei wneud a myfyrio ar eich cynnydd. Bydd y set ganlynol o gwestiynau yn eich helpu i wneud hyn:

### Teimlo'n dda ynghylch beth rydych wedi'i wneud

- A ydw i'n falch o'r hyn rydw i wedi'i wneud?
- A alla i egluro pam?
- A ydw i'n falch o'r dyluniad a ddatblygais?
- A alla i egluro pam?

### Deall y problemau

- Pa fath o bethau wnaeth fy arafu?
- A alla i weld yn awr sut mae goresgyn y math hwn o anhawster?
- Pa fath o bethau oedd yn fy ngwneud i'n nerfus fel na wnes i gystal ag y gallaf?
- A ydw i'n gwybod lle i gael help erbyn hyn?
- Pa fath o bethau a wnes i'n well na'r disgwyl?
- Ai lwc oedd hyn neu a ydw i'n gallu dweud fy mod i'n gwella?
- A oedd yna adegau pan ganolbwyntiais ar y manylion cyn bod y darlun cyffredinol yn glir gen i?
- A oedd yna adegau pan na roddais ddigon o sylw i'r manylion?
- A ydw i'n gallu gweld erbyn hyn sut mae cael y lefel o fanylder yn iawn?

### Eich deall eich hun

- A oedd yna adegau pan gollais ddiddordeb?
- A alla i weld yn awr sut i'm sbarduno fy hun?
- A oedd yna adegau pan nad oeddwn yn gallu penderfynu beth i'w wneud nesaf?
- A ydw i'n deall yn awr sut i ddod yn well am wneud penderfyniadau?
- A oedd yna adegau pan gollais i fy synnwyr cyfeiriad?
- A alla i weld yn awr sut mae osgoi hyn?

### Deall eich penderfyniadau dylunio

- O edrych yn ôl a alla i weld lle gwnes i'r penderfyniadau iawn?
- O edrych yn ôl a alla i weld lle dylwn fod wedi gwneud panderfyniadau gwahanol?
- O edrych yn ôl a alla i weld sefyllfaoedd lle gwnes i'r peth iawn?
- O edrych yn ôl a alla i weld lle byddwn wedi gwneud pethau'n wahanol?

# Rhan 2  Defnyddio pynciau eraill mewn D&T yn CA4

## Defnyddio gwyddoniaeth

Yng Nghyfnod Allweddol 4 byddwch yn gallu defnyddio gwyddoniaeth wrth fynd i'r afael â Thasgau Gallu. Mae hyn yn wahanol i ddefnyddio gwyddoniaeth mewn Tasg Adnoddau. Mewn Tasg Adnoddau *dywedir wrthych* am ddefnyddio gwyddoniaeth yn yr adran Pynciau Eraill. Mewn Tasg Gallu bydd rhaid ichi *ddewis* pa bryd i ddefnyddio gwyddoniaeth.

Bydd eich gwersi gwyddoniaeth yn dysgu dau brif beth ichi. Yn gyntaf, sut mae cynnal ymchwiliadau gwyddonol. Os bydd angen i chi ddarganfod rhywbeth mewn Tasg Gallu gallwch ddefnyddio'ch gwyddoniaeth i'ch helpu i gynllunio'r ymchwiliadau a dylunio'r arbrofion angenrheidiol. Yn ail, mewn gwyddoniaeth byddwch yn meithrin gwybodaeth a dealltwriaeth wyddonol a allai fod o ddefnydd ichi mewn Tasg Gallu. Bydd y wybodaeth yn y tabl isod yn eich atgoffa o'r agweddau ar wyddoniaeth sy'n debygol o fod yn ddefnyddiol. Nodwch fod rhai o'r pynciau'n dod o Gyfnodau Allweddol 2 a 3 yn ogystal â Chyfnod Allweddol 4.

### Defnyddio gwyddoniaeth wrth ddylunio gwahanol fathau o gynhyrchion

| Tasg Gallu - trywydd diddordeb | Gwyddoniaeth sy'n debygol o fod yn ddefnyddiol |
|---|---|
| Dylunio cyfwisgoedd ffasiwn | Priodweddau a'r defnydd o ddefnyddiau (CA2), Cadwraeth egni (CA3), Trosglwyddo egni (CA4) |
| Dylunio ar gyfer y theatr | Ffurfio cysgodion, adlewyrchiad a phlygiant a gwasgariad goleuni, effaith hidlyddion lliw (CA3), Grym a gwasgedd (CA3), Anhyblygedd defnyddiau (CA4) |
| Dylunio seddau | Priodweddau a'r defnydd o ddefnyddiau (CA2), Sbringiau a bandiau elastig (CA2), Sgerbydau, cyhyrau a symudiad (CA3), Anhyblygedd defnyddiau (CA4) |
| Dylunio addurniadau corff | Metelau ac anfetelau (CA3), Adweithiau cemegol (CA3), Electrolysis (CA4) |
| Dylunio rhyngwynebau defnyddwyr | Priodweddau a'r defnydd o ddefnyddiau (CA2), Cynllunio arbrofion (CA3 a CA4), Cael tystiolaeth (CA3 a CA4), Dadansoddi tystiolaeth a dod i gasgliadau (CA3 a CA4), Ystyried cryfder tystiolaeth (CA3 a CA4) |
| Dylunio pob cynnyrch bwyd | Deall adeileddau molecylaidd, polymerig ac enfawr bwyd (CA4), Asidedd ac alcalinedd (CA3), Ensymau yn y diwydiant bwyd (CA4) |

# Defnyddio mathemateg

Yng Nghyfnod Allweddol 4 bydd angen i chi ddefnyddio eich dealltwriaeth o fathemateg i'ch helpu gyda'ch dylunio a thechnoleg. Byddwch yn gallu defnyddio mathemateg wrth fynd i'r afael â Thasgau Gallu. Mae hyn yn wahanol i ddefnyddio mathemateg mewn Tasg Adnoddau. Mewn Tasg Adnoddau *dywedir wrthych* am ddefnyddio mathemateg yn yr adran Pynciau Eraill. Mewn Tasg Gallu mae'n rhaid i chi *ddewis* pa bryd i ddefnyddio mathemateg. Yn aml byddwch yn defnyddio mathemateg heb sylweddoli hynny. Mae'r panel isod yn dangos ambell enghraifft.

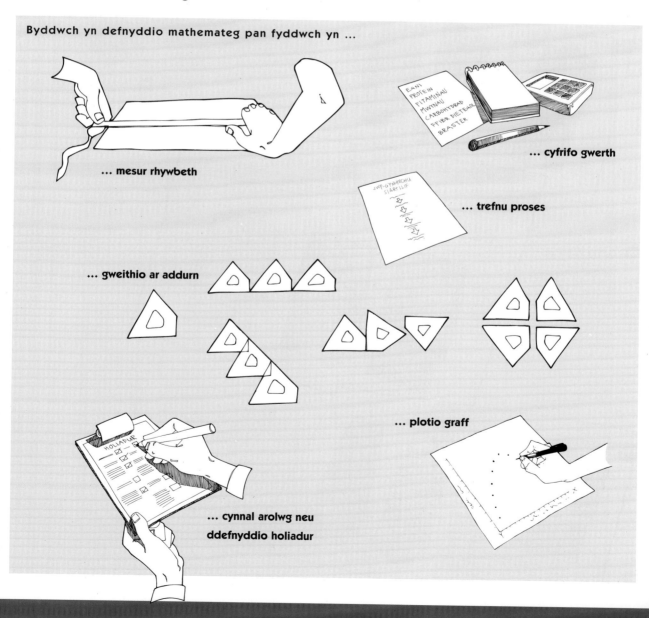

Byddwch yn defnyddio mathemateg pan fyddwch yn ...

... mesur rhywbeth

... cyfrifo gwerth

... trefnu proses

... gweithio ar addurn

... plotio graff

... cynnal arolwg neu ddefnyddio holiadur

1

# *Defnyddio celf*

Yng Nghyfnod Allweddol 4 bydd gofyn ichi ddefnyddio'ch dealltwriaeth o gelf i'ch helpu gyda'ch dylunio a thechnoleg. Byddwch yn defnyddio celf wrth fynd i'r afael â Thasgau Gallu. Mae hyn yn wahanol i ddefnyddio celf mewn Tasg Adnoddau. Mewn Tasg Adnoddau *dywedir wrthych* am ddefnyddio celf yn yr adran Pynciau Eraill. Mewn Tasg Gallu byddwch yn *dewis* pryd i ddefnyddio celf. Mae'r enghreifftiau isod yn dangos sut y gallwch ddefnyddio celf mewn dau wahanol faes canolbwynt.

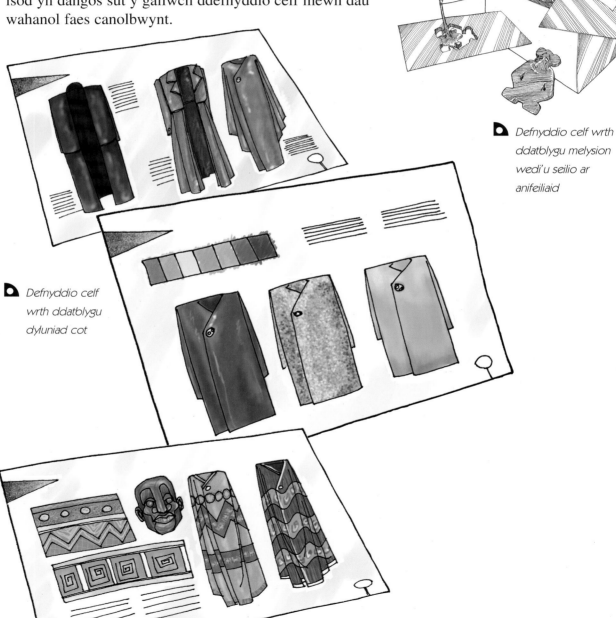

▶ *Defnyddio celf wrth ddatblygu melysion wedi'u seilio ar anifeiliaid*

▶ *Defnyddio celf wrth ddatblygu dyluniad cot*

# Defnyddio technoleg gwybodaeth

Yng Nghyfnod Allweddol 4 bydd gofyn ichi ddefnyddio'ch gwybodaeth o dechnoleg gwybodaeth i'ch helpu gyda'ch dylunio a thechnoleg. Mae hyn yn arbennig o wir wrth weithio ym maes Graffeg. Byddwch yn gallu defnyddio technoleg gwybodaeth wrth fynd i'r afael â Thasgau Gallu. Mae hyn yn wahanol i ddefnyddio technoleg gwybodaeth mewn Tasg Adnoddau. Mewn Tasg Adnoddau *dywedir wrthych* am ddefnyddio technoleg gwybodaeth yn yr adran Pynciau Eraill. Mewn Tasg Gallu byddwch yn *dewis* pryd i ddefnyddio technoleg gwybodaeth. Mae'r enghreifftiau isod yn dangos ichi sut y gallwch ddefnyddio TG mewn dau wahanol faes canolbwynt.

◗ *Gyda phecynnau bwrddgyhoeddi gallwch gyfuno lluniau gwych gyda'ch testun i greu gwaith proffesiynol dros ben*

◗ *Defnyddio holiadur i gael gwybodaeth am gynhyrchion presennol*

**AROLWG PRYNU TEGANAU**
Rhowch '1' ym mhob blwch ateb oni bai bod cyfarwyddyd gwahanol.

1 **Ydych chi newydd brynu tegan?**
  '1' am 'ydw'
  '2' am nac ydw

2 **Ydy'r tegan i chi?**
  '1' am 'ydy', tegan a brynwyd gan blentyn
  '2' am 'ydy', tegan a brynwyd gan oedolyn

3 **Beth yw oed y plentyn y prynwyd y tegan iddo/iddi?**

4 **Ai merch neu fachgen yw'r plentyn?**
  '1' am ferch
  '1' am fachgen

5 **Pa un o'r canlynol sy'n disgrifio'r tegan orau?**
  A    Citiau model ac adeiladu
  B    Gemau bwrdd
  C    Teganau meddal
  CH   Dillad gwisgo
  D    Teganau rhyfel ac antur
  DD   Doliau: Sindy, Barbie Action Man ayb

6 **Faint wnaethoch chi dalu?**

7 **Oeddech chi wedi penderfynu beth i'w brynu cyn mynd i mewn i'r siop neu a edrychoch chi gyntaf cyn penderfynu?**
  '1' am benderfynu ymlaen llaw
  '1' am edrych cyn penderfynu

8 **A wnaethoch chi benderfynu yn fwy ar sail pa fath o degan oedd e neu ar sail ei bris?**
  '1' am ba fath o degan oedd e
  '1' am ei bris

# Rhan 3  Sut y cewch eich asesu ar gyfer TGAU

## *Ysgrifennu eich Tasg Gallu eich hun*

Mae hi'n debygol mai'r Dasg Gallu a wnaethoch ym Mlwyddyn 11 fydd yr un a ddefnyddir ar gyfer eich gwaith cwrs TGAU. Mae hyn yn gwneud synnwyr gan y dylai fod gennych well sgiliau dylunio a gwneud ym Mlwyddyn 11 nag ym Mlwyddyn 10. Dyma rai canllawiau i'ch helpu:

### Dylunio eich Tasg Gallu

**1  Penderfynu ar y trywydd diddordeb**

Gofynnwch y cwestiynau canlynol i chi'ch hun.

- A ydych chi am fynd yn ôl at drywydd diddordeb o Flwyddyn 10, neu a ydych chi am roi cynnig ar rywbeth newydd?

- Pa Dasgau Adnoddau wnaethoch eu mwynhau fwyaf? A oes modd cysylltu'r rhain â thrywydd diddordeb?

- A oes grŵp o fyfyrwyr yn eich dosbarth sydd am weithio ar drywydd diddordeb arbennig?

**2  Cyfiawnhau eich penderfyniad**

Gofynnwch y cwestiynau canlynol i chi'ch hun.

- Pwy fydd yn elwa ar y cynnyrch rydych am ei ddylunio a'i wneud?

- A fyddwch chi'n gallu dylunio a gwneud y math hwn o gynnyrch yn llwyddiannus?

- A allwch fforddio gwneud y math hwn o gynnyrch?

**3  Penderfynu pa ddysgu ychwanegol a allai fod yn angenrheidiol**

Mae'n weddol hawdd penderfynu pa agweddau arbennig ar wybodaeth dylunio a thechnoleg sy'n debygol o fod o help ichi. Trafodwch hyn gyda'ch athro a nodwch Dasgau Adnoddau a allai fod yn ddefnyddiol.

**4  Darganfod unrhyw Astudiaethau Achos a allai fod yn ddefnyddiol fel deunydd darllen cefndir**

Darllenwch y rhain gan wneud nodiadau ar y pwyntiau sy'n berthnasol i'ch tasg chi.

**5  Llunio rhestr wirio 'Defnyddio pynciau eraill'**

- Trafodwch hyn gyda'ch athro D&T.

- Siaradwch â'ch athrawon pwnc eraill i weld a allan nhw helpu.

**6  Gweithio gyda phobl eraill**

Efallai y gallech wneud rhannau o'ch Tasg Gallu yn well drwy weithio arnynt fel tîm – cynnal arolwg, casglu deunydd cyfeirio, saethu syniadau, er enghraifft. Bydd gofyn ichi drefnu'r rhain yn ofalus fel bod tasgau pawb ar eu hennill.

## Mynd i'r afael â'ch Tasg Gallu

**7 Ysgrifennu briff dylunio a datblygu manyleb**

Rhaid ichi gofio bod disgwyl ichi ddylunio a gwneud cynnyrch o safon sy'n cwrdd â meini prawf llym. Dylai'r rhain ystyried sut y gallech ei weithgynhyrchu, sut y gallech ei drwsio neu'i gynnal, a sut y gallech ei werthu.

**8 Cynhyrchu syniadau dylunio**

Bydd angen ichi ddangos o le y daeth eich syniadau. Gwnewch yn sicr eich bod yn cadw cofnod o'ch syniadau cynnar.

**9 Datblygu eich syniadau**

Bydd angen ichi gadw cofnodion clir o sut mae'r syniadau wedi datblygu.

**10 Gwneud lluniadau cyflwyno a lluniadau gweithio**

Dylai'r rhain ddangos sut y bydd eich dyluniad yn edrych a sut y gall gael ei wneud.

**11 Cynllunio'r gwneud**

**12 Gwneud eich dyluniad**

**13 Gwerthuso'r cynnyrch terfynol**

Sicrhewch eich bod yn defnyddio amryw o dechnegau.

**14 Arddangos eich gwaith**

Dylech arddangos eich gwaith i'w ddangos ar ei orau. Dylech ddisgrifio'r canlynol:

- eich syniadau ac o ble y daethant;
- sut y gwnaethant ddatblygu;
- lluniadau cyflwyno a gweithio;
- eich manyleb ar gyfer y gwneud;
- eich gwerthusiad.

# Ysgrifennu eich Astudiaeth Achos eich hun

Efallai y bydd rhaid ichi ysgrifennu eich Astudiaeth Achos eich hun fel rhan o'ch asesiad TGAU. Dyma rai canllawiau.

## Pa gynnyrch?

Dylech ddewis eitem bob dydd sy'n cael ei gweithgynhyrchu. Dylech allu ei harchwilio, ei defnyddio eich hun, gweld pobl eraill yn ei defnyddio, a'i gwerthuso. Dyma rai posibiliadau:

● bar siocled fel KitKat neu Mars ar gyfer Technoleg Bwyd;

● llyfr neidio i fyny fel y llyfr Star Trek ar gyfer Cynhyrchion Graffig;

● bacpac ar gyfer Tecstilau;

● peg dillad ar gyfer Dylunio Cynnyrch.

## Beth ddylai ei ddisgrifio?

Dylai eich astudiaeth ddisgrifio'r canlynol:

● sut mae'r cynnyrch yn edrych;

● beth mae'r cynnyrch yn ei wneud;

● sut mae'n gweithio;

● pwy sy'n ei ddefnyddio a beth yw eu barn nhw amdano;

● sut mae'n cael ei weithgynhyrchu;

● yr effaith mae'r cynnyrch wedi ei gael ar sut mae pobl yn byw

Gallech hefyd ddisgrifio:

● sut mae'r cynnyrch wedi newid dros gyfnod o amser;

● cynhyrchion eraill sy'n gwneud rhywbeth tebyg.

## Faint o eiriau?

Dim mwy na thua 2000 o eiriau. (Mae tua 500 o eiriau ar un ochr A4 o waith teipio.)

## Beth am luniau?

Mae hi'n bwysig defnyddio lluniau yn ogystal â thestun. Cewch ddefnyddio unrhyw un o'r canlynol:

● eich darluniau eich hun wedi'u tynnu ar y dudalen neu wedi'u pastio;

● darluniau wedi eu llungopïo o lyfrau neu gylchgronau a'u pastio yn eu lle;

● eich darluniau eich hun wedi eu sganio ar ddisg a'u hargraffu ar y dudalen;

● darluniau wedi eu cymryd o lyfrgell ar CD-ROM a'u hargraffu yn eu lle.

## Beth am y gosodiad?

Os oes modd defnyddiwch feddalwedd bwrddgyhoeddi i gynhyrchu eich Astudiaeth Achos. Os nad oes un ar gael, defnyddiwch brosesydd geiriau i osod y testun.

## Beth am hyd y cyfan?

Bydd cymysgedd rhesymol o destun a lluniau yn rhoi ichi hyd o tua 12 tudalen A4.

## Beth am nodweddion arbennig?

Gallwch wneud eich Astudiaeth Achos:

● *yn ddeniadol* drwy gynhyrchu darluniau ar y clawr;

● *yn hawdd edrych drwyddi* drwy rifo'r tudalennau, defnyddio penawdau a chynhyrchu tudalen deitl a thudalen gynnwys;

● *yn hawdd i'w deall* drwy gynnwys darluniau gyda nodiadau a phenawdau.

# Cwestiynau arholiad

Efallai y bydd rhaid ichi gymryd papur arholiad ysgrifenedig ar ddiwedd Blwyddyn 11 fel rhan o'ch asesiad TGAU. Bydd y papur hwn yn cynnwys pob math o gwestiynau. Dyma ganllaw i'r cwestiynau hyn a sut i'w hateb.

## Dehongli Astudiaeth Achos fer

Yn y math hwn o gwestiwn cewch ddau neu dri o baragraffau i'w darllen ac un neu ddau o luniau i edrych arnynt. Bydd y testun a'r lluniau yn disgrifio agwedd ar ddylunio a thechnoleg o'r byd y tu allan i'r ysgol. Yna bydd rhaid ichi ateb cyfres o gwestiynau wedi eu seilio'n bennaf ar beth rydych wedi'i ddarllen. Bydd rhai'n gofyn ichi ddod o hyd i ddarn o wybodaeth o'r testun. Os darllenwch y testun yn ofalus, gallwch gael y cwestiynau hyn yn gywir bob tro. Bydd rhai'n gofyn ichi egluro rhywbeth a ddisgrifir yn y testun. Mae'r rhain yn fwy anodd am eu bod yn gofyn ichi ddefnyddio eich gwybodaeth a'ch dealltwriaeth o ddylunio a thechnoleg. Bydd rhai yn gofyn ichi fynegi barn am effeithiau'r dylunio a thechnoleg a ddisgrifir. Dyma'r rhai mwyaf anodd, ond os meddyliwch yn ofalus, byddwch yn gallu defnyddio eich ymwybyddiaeth a'ch dealltwriaeth o ddylunio a thechnoleg i roi rhesymau da i gefnogi eich barn.

## Cyflwyno a dehongli gwybodaeth

Yn y math hwn o gwestiwn cewch beth data o waith ymchwil dylunio a thechnoleg a gofynnir ichi ei gyflwyno mewn ffordd sy'n ei wneud yn hawdd i'w ddeall. Gall y data ddod o ffynonellau gwahanol iawn i'w gilydd. Gallai ymwneud â hoffterau defnyddwyr, canlyniadau profion ar ddefnydd neu gydran, ffigurau cynhyrchu ar gyfer gwahanol ddulliau gweithgynhyrchu, neu ffigurau gwerthiant ar gyfer gwahanol gynhyrchion. Ar ôl ichi gyflwyno'r data, y cam nesaf fydd ateb cwestiynau sy'n gofyn ichi ei ddehongli.

### Pam y mae fel hyn?

Yn y math hwn o gwestiwn byddwch yn cael gwybodaeth am gynnyrch ar ffurf darluniau anodedig a thestun. Gofynnir ichi egluro gwahanol agweddau ar y dyluniad megis:

- pam mae defnyddiau neu gydrannau neilltuol wedi cael eu dewis;
- pam mae gan un rhan o'r cynnyrch siâp a ffurf arbennig;
- sut mae rhannau arbennig yn gweithio gyda'i gilydd i gael y canlyniad y mae ei angen;
- beth fyddai'n digwydd pe bai rhai pethau'n cael eu newid;
- sut y gallech weithgynhyrchu'r cynnyrch neu rannau penodol o'r cynnyrch;
- sut y gallech wella'r dyluniad.

Bydd rhaid ichi ddefnyddio'r wybodaeth a dealltwriaeth o ddylunio a thechnoleg rydych wedi'u dysgu drwy gydol Blynyddoedd 10 ac 11 i roi atebion cywir.

### I beth y gallech ddefnyddio hwnna?

Yn y math hwn o gwestiwn byddwch yn cael problem ddylunio dechnegol fer. Byddwch yn cael dyluniad anghyflawn y mae nifer o wahanol ddatrysiadau dylunio posibl iddo. Bydd tair rhan i'ch tasg:

1 disgrifio rhai o'r datrysiadau posibl drwy wneud brasluniau anodedig syml;
2 cymharu'r datrysiadau hyn;
3 nodi'n glir pa un sydd orau yn eich barn chi, gan roi eich rhesymau.

Unwaith eto bydd rhaid ichi ddefnyddio'r wybodaeth a dealltwriaeth o ddylunio a thechnoleg rydych wedi'u dysgu drwy gydol Blynyddoedd 10 ac 11 i roi atebion cywir.

## Dylunio cynnyrch

## Y diwydiant gemwaith

Cafodd y gemwaith aur hwn ei gloddio o safle yn Cyprus ym 1896 ac mae dros 3000 o flynyddoedd oed. Gwelir y steil o hyd mewn gemwaith heddiw.

Bu crefftwyr yn gwneud gemwaith o bob math ers miloedd o flynyddoedd, gan gynnwys broetshis, clipiau, sleidiau gwallt, modrwyau, clustdlysau, tiaras, cadwyni, gwregysau a breichledau. Câi swynoglau neu dlysau crog eu hongian oddi ar rai o'r darnau hyn. Byddai diwylliannau cynnar yn aml yn defnyddio gemau a metelau gwerthfawr yn eu gemwaith.

### Rydw i'r hyn rydw i'n ei wisgo?

Heddiw, defnyddir gemwaith ar nifer o lefelau i fynegi gwahanol bethau. I rai, mae'n ddatganiad o gyfoeth – rydw i'n gwisgo diemyntau a phlatinwm, felly rydw i'n gyfoethog. I eraill, gall adlewyrchu eu diddordeb mewn ffasiwn – maen nhw'n gwisgo gemwaith sy'n gyfoes ac yn dilyn tuedd ffasiwn arbennig. I eraill, gall fod yn fater o wisgo eitem sy'n unigryw, efallai wedi ei gwneud gan ddylunydd-wneuthurwr; rhywbeth sy'n bersonol iddyn nhw ac na welir pobl eraill yn ei wisgo. Neu, yn syml iawn, gall fod yn rhywbeth y mae rhywun yn hoff ohono, neu wedi ei gael yn anrheg.

### Munud i feddwl

Sut ydyn ni'n gwybod cymaint am emwaith y gorffennol? Mae archaeolegwyr yn ei ddarganfod wrth gloddio, ac mae hen luniau yn aml yn dangos y gemwaith yr oedd pobl yn ei wisgo. Weithiau, bydd dylunwyr gemwaith yn defnyddio amgueddfeydd ac orielau celf i ysbrydoli eu dyluniadau.

Yn aml, dewisir darn o emwaith am fwy nag un o'r rhesymau hyn.

Mae prisiau gemwaith yn amrywio'n fawr iawn, o glustdlysau am lai na £1 i emwaith wedi ei wneud o fetelau a gemau gwerthfawr sy'n costio miloedd ar filoedd o bunnau. Yn y stryd fawr, gellir dod o hyd i emwaith yn y rhan fwyaf o siopau ffasiwn ac yn y siopau gemwaith traddodiadol. Dyma'r math o emwaith y mae'r rhan fwyaf ohonom yn gallu fforddio ei brynu.

Ceir sawl math o emwaith, mewn amrywiaeth eang o ddefnyddiau – arian ac aur pur; metelau llai gwerthfawr wedi eu platio ag arian ac aur neu wedi eu gorchuddio â phlastig; alwminiwm wedi'i anodeiddio a thitaniwm; metelau rhad fel copr a phres; plastigion a hyd yn oed lledr a phapur.

### Y prif farchnadoedd defnyddwyr

Amcangyfrifwyd bod y farchnad emwaith fyd-eang yn werth tua $UDA120 biliwn. Mae'r cyfanswm hwn yn amcangyfrif o holl wariant defnyddwyr ar bob math o emwaith – felly mae'r eitemau rydych chi yn eu prynu wedi eu cynnwys yn y ffigurau hyn. O'r cyfanswm o $UDA120 biliwn, mae ychydig dros 67% ($UDA80.8 biliwn) o'r farchnad wedi ei rhannu rhwng saith gwlad.

Astudiaethau achos â chanolbwynt: Dylunio cynnyrch

**Y farchnad emwaith**

| Gwlad | Nifer yr eitemau a werthwyd | Gwerth ($UDA) |
|---|---|---|
| UDA | 92 miliwn uned | 34 biliwn |
| Japan | 68 miliwn uned | 17 biliwn |
| Yr Eidal | 63 miliwn uned | 11 biliwn |
| Yr Almaen | 43 miliwn uned | 5.5 biliwn |
| Y Deyrnas Unedig | 83 miliwn uned | 4.8 biliwn |
| Ffrainc | 49 miliwn uned | 4.3 biliwn |
| Sbaen | 44 miliwn uned | 4.2 biliwn |

Atgynhyrchwyd y ffigurau drwy ganiatâd caredig Grant Walker Cyf.

## Adnabod y farchnad

Fel gydag unrhyw gynnyrch, boed yn offer i'r cartref, ceir neu emwaith, mae adnabod y farchnad yn hanfodol. Mae hyn yn golygu gwybod:

- beth sy'n gwerthu;
- beth sydd ar gael;
- faint mae'n ei gostio;
- beth yw'r tueddiadau ffasiwn diweddaraf o safbwynt defnyddiau, steil neu liwiau.

Bydd y diwydiant gemwaith yn cynnal llawer o ffeiriau masnach ym mhob rhan o'r byd. Mae'r rhain yn rhoi cyfle i'r bobl sy'n gweithio yn y diwydiant:

- hyrwyddo gemwaith newydd i brynwyr a gwerthwyr;
- cael y wybodaeth dechnegol ddiweddaraf am ddefnyddiau newydd ar gyfer gwneud gemwaith;
- cael y wybodaeth ddiweddaraf am dechnegau newydd ym maes cynhyrchu gemwaith;
- cael y wybodaeth ddiweddaraf am gost a ffynonellau defnyddiau a chydrannau;
- arddangos gwaith dylunwyr newydd.

Mae ffeiriau masnach yn dangos beth sy'n mynd ymlaen yn y diwydiant gemwaith ac yn sicrhau bod pobl yn y diwydiant yn gwybod am y datblygiadau diweddaraf. Cynhelir y prif ffeiriau masnach fel Vincenzaoro

(Vicenza, Yr Eidal), International Jewellery (Tokyo, Japan), Inhorghenta (Munich, Yr Almaen) neu'r JA International Jewellery Show (Efrog Newydd, UDA) yn y gwledydd hynny lle mae marchnadoedd pwysicaf y diwydiant.

## Cwestiynau

**1 a** Gan ddefnyddio'r ffigurau yn y tabl uchod, cyfrifwch faint sy'n cael ei wario ar gyfartaledd ar bob uned o emwaith, mewn $UDA, ymhob gwlad.

**b** Cyflwynwch y wybodaeth hon ar ffurf graff.

**c** O'r wybodaeth hon, pa gasgliadau y gallwch ddod iddynt ynghylch y farchnad emwaith yn y DU o'i chymharu â gwledydd eraill?

## Dylunio gemwaith trwy'r byd

Mae Grant Walker yn cynnig gwasanaeth ymgynghorol i'r diwydiant gemwaith cain. Mae ei chwaer-gwmni, Walker Walker Grant, yn gweithio yn y diwydiant gemwaith gwisg a ffasiwn. Mae'r ddau gwmni yn cynnig gwasanaeth ymgynghorol ym meysydd dylunio, cynhyrchu a marchnata, yn ogystal â rhagweld tueddiadau.

Caiff dyluniadau gwreiddiol eu creu ar gyfer cleientiaid, mawr a bach, ymhob rhan o'r byd. Gall hyn olygu datblygu casgliad cyfan, neu greu enghraifft neu ddwy yn unig, at bwrpas arddangos neu farchnata. Mae'r cleientiaid yn amrywio o Next ac Oasis, sy'n gwerthu gemwaith gwisg a ffasiwn o safon yn rhad yn y stryd fawr, i gynhyrchwyr gemwaith cain sy'n defnyddio metelau a gemau gwerthfawr.

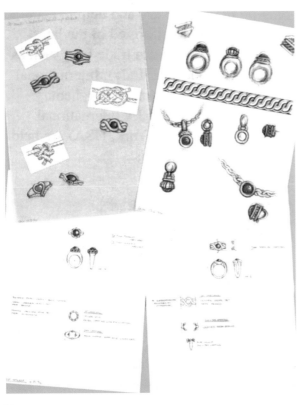

🄳 *Mae'r lluniadau hyn yn cymryd clymau yn fan cychwyn ac mae'r rhain yn cael eu datblygu'n gyfres o ddyluniadau ar gyfer modrwyau (Trwy ganiatâd Grant Walker)*

🄳 *Mae angen bod yn wybodus a chraff i sefydlu busnes gemwaith mawr*

## Ⓨ Gweithgaredd ymchwil

Ewch i siopau lleol i gasglu gwybodaeth a fydd, yn eich barn chi, yn eich galluogi i ragweld pa emwaith fydd yn fwyaf poblogaidd ymhen blwyddyn. Cyflwynwch eich casgliadau mewn adroddiad byr.

Wrth wneud gemwaith cain a gemwaith ffasiwn, mae gan staff Grant Walker sgiliau mewn meysydd arbennig megis castio, stampio, electroffurfio, gwneud cadwynau, llathru a gorffennu, electroplatio, creu aloiau, systemau cydosod, gwneud y copi gwreiddiol, gosod cerrig, metelau gwerthfawr a chymwysiadau CAD/CAM. Yn ddiweddar, gwnaeth y cwmni astudiaeth lawn i'r posibilrwydd o sefydlu uned weithgynhyrchu newydd yn India. Bu'n rhaid iddynt chwilio am safleoedd addas; penderfynu ar faint yr adeilad a'r cynllun mewnol, y cyfarpar a nifer y staff y byddai eu hangen, a rhaglenni a llawlyfrau hyfforddi i'r staff; cynghori ar ddefnyddiau; rhagweld y gyfran o'r farchnad y gallai'r fenter ei hennill; casglu gwybodaeth am gystadleuwyr; cynnig cyngor ynglŷn â brandio, a mwy. Mae angen i gwmni sy'n ymuno â'r farchnad gael darlun cyflawn o'r cyfalaf mae angen ei fuddsoddi, y risgiau sydd ynghlwm wrth y fenter, a syniad o dwf posibl y rhan o'r farchnad y mae am ganolbwyntio arni a'i photensial.

Bydd Grant Walker hefyd yn gweithio ar brojectau ar y cyd ag asiantaethau cymorth er mwyn helpu gwledydd sy'n datblygu i ddatblygu eu heconomïau. Yn India maen nhw'n hyrwyddo'r diwydiant gemwaith sydd, er yn enfawr, yn ddiwydiant cartref yn bennaf ar hyn o bryd. I wneud hyn, mae angen hyfforddi gweithwyr a rhoi cyngor i gwmnïau ar gyfarpar a phwysigrwydd dylunio wrth gystadlu ym marchnadoedd y byd.

### Cynhyrchu yn ogystal â dylunio: gwaith dwy ddylunwraig

Mae'r ddwy ddylunwraig hyn yn gweithio mewn ffyrdd cwbl wahanol i'w gilydd, ac â defnyddiau gwahanol iawn, ond mae ganddynt un peth yn gyffredin – mae'r ddwy'n cynhyrchu eitemau yn ogystal â'u gwneud. Byddant yn cynhyrchu nifer bach o'r un eitem o emwaith, a hefyd ambell ddarn unigol, yn aml ar gais cleient preifat.

### Anne Finlay

Bydd Anne yn ymchwilio i siapiau geometrig i greu ffurfiau trawiadol a dyfeisgar. Bydd hi fel rheol yn modelu ei syniadau yn syth mewn 3D yn hytrach na'u braslunio ar bapur. Plastigion megis PVC, neilon ac acrylig yw ei hoff ddefnyddiau. Mae'r rhain yn ei galluogi i greu gemwaith ysgafn a lliwgar.

Bydd hi'n defnyddio peiriant engrafu i dorri darnau trwchus. Gall greu darnau mwy trwchus trwy laminiadu sawl darn. Bydd siapiau PVC tenau ac ystwyth, rhai ohonynt wedi eu sgrin-brintio â phatrymau geometrig, yn cael eu torri â dei neu â llaw gan ddefnyddio sgalpel a phatrymluniau. Yna cânt eu cyfuno â defnyddiau eraill fel dur gwrthstaen a rwber. Bydd darnau swyddogaethol megis pinnau broetsh neu byst clustdlysau yn cael eu cynnwys fel rhan annatod o'r dyluniad.

Bydd Anne yn cynhyrchu rhwng 10 a 25 o'r un eitem ar y tro ac yn eu gwerthu i siopau ac orielau yn y DU, UDA, Ewrop a Japan, drwy arddangosfeydd, a thrwy'r post.

▶ Mae cyfres gemwaith 'Byzantium' Jane yn cynnwys clociau, matiau diod a drychau, y cyfan wedi eu haddurno drwy fonoprintio

### Jane Adam

Mae gwaith Jane yn manteisio ar bosibiliadau alwminiwm. Mae hi wedi datblygu ei thechnegau peintio, printio a llifo ei hun i addurno arwyneb alwminiwm wedi ei anodeiddio a chreu darnau sydd â chyfoeth o liw a phatrwm. Mae'r siapiau a'r ffurfiau wedi eu seilio ar rai naturiol – cregyn, pysgod neu adar – ac mae'r addurniadau arwyneb cymhleth wedi eu hysbrydoli gan batrymau a gweadau mewn carpedi a brodwaith.

I gynhyrchu'r darnau, bydd Jane fel arfer yn printio'r patrwm ar yr alwminiwm gan ddefnyddio inciau lliw arbennig a stampiau rwber. Weithiau bydd hi'n sgrin-brintio'r patrwm arwyneb yn uniongyrchol ar yr alwminiwm. Gyda'i darnau unigol, bydd hi'n peintio neu'n lluniadu'r patrwm â llaw, gan eu gorffennu weithiau â deilen aur.

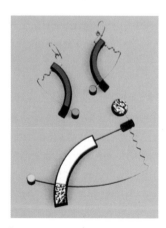

▶ Broetsh a chlustdlysau cydwedd – ysgafn a lliwgar

# Tŷ Cerdyn

Llenni o gardbord a *chopsticks* – rysait ar gyfer dodrefn cardbord! Dyluniodd pensaer o Ffrainc, Olivier Leblois, gyfres o ddodrefn a oedd yn cynnwys cadeiriau, byrddau a silffoedd. Wrth drafod gyda Quart de Poil, cwmni sy'n arbenigo mewn datblygu dodrefn modern, a nwyddau cardbord yn benodol, gofynnodd y cwmni iddo ystyried y posibilrwydd o ddefnyddio cardbord rhychiog yn hytrach na phren wrth ddatblygu ei ddyluniadau.

## Ystyried perfformiad a'r dull cynhyrchu wrth ddylunio

Cydweithiodd Leblois gyda Rexam Plc (Bowaters gynt), cwmni cynhyrchu cardbord yn y DU. Gwaith Rexam oedd trosi'r lluniadau ar gyfer cadair oedolyn yn brototeipiau cerdyn. Roedd Rexam yn gallu gwneud hyn oherwydd bod gan y cwmni wybodaeth fanwl am nodweddion cardbord - er enghraifft, ei fod yn fwy anhyblyg na dur sydd o'r un pwysau dros yr un arwynebedd. Mae'r cwmni hefyd yn arbenigwyr ar weithgynhyrchu gyda chardbord, felly roedd yn gallu datblygu dyluniadau y gellid eu cynhyrchu.

Cymerodd tua mis i'w gael yn iawn, gan brofi pedwar prototeip o safbwynt cysur, sefydlogrwydd a gwydnwch. Ymhob cam o'r broses cynhyrchwyd cynllun gwastad o bob darn. Defnyddiwyd y cynlluniau hyn fel patrwm ar gyfer torri'r darnau â llaw cyn eu cydosod.

### Munud i feddwl

Ydy cardbord yn ddigon cryf ar gyfer gwneud dodrefn mewn gwirionedd?

I gynhyrchu ar raddfa fawr, defnyddiwyd bwrdd dargopïo cyfrifiadurol i dorri pob darn allan o lenni mawr o gardbord.

Wrth ddatblygu cynllun gwastad y byddai modd ei gynhyrchu, roedd yn rhaid i Rexam ystyried y canlynol:

- osgoi onglau llym;
- sicrhau bod y darnau yn cadw eu cryfder ar ôl eu huno;
- defnyddio'r cardbord yn effeithiol drwy gael cymaint o ddarnau â phosib allan o un llen;
- cadw cryfder naturiol y bwrdd drwy wneud cymaint o ddefnydd â phosibl o gyfeiriad y rhychau, yn union fel y gwneir gyda phren neu decstilau, lle mae'n rhaid torri gyda'r graen.

Mae patrwm wedi ei brintio ar y dodrefn cardbord hyn

## Nodweddion allweddol

Nid cymryd lle'r dodrefn sydd gan bobl eisoes yw bwriad y dodrefn cardbord. Yn hytrach, datblygwyd y dodrefn i fod yn eitemau dros-dro neu 'oes fer' o safon. Mae Leblois a Rexam yn credu y bydd y dodrefn yn para am tua wyth mis o'u defnyddio bob dydd mewn amodau sych.

Mae gan y dodrefn nifer o bwyntiau gwerthu pwysig:

- pecyn gwastad;
- hawdd i'w cydosod – does dim angen offer;
- gellir printio arnynt neu eu peintio â llaw, i roi cyffyrddiad personol;
- maent yn rhad;
- gellir ailgylchu'r dodrefn;
- mae'r mwydion coed a ddefnyddir i gynhyrchu cardbord yn dod o goed sydd wedi eu ffermio.

## Gwerthu'r dodrefn

Mae Quart de Poil wedi rhoi patent ar gynlluniau Leblois a'u marchnata. Mae'r cwmni yn anelu at dair prif farchnad:

- Pobl sy'n prynu drwy siopau fel Galleries Lafayette yn Ffrainc a Liberty yn Lloegr, sydd yn hyrwyddo'r dodrefn fel eitemau ychwanegol at yr hyn sydd gan bobl yn barod yn hytrach na rhywbeth sy'n cymryd eu lle. O ganlyniad nid ydynt byth ar werth yn siopau dodrefn y stryd fawr.
- Asiantaethau hysbysebu sy'n defnyddio'r dodrefn i hyrwyddo cwmnïau neu gynhyrchion drwy brintio logos neu enwau'r cynnyrch arnynt. Er enghraifft, mewn un ymgyrch hysbysebu anfonwyd cadair oedolyn gydag enw a chyfeiriad y cwmni wedi ei argraffu arni at holl gleientiaid presennol a phosibl y cwmni. Hon yw'r farchnad fwyaf.
- Mae'r dodrefn wedi cael eu defnyddio'n helaeth mewn arddangosfeydd a sioeau masnach.

### C Cwestiynau

Defnyddiwch y cynlluniau a ddangosir i wneud model ar raddfa fach o gadair gardbord Leblois.

### Y Gweithgaredd ymchwil

Ewch ati i ddarganfod a oes dodrefn cardbord ar werth yn eich ardal chi. Darganfyddwch:
- lle y gellir eu prynu;
- pa fath o ddodrefn y gallwch eu prynu;
- faint maen nhw'n ei gostio.

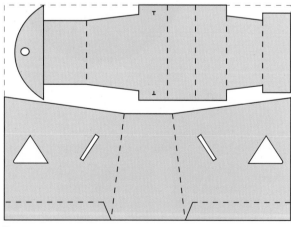

 Daw'r holl ddarnau ar gyfer cadair o un llen

# Gweithgynhyrchu cynhyrchion

## Gweithgynhyrchu styffylwr

Teclyn pob dydd yw styffylwr. Mae'n debyg eich bod chi'n defnyddio un yn yr ysgol a gartref. Oherwydd y ffordd mae'n gweithio, rhaid i holl rannau styffylwr gael eu gwneud yn fanwl gywir a'u rhoi at ei gilydd yn ofalus. Mae'r diagram yn dangos yr holl rannau gwahanol a ddefnyddir i wneud styffylwr, a sut mae pob un yn cael ei chynhyrchu.

### Gweithgaredd ymchwil

Dewiswch declyn pob dydd, er enghraifft pwnsh papur, beiro, neu agorydd tuniau, a darganfyddwch sut mae pob rhan yn cael ei gweithgynhyrchu a sut mae'r cyfan yn cael ei gydosod. Cyflwynwch ffrwyth eich ymchwil ar ffurf diagram taenedig, gyda labeli.

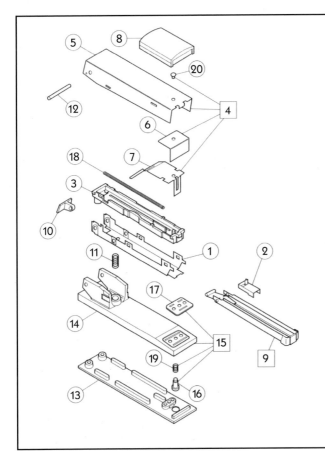

## SIART RHANNAU SBÂR AR GYFER PEIRIANNAU STYFFYLU

WRTH ARCHEBU NODER Y MODEL A RHIF Y RHAN

| | RHIF | DISGRIFIAD | PRIS |
|---|---|---|---|
| 1 | D03522 | CORFF | |
| 2 | D03524 | PORTHWR 'N' | |
| 3 | D03525 | SADIWR STYFFYLAU | |
| 4 | A03540 | CYDRANNAU'R CAS 'LL/GOLAU' | |
| 5 | D03531 | CAS 'LLWYD GOLAU' | |
| 6 | D03533 | BRACED Y CAS | |
| 7 | D03536 | LLAFN PLYMIO 'N' | |
| 8 | D06341 | DOLEN Y CAS 'LLWYD' | |
| 9 | A03560 | CYDRANNAU'R SBRING CYDIO | |
| 10 | D03555 | GORCHUDD | |
| 11 | D06024 | SBRING CODI | |
| 12 | D06043 | PIN COLFACH | |
| 13 | D06344 | PAD GWAELOD | |
| 14 | D06257 | GWAELOD 'LLWYD' | |
| 15 | A06345/AA | CYDRANNAU'R GWAELOD 'LLWYD' | |
| 16 | D07779 | RHYBED EINGION | |
| 17 | D07972/AA | EINGION 'N' | |
| 18 | D08674 | SBRING PORTHI | |
| 19 | D08962 | SBRING EINGION | |
| 20 | D81410 | RHYBED | |

☐ CYDOSOD Y RHANNAU
◯ RHAN UNIGOL

CYFRES 1500

### STYFFYLWR STELLA REXEL 'LLWYD/LLWYD'

CYNNYRCH Rhif AD1588

LLUNIAD Rhif D10702

RHIFYN 0190

## Dulliau gweithgynhyrchu

Bydd y dull gweithgynhyrchu a ddewisir yn dibynnu ar faint o eitemau y mae angen eu cynhyrchu. Dyma rai ohonynt:

**Dulliau gweithgynhyrchu**

| Eitemau unigol | Nifer bach | Nifer mawr |
|---|---|---|
| castio-tywod – patrymau pren | castio-tywod - patrymau metel | allwthio |
| peiriannu â llaw | mowldio cragen | mowldio chwistrellu |
| plygu coed ag ager | ffurfio â gwactod | deigastio |
| laminiadu coed | chwythfowldio | stampio a gwasgu |
| weldio, sodro a phresyddu â llaw | ffurfio â gorchudd | peiriannu dan reolaeth cyfrifiadur |
| | | weldio, sodro a phresyddu gan robot |

Erbyn hyn mae dyluniadau'n cael eu datblygu'n benodol ar gyfer gweithgynhyrchu trwy gymorth cyfrifiadur, sy'n golygu ei bod hi'n bosibl cynhyrchu niferoedd bychain ac eitemau unigol 'yn ôl y galw', gan ddefnyddio peiriannau wedi'u rheoli gan gyfrifiadur.

## Systemau gweithgynhyrchu

Rhaid i weithgynhyrchwyr drefnu eu dulliau cynhyrchu o fewn systemau gweithgynhyrchu. Mae dwy system bwysig yn cael eu hegluro isod.

## Gweithgynhyrchu cell

O dan y system hon defnyddir timau bychain o bobl o'r enw 'celloedd'. Mae pob cell yn gyfrifol am weithgynhyrchu eitem gyfan. Mae gan bob unigolyn yn y gell nifer o sgiliau a gall wneud nifer o dasgau gwahanol. Mae hyn yn golygu bod gwaith pob aelod o'r gell yn fwy diddorol.

Y gell sy'n gyfrifol am safon y gwaith; nid oes camau archwilio ar wahân. Mae'r gell yn gweithio mewn lle bach ac nid oes oedi hir rhwng y gwahanol brosesau – mae llai o amser yn cael ei wastraffu, sy'n ychwanegu at werth y cynnyrch.

Mae'r system gell yn cynnig gweithgynhyrchu mwy effeithlon a chynhyrchiol o ansawdd uwch.

## Gweithgynhyrchu prin-mewn-pryd

Mae'r system hon wedi ei threfnu i gwrdd â galwadau'r farchnad ar unwaith. Bydd y defnyddiau a'r rhannau'n cael eu cyflenwi 'prin-mewn-pryd' i wneud yr hyn y mae'r cwsmeriaid wedi ei archebu, felly nid oes angen storio defnyddiau am gyfnod hir. Mae'r holl brosesau'n digwydd 'prin-mewn-pryd' i gwrdd â'r dyddiadau cyflenwi, felly nid yw'r cynnyrch gorffenedig yn pentyrru.

Gall celloedd weithio o fewn system prin-mewn-pryd.

Mae'r systemau cell a phrin-mewn-pryd fel ei gilydd yn dibynnu'n fawr ar ddoethineb y gweithwyr cynhyrchu. Rhaid iddynt benderfynu yn y fan a'r lle pa ddefnyddiau a rhannau y mae angen eu harchebu a phryd i'w harchebu, yn ogystal â sut i'w prosesu ar ôl iddynt gyrraedd.

## Gweithgaredd ymchwil

Darganfyddwch a oes cwmnïau gweithgynhyrchu yn eich ardal chi a gwnewch restr ohonynt. Darganfyddwch pa ddulliau gweithgynhyrchu y mae pob un yn eu defnyddio, a pha systemau gweithgynhyrchu.

# Cawl, hyfryd gawl

## New Covent Garden Soup Company

Cafodd y New Covent Garden Soup Company ei sefydlu i gynhyrchu cawl sydd cystal â chawl cartref, gan ddefnyddio cynhwysion naturiol yn unig heb unrhyw gyffeithyddion, cyfryngau lliwio nac ychwanegion. Mae'r broses gynhyrchu yn unigryw a chymerodd ddwy flynedd i'w datblygu! Syniadau gweithwyr y cwmni oedd y 30 math cyntaf o gawl a ddatblygwyd, a chawl llysiau oedd y rhan fwyaf ohonynt. Cafodd y rhain eu coginio fel samplau a'u haddasu nes bod y mwyafrif o bobl yn hoffi'r rysáit. Mae'r cwmni bellach wedi ehangu'r dewis i gynnwys cig a physgod. Yn ogystal â'r amrywiaeth o 'gawl cartref' sydd ar gael trwy gydol y flwyddyn, gwerthir mathau arbennig o gawl yn yr haf a'r gaeaf sydd wedi'u seilio ar lysiau tymhorol. Bydd y cwmni hefyd yn gwneud cawl-y-mis, sy'n ffordd dda o gyflwyno blasau newydd ac anarferol.

 Mae'r label yn cael ei lynu ar y carton, felly gellir defnyddio'r un carton sylfaenol ar gyfer pob math o gawl

### Munud i feddwl

Ydych chi'n hoffi cawl? Beth yw eich hoff flas? Pa mor aml y byddwch chi'n ei fwyta? Byrbryd neu bryd llawn yw e?

### Gweithgaredd ymchwil

Tomato yw'r blas cawl tun mwyaf poblogaidd. Beth ydych chi'n meddwl yw'r rheswm am hyn? Ai dyma'r blas mwyaf poblogaidd yn eich dosbarth chi? Gallwch gael gwybod fel hyn. Copïwch y tabl isod. Gweithiwch mewn grwpiau o chwech i gwblhau'r tabl.

| Person | Ydych chi'n hoffi cawl? | Beth yw eich hoff flas? | Pryd y byddwch chi'n ei fwyta? | Pa rai o'r mathau canlynol y byddwch chi'n eu bwyta? | | | |
|---|---|---|---|---|---|---|---|
| | | | | cartref | tun | sych | carton wedi'i oeri |
| A: Chi | | | | | | | |
| B | | | | | | | |
| C | | | | | | | |
| Ch | | | | | | | |
| D | | | | | | | |
| Dd | | | | | | | |

Astudiaethau achos â chanolbwynt: Technoleg bwyd

### Gaddfa gynhyrchu

Un peth yw datblygu rysáit cawl cartref a fydd yn gweithio yn y gegin gartref – mater arall yw cynhyrchu cawl ar raddfa fawr!

Mae graddfa'n gwneud gwahaniaeth

I sicrhau bod y cynnyrch o ansawdd da, bydd y New Covent Garden Soup Company yn cadw llygad ar bob cam o'r broses: ansawdd y cynhwysion cychwynnol, y gwaith o baratoi, pwyso a choginio'r cynhwysion cyn gwneud y cawl, coginio'r cawl, llenwi a selio'r cartonau a stampio'r dyddiad arnynt.

Caiff y cawl ei goginio mewn tanciau mawr wedi'u selio. Mae'r cynhwysion sydd wedi'u coginio'n rhannol yn cael eu trosglwyddo i'r tanciau a chaiff llaeth a hufen ychwanegol eu pwmpio trwy bibellau i'r tanciau. Gellir rheoli'n ofalus faint o gynhwysion sy'n cael eu hychwanegu ar y tro, a pha mor gyflym. Caiff ager ei yrru i'r tanc i gynhesu'r cynhwysion ac aer ei bwmpio i mewn i'w hawyru a'u cymysgu. Caiff y gwasgedd a'r tymheredd yn y tanc eu monitro a'u rheoli'n fanwl ynghyd â phwysau'r cymysgedd.

Mae union fanylion y broses yn gwbl gyfrinachol, ond mae'n amlwg bod angen system weithgynhyrchu awtomataidd soffistigedig sy'n synhwyro ac yn rheoli pwysau, gwasgedd, tymheredd ac amser. Rheolir y system gan gyfrifiadur a gall y gweithiwr gadw golwg ar y broses a'r amodau coginio trwy astudio'r wybodaeth ar y monitorau.

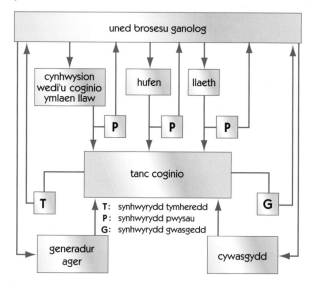

Diagram systemau wedi'i symleiddio ar gyfer proses swmp-gynhyrchu cawl awtomataidd

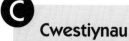

### Cwestiynau

1 Mae'r New Covent Garden Soup Company yn defnyddio'r cynhwysion canlynol i wneud eu cawl ffa gwyn gyda thomato a saets:

   dŵr; tomatos; ffa gwyn; llaeth; hufen; nionod; purée tomato; isgell llysiau; menyn; siwgr coch; saets; halen; garlleg.

   Awgrymwch ddull sicrhau ansawdd y gellid ei ddefnyddio gyda phob un o'r cynhwysion hyn i sicrhau eu bod yn addas ar gyfer swmp-gynhyrchu cawl.

## Pecynnu'r cawl

Unwaith y bydd y cawl wedi'i goginio caiff ei bwmpio trwy bibell i beiriant sy'n agor y cartonau fflat-pac yn awtomatig ac yn eu llenwi â chawl. Caiff tymheredd y cawl ei gadw rhwng 70°C ac 83°C yn ystod y broses hon. Yna caiff y cartonau eu selio a'u stampio â'r dyddiad. Bydd y system rheoli ansawdd yn awr yn gwrthod unrhyw gartonau nad ydynt wedi'u selio neu eu stampio'n gywir. Bydd y cawl yn cael ei werthu yn adrannau bwyd oer yr uwchfarchnadoedd.

## O ble mae'r cartonau yn dod ac o beth maen nhw wedi eu gwneud?

Cartonau Pure-Pak® wedi'u gwneud gan Elopack a ddefnyddir. Mae'r cartonau wedi'u gwneud o lamiad – cyfres o ddefnyddiau ffilm tenau wedi'u glynu wrth ei gilydd (gweler gyferbyn). Mae'r haen polythen allanol yn rhwystro lleithder, gan atal dŵr o'r tu allan rhag mynd i'r cawl. Mae'r cardbord yn ei gryfhau. Mae wedi'i wneud o fwydion pren wedi'u cannu i gael gwared ag unrhyw amhureddau megis lignin a resinau sy'n gallu effeithio ar flas bwyd wedi'i bacio'n ffres. Plastig gwydn yw surlyn – mae'n gweithio fel adlyn i fondio'r alwminiwm wrth y cardbord. Mae'r ffoil alwminiwm yn rhwystro'r cawl rhag cyffwrdd â'r cardbord a'i wanhau.

Bydd y cartonau'n cael eu danfon i'r New Covent Garden Soup Company wedi'u pacio'n fflat. Rhaid i'r peiriant sy'n llenwi'r cartonau â chawl agor y carton, selio'r gwaelod, llenwi'r carton ac yna'i selio.

### Cwestiynau

**2** Pam ydych chi'n meddwl bod tymheredd y cawl yn cael ei gadw rhwng 70°C ac 83°C tra bo'r cartonau'n cael eu llenwi?

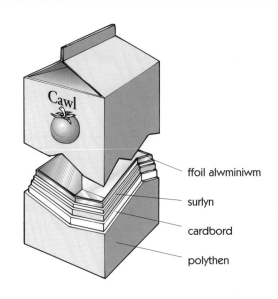

ffoil alwminiwm

surlyn

cardbord

polythen

**D** *Yr haenau mewn carton Pure-Pak® a ddefnyddir ar gyfer cawl*

### Gweithgaredd ymchwil

Defnyddir amrywiaeth eang o gynwysyddion i ddal bwydydd hylifol a diodydd. Defnyddiwch y gweithgaredd hwn i ddarganfod mwy amdanynt. Dewch o hyd i bum gwahanol fath o becyn ar gyfer hylifau mewn uwchfarchnad a defnyddiwch y tabl isod i'w disgrifio. Mae un enghraifft wedi ei chwblhau eisoes.

| Cynnyrch bwyd | Math o becyn | Defnyddiau a ddefnyddir | Defnyddio'r cynnyrch |
|---|---|---|---|
| finegr | potel | gwydr ar gyfer y botel, plastig ar gyfer y cap a'r ffroenell | tynnu'r cap sgriwio ac ysgwyd y finegr allan trwy dwll y ffroenell |

**2**

# Pobi bara ym Mheriw

## Periw

Gwlad o 21.7 miliwn o bobl ar arfordir gorllewinol De America yw Periw. Mae daearyddiaeth a hinsawdd y wlad yn amrywio – mae mynyddoedd yr Andes yn ei gwneud hi'n sych a diffaith ar yr ochr orllewinol tra bo Basn Amazonia yn creu hinsawdd is-drofannol gyda llystyfiant toreithiog yn y dwyrain. Lima, ar arfordir orllewinol y wlad, yw'r brifddinas.

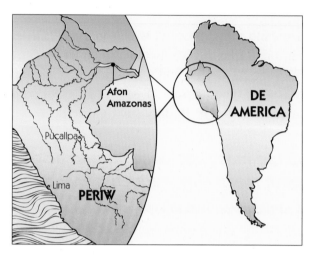

## Yr Indiaid Shipibo-Conibo

Pucallpa yw prifddinas rhanbarth isaf Amazonia. Mae'n un o brif borthladdoedd afon Amazonas ac yn gartref i tua 120 000 o bobl. Yr afon yw'r unig ffordd o deithio i tua 65 o gymunedau Indiaidd brodorol sy'n byw yn yr ardal. Mae'r mwyafrif o'r bobl hyn yn byw trwy ffermio ymgynhaliol.

Mae'r 20 000 o Indiaid Shipibo-Conibo yn byw mewn 20 cymuned o amgylch Callerias, ac yn ogystal â ffermio byddant yn arfer eu crefftau traddodiadol megis crochenwaith a brodwaith i ennill incwm ychwanegol. Yn draddodiadol, helwyr-gasglwyr yw'r Shipibo-Conibo, ond eu prif fwyd bellach yw India corn, blawd casafa a physgod wedi'u sychu.

### Munud i feddwl

Ydych chi'n gwybod o ble mae'r gwenith a ddefnyddir i wneud eich bara yn dod?

## Project pobi bara y Shipibo-Conibo

Mae ITP (Intermediate Technology Peru) wedi bod yn gweithio gyda chymuned y Shipibo yn Callerias ers tua thair blynedd. Mae Callerias tua 50 milltir o Pucallpa ond mae'n daith o 5 awr mewn cwch.

Yn Callerias, mae bara yn ddrud. Y broblem fwyaf yw bod y bara i gyd yn cael ei wneud yn Pucallpa a'i gludo i Callerias, sy'n ychwanegu tua 30-40 y cant at ei bris. Trwy sefydlu popty bach yn Callerias byddai'r bara yn cael ei wneud mewn lle mwy hwylus ac am bris rhatach, a byddai'n rhoi gwaith i nifer o'r Indiaid brodorol. Felly dyma ITP, ar y cyd â mudiad o Beriw, yn helpu i sefydlu popty bach yn Callerias. Cafodd y bobl leol eu hyfforddi sut i gynhyrchu bara ac aeth y rhain ati i sefydlu busnes bach yn cynhyrchu gwahanol fathau o fara. Maen nhw yn awr yn gwneud bara allan o gymysgedd o flawd gwenith a blawd casafa. Nid yw gwenith ar gael yn lleol, felly byddai bara wedi'i wneud o flawd gwenith yn unig yn gostus iawn. Trwy gymysgu blawd casafa, a gynhyrchir yn lleol, a blawd gwenith, mae'r gymuned yn llai dibynnol ar flawd wedi'i fewnforio ac felly mae'r bara'n rhatach.

## Casafa

Mae casafa yn brif gnwd pwysig yn Affrica, Asia ac America Ladin. Llwyn sy'n tyfu i uchder o 1-3 metr yw'r planhigyn. Mae'n gnwd defnyddiol iawn gan ei fod yn gallu tyfu mewn pridd gwael a gwrthsefyll sychder. Mae ffermwyr ymgynhaliol yn hoffi casafa gan ei fod yn hawdd i'w dyfu o ddarn bach o goesyn casafa, a gellir ei dyfu rhwng cnydau eraill megis India corn. Y rhan fwyaf gwerthfawr o'r planhigyn yw'r cloron llawn startsh sy'n ffurfio o dan yr wyneb ar waelod y coesyn, er na chaiff unrhyw ran o'r planhigyn ei gwastraffu. Mae pobl ac anifeiliaid yn bwyta'r cloron; gellir ychwanegu croen y cloron at fwyd moch a dofednod; caiff y dail gwyrdd eu gwneud yn gawl a saws; a defnyddir coesynnau'r planhigion wrth godi tai ac i adeiladu ffensys.

Mae'r gwreiddiau ffres yn cynnwys 62 y cant o ddŵr, 35 y cant o garbohydrad, 1 y cant o brotein, 1 y cant o fwynau ac ychydig iawn o fraster. Felly mae casafa yn ffynhonnell dda o garbohydrad. Mae'r protein sydd ynddo o ansawdd gwael oherwydd prinder dau asid amino – methionin a chystein.

### Gweithgaredd ymchwil

Darganfyddwch pa brif gnydau eraill a ddefnyddir i wneud blawd mewn gwahanol rannau o'r byd. Lluniwch dabl sy'n cymharu nodweddion maethol y blawd o'r gwahanol ffynonellau hyn.

## Casafa a seianid

Rhaid cymryd gofal mawr wrth fwyta casafa gan ei fod yn cynnwys seianid. Mae lefel y seianid yn amrywio'n fawr (o 15mg i 500 mg y kg) yn ôl y math o gasafa a'r amodau tyfu. Mae'r rhan fwyaf o'r seianid yn crynhoi yn y croen, felly mae plicio'r croen yn un ffordd o'i leihau.

Gellir rhannu casafa yn ddau fath – melys a chwerw. Mae casafa melys yn cyfeirio at gloron gyda lefelau isel iawn o seianid tra bo casafa chwerw yn cynnwys cryn dipyn o seianid. Mae'n bwysig prosesu casafa chwerw cyn ei fwyta i gael gwared â'r seianid a'i wneud yn ddiogel. Pe bai casafa chwerw yn cael ei fwyta heb ei brosesu, gallai achosi marwolaeth trwy wenwyn seianid, er bod hyn yn anghyffredin. Gellir bwyta casafa melys heb ei brosesu o gwbl, a chaiff ei fwyta yn amrwd yn aml.

Gall lefelau isel o seianid o fewn y gwreiddyn hefyd fod yn wenwynig. Wrth i'r seianid grynhoi'n raddol yn y corff gall achosi parlys a'r wen (*goitre*). Mae'r wen yn cael ei hachosi gan gynhyrchion seianid yn y corff sy'n rhwystro'r chwarren thyroid rhag cael ïodin. Gwelir yr afiechyd weithiau mewn cymunedau lle mae casafa yn un o'r prif fwydydd.

## Paratoi blawd casafa

Mae'r dull traddodiadol o baratoi blawd casafa ar gyfer pobi bara ym Mheriw yn broses lafurus iawn. Caiff gwreiddiau'r casafa eu golchi a'u plicio ac yna'u gratio i ffurfio mwydion. Caiff y mwydion eu gwasgu i gael gwared â'r hylif dros ben sy'n cynnwys peth o'r seianid. Yna mae'r mwydion yn cael eu gadael i sefyll dros nos cyn eu gogru i gael gwared â'r ffibrau bras. Caiff y mwydion eu rhostio ar radell wedyn gan eu troi'n barhaus i rwystro lympiau rhag ffurfio. Yn olaf mae'r cymysgedd sych yn cael ei falu i ffurfio'r blawd.

### Cwestiwn

Yma mha ffordd y mae paratoi blawd casafa o wreiddiau casafa yn wahanol i baratoi blawd o wenith?

### Gweithgaredd ymchwil

1 Darganfyddwch sut mae seianid yn gwenwyno pobl, a beth sy'n cael ei gyfrif yn ddos angheuol.
2 Darganfyddwch enwau planhigion eraill sy'n cynnwys seianid.
3 Darganfyddwch ragor am y wen; sut mae'n ffurfio a sut mae'n cael ei thrin.

## Egni cudd

### Cynhyrchu torth

Defnyddir llawer o danwydd i gynhyrchu'r dorth o fara a welwch ar silff yr uwchfarchnad. Mae pobi'r dorth yn defnyddio llai na chwarter o gyfanswm y tanwydd sydd ei angen, fel y dangosir yn y diagram isod.

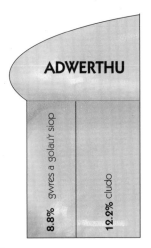
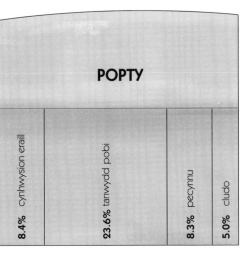

**ADWERTHU**
- 8.8% gwres a golau'r siop
- 12.2% cludo

**POPTY**
- 8.4% cynhwysion eraill
- 23.6% tanwydd pobi
- 8.3% pecynnu
- 5.0% cludo

**MELIN**
- 2.2% pecynnu
- 2.4% tanwydd melino
- 2.0% arall
- 1.4% cludo

**FFERM**
- 0.4% arall
- 7.3% tanwydd tractor
- 11.6% gwrtaith

🔖 *Mae angen tuag 20 000 kJ i gynhyrchu un dorth wen safonol*

Mae un dafell o fara yn cynnwys 400 kJ o egni; mae'r 20 tafell mewn torth yn rhoi 8000 kJ y dorth. Felly mae'n cymryd tua dwywaith a hanner yn fwy o egni i gynhyrchu torth o fara nag a gewch chi trwy ei bwyta.

🔖 *Faint o egni mae hyn yn ei gymryd?*

### Storio torth gartref

Gallwch gyfrifo faint o egni sydd ei angen i storio torth mewn rhewgell am fis trwy ddefnyddio gwybodaeth yr Ymddiriedolaeth Arbed Egni fel a ganlyn.

Ystyriwch rewgell gyda chyfraddiad egni E a chynhwysedd o 104 litr. Bydd yn defnyddio tua 120 000 kJ y mis.

Mae pob litr o'r rhewgell yn defnyddio
120 000 ÷ 104 kJ = 1160 kJ
i gadw'n oer bob mis.

Mae cyfaint torth tua 2.5 litr.

Felly y gost mewn egni o gadw'r dorth hon wedi'i rhewi am fis yw: 1160 × 2.5 kJ = 2900 kJ.

Mae hyn ychydig yn fwy nag un rhan o dair o gyfanswm yr egni a gewch trwy fwyta'r dorth.

## Rheoli oerni – Cynhyrchu hufen iâ Vienetta

Ydych chi wedi ystyried sut mae hufen iâ Vienetta yn cael ei wneud? Sut maen nhw'n llwyddo i gael yr holl haenau hynny i ffitio gyda'i gilydd? Mae'n wahanol i wneud crwst haenog. Sut mae plygu hufen iâ yn haenau tonnog? I wneud hyn mae'r gwneuthurwyr wedi manteisio ar briodweddau hufen iâ.

Mae hufen iâ yn ddigon meddal i gael ei allwthio. Mae nifer o diwbiau yn allwthio'r hufen iâ ar gludfelt sy'n symud. Trwy symud y tiwbiau i fyny ac i lawr mae'n bosibl rhoi patrwm tonnog i'r hufen iâ. Mae haenau o siocled a llenwadau eraill yn cael eu chwistrellu ar y gwahanol haenau, fel bod adeiladwaith haenog cymhleth y Vienetta yn cael ei ffurfio ar y cludfelt. Mae'r un Vienetta hir sy'n cael ei gynhyrchu wedyn yn cael ei dorri'n ddarnau a'i becynnu.

Roedd yn rhaid i'r peirianwyr a ddyluniodd y system gynhyrchu hon ystyried nifer o bethau.

- Rhaid i gyflymder y cludfelt a chyfradd yr allwthio fod yn berffaith er mwyn i'r haenau ffurfio'n gywir.
- Pe bai'r cludfelt yn rhy gyflym, byddai'r haenau yn rhy denau. Pe bai'r cludfelt yn rhy araf yna byddai'r haenau yn rhy drwchus.
- Mae ongl y tiwb allwthio i'r cludfelt yn allweddol. Pe bai hanner gradd allan ohoni ni fyddai'r haenau yn ffurfio'n gywir.
- Rhaid i ansawdd yr hufen iâ fod union yr un fath bob amser i sicrhau ei fod yn llifo allan o'r tiwbiau yn yr un ffordd. Byddai unrhyw newid yn nodweddion llif yr hufen iâ yn difetha'r broses.
- Rhaid cadw'r system gyfan yn ddigon oer i sicrhau nad yw'r hufen iâ yn ymdoddi, ond ddim yn rhy oer fel nad yw'n llifo'n rhwydd o'r tiwbiau.

Mae chwistrellu'r siocled yn codi problemau rheoli tymheredd hefyd. Rhaid iddo fod yn ddigon cynnes i lifo wrth gael ei chwistrellu ond ddim mor boeth fel ei fod yn toddi'r hufen iâ mae'n cael ei chwistrellu arno.

Mae'n amlwg bod angen llawer iawn o arbrofi i ddarganfod yr amodau sydd eu hangen i ffurfio'r Vienetta, ac ar ôl darganfod y rhain defnyddir technoleg reoli i gynnal yr union amodau hyn. Rhaid i'r system synhwyro'r tymheredd a'r cyfraddau llif yn fanwl gywir ac anfon y wybodaeth i uned brosesu ganolog. Mae'r uned hon yn ei thro yn rheoli'r unedau oeri a'r pympiau y gellir eu cymhwyso i ganiatáu ar gyfer unrhyw amrywiadau.

# Pecynnau a defnyddiau pacio

Mae pecynnau yn cyflawni tair prif swyddogaeth:

- maen nhw'n diogelu'r cynnwys;
- maen nhw'n disgrifio'r cynnyrch;
- maen nhw'n gwerthu'r cynnyrch.

Mae gan rai mathau o gynhyrchion ofynion pellach. Mae'n rhaid i gynhyrchion bwyd gael eu cadw'n lân a hylan ac mewn cyflwr digon da i'w bwyta; y defnydd pacio yn aml sy'n gyfrifol am gadw oes silff y cynnyrch ac mae bob amser yn cynnwys cyfarwyddiadau a gwybodaeth am ei werth maethol, fel sy'n ofynnol o dan y gyfraith.

**M**

## Munud i feddwl

Ystyriwch y Co-op. Ym 1958, roedd gan y Co-op 30 000 o siopau lleol. Erbyn y 1980au cynnar, dim ond 9 000 o siopau oedd gan y Co-op – ond:

- roedd 1760 ohonynt yn uwchfarchnadoedd dros 4 000 troedfedd sgwâr
- roedd 43 ohonynt yn uwchfarchnadoedd dros 25 000 troedfedd sgwâr
- roedd 256 ohonynt yn siopau adrannol.

Mae'r newid yn ein ffordd o siopa yn golygu nad yw cynorthwywyr siop bellach yn dewis ein cynhyrchion drosom; byddwn yn gwneud hyn ein hunain. Gan fod cymaint o gynhyrchion tebyg ar gael, mae'r pecyn yn arf gwerthu hollbwysig erbyn hyn. Yn ogystal â rhoi gwybodaeth i'r cwsmer am beth sydd y tu mewn (yr hyn yr arferai'r cynorthwy-ydd siop ei wneud), mae'n dangos sut y dylid defnyddio'r cynnwys.

Rhaid cadw ffilm ffotograffig mewn cynwysyddion sy'n ei diogelu rhag golau. Caiff llawer o foddion a nwyddau eraill a allai fod yn beryglus eu cadw mewn cynwysyddion na all plant eu hagor ac mae angen pecynnau arbennig ar rai cynhyrchion gofal croen i'w cadw rhag dirywio. Gyda thwf technoleg gwybodaeth, rhaid i bob pecyn ganiatáu lle i'r côd-bar hefyd.

Yng ngwledydd Prydain, mae nifer yr uwchfarchnadoedd wedi cynyddu'n aruthrol ers y 1950au. Maen nhw wedi cymryd lle'r siopau bach lleol i raddau helaeth.

## Agweddau at ddefnydd pacio a gwaredu gwastraff

Mae defnyddwyr yn tueddu fwyfwy at gynhyrchion 'gwyrdd' sy'n gyfeillgar i'r byd a'i bobl. Efallai mai'r cynnydd yng nghyflymder cyfathrebu rhyngwladol sy'n gyfrifol am hyn i raddau helaeth. Er enghraifft, defnyddiwyd cerddoriaeth a lluniau gan Live Aid (1985) i dynnu sylw at amgylchiadau truenus rhai pobl, ac i ennyn cydymdeimlad â nhw. O ganlyniad, gwelwyd pobl yn 'prynu'r cynnyrch' trwy roi arian i helpu newid y sefyllfa yn Ethiopia. Mae hyn yn brawf o rym delweddau gweledol a chlywedol. Ond os yw'r defnyddiwr yn fwy ymwybodol – ynglŷn ag ailddefnyddio defnydd pacio dyweder – rhaid cael systemau effeithiol a llwyddiannus i fanteisio ar hynny neu bydd pobl yn mynd yn sinigaidd yn gyflym iawn. Mae'r Undeb Ewropeaidd wedi sefydlu system eco-labelu ar gyfer yr UE gyfan. Os oes gan gynnyrch label o'r fath mae'n dangos ei fod yn well i'r amgylchedd na chynhyrchion tebyg sydd heb y label.

Mae'r Smotyn Gwyrdd Almaenig yn symbol ar gyfer y System Ddeuol o gasglu defnydd pacio. Gall y smotyn fod yn unrhyw liw ond coch! Fe'i defnyddir ar becyn i ddangos bod y gwneuthurwr wedi talu ffi. Yn yr Almaen, y siopau sy'n gyfrifol am dderbyn defnydd pacio yn ôl ar gyfer ei ailgylchu.

Mae hwn yn dangos bod y defnydd pacio i gael ei ailddefnyddio

X%

Mae'r symbol hwn yn cael ei ddefnyddio ar draws Ewrop i ddangos bod y defnydd pacio yn gyfeillgar i'r amgylchedd

Yn yr Almaen mae hyn yn dangos bod y gwneuthurwr wedi talu ffi tuag at gasglu'r defnydd pacio ar ôl iddo gael ei ddefnyddio

Mae hwn yn dangos pa ganran o gynnwys y defnydd pacio sydd wedi ei ailgylchu

Mae'r ddau symbol uchod yn dangos bod y defnydd pacio i gael ei gadw ar gyfer ei ailgylchu

*Symbolau a ddefnyddir ar becynnau i roi gwybodaeth amgylcheddol i ddefnyddwyr*

Mae Cyngor Diwydiant dros Ddefnydd Pacio a'r Amgylchedd (INCPEN) wedi datblygu'r canllawiau canlynol:

Wrth ddylunio pecyn, dylid ystyried pob ffactor amgylcheddol, yn enwedig:

*Enghreifftiau*

- gofynion egni;
- gofynion defnyddiau crai;
- y gwastraff sy'n cael ei gynhyrchu yn ystod pob cam o'r gadwyn ddosbarthu;
- yr effaith ddisgwyliedig ar wastraff ar ôl i'r pecyn gael ei ddefnyddio;
- yr angen i osgoi defnyddio gormod o ddefnydd pacio;
- yr angen i gymryd camau cadarnhaol i leihau sbwriel;
- ystyried a oes modd defnyddio defnyddiau eilaidd;
- cefnogi cynlluniau adennill sy'n defnyddio adnoddau'n effeithlon;
- annog ailddefnyddio sawl gwaith pan fo hynny'n bosibl;
- asesu posibiliadau a rhoi eich gwastraff pacio eich hun i gwmni ailgylchu.

## Safle yn y farchnad

Rhaid i'r sawl sy'n dylunio pecynnau ystyried safle'r cynnyrch, neu'r amrywiaeth o gynhyrchion, yn y farchnad. Os yw cynnyrch newydd am werthu'n dda, yna mae ei safle o fewn y farchnad arfaethedig yn hollbwysig. Yn achos cynnyrch sydd wedi hen ymsefydlu, gall newid delwedd y pecyn lwyddo i ailsefydlu'r cynnyrch mewn marchnad wahanol neu farchnad sydd wedi newid. Wrth reswm, rhaid ystyried delwedd gyfan y cynnyrch – gan gynnwys dyluniadau ar gyfer hysbysebu (hysbysebion teledu, radio, cylchgronau ac ati) a deunydd hyrwyddo mewn siopau, deunydd arddangos ac yn y blaen. Yn aml bydd cerddoriaeth yn elfen gref mewn delwedd gorfforaethol.

 *Nid yw safle yn y farchnad mor syml ag y mae'n ymddangos – mae gan yr **holl** ddefnyddiau pacio hyn ddelweddau syml, glân, ac 'iach' hyd yn oed, ond maen nhw i gyd wedi'u hanelu at farchnadoedd gwahanol*

### Munud i feddwl

Pan ail-lansiwyd jîns 501 Cwmni Levi ym 1985/6, cyrhaeddodd dwy o'r caneuon a ddefnyddiwyd yn yr hysbysebion ('Stand By Me' gan Ben E King a 'When A Man Loves A Woman' gan Percy Sledge) rifau un a dau yn y siartiau ymhen wythnos.

Bydd gan nwyddau rhatach becyn syml a labeli lliw plaen yn aml. Nid y gost o gynhyrchu defnydd pacio mwy cymhleth yw'r rheswm pennaf am hyn, ond yn hytrach ddisgwyliadau'r prynwyr. Ond yn ddiweddar – yn rhannol oherwydd y ffactor 'gwyrdd' – mae defnyddiau pacio rhai cynhyrchion drud iawn (pen ucha'r farchnad) bellach yn syml iawn hefyd. Ond rhaid cofio, wrth gwrs, fod cysylltiad meddwl cryf rhwng symlrwydd coeth ac ansawdd.

### Cwestiynau

Ffurfiwch grwpiau i drafod defnyddiau pacio nifer o gynhyrchion gofal croen neu ofal corff.

Gwnewch y canlynol fel rhan o'ch trafodaeth:

- Lluniwch restr o rai cynhyrchion.
- Nodwch yr enghreifftiau hynny lle mae'n debyg bod y defnydd pacio yn costio mwy na'r cynnyrch o'i fewn.
- Penderfynwch a yw'r defnydd pacio yn gwbl angenrheidiol i ddiogelu neu werthu'r cynnyrch.
- Nodwch enghreifftiau o gynhyrchion tebyg sydd wedi'u pacio mewn defnydd rhatach.
- Penderfynwch a yw'r cynhyrchion hyn wedi eu hanelu at farchnadoedd gwahanol ai peidio.

Astudiaethau achos â chanolbwynt: Graffeg

### Gweithgaredd ymchwil

Ystyriwch eich siop gornel leol a'r siop fwyd fawr lle byddwch yn siopa fel rheol. Lluniwch ddau fwrdd delweddau:

- un ar gyfer y grŵp o ddefnyddwyr mae'r siop gornel yn eu targedu
- un ar gyfer y grŵp o ddefnyddwyr mae'r siop fwyd fawr yn eu targedu.

### Defnyddiau pacio a natur y cynnyrch

Wrth gwrs, bydd defnyddiau pacio â delweddau sy'n pwysleisio 'gwyrddni', 'gwerth am arian' neu 'ansawdd' yn awgrymu bod gan eu cynnwys hefyd yr un nodweddion. Mae dylunydd defnyddiau pacio felly yn gorfod wynebu sawl problem foesegol. A yw'n dderbyniol, er enghraifft, i ddangos pys gwyrdd llachar ar y defnydd pacio os nad yw'r pys sydd y tu mewn yr un lliw? Oni fyddai'n well defnyddio defnyddiau pacio a chynwysyddion tryloyw er mwyn i'r prynwyr weld yr hyn sydd ynddynt? A yw'n deg defnyddio'r defnydd pacio i awgrymu 'gwerth ychwanegol' – cartonau y gellir eu defnyddio fel cynwysyddion cadw, teganau am ddim mewn pecynnau grawnfwyd brecwast, neu docynnau i'w casglu i gael anrhegion am ddim? A yw hyn, mewn ffordd, yn celu natur y cynnyrch ei hun – ystyrir bod y cynnyrch yn arbennig o 'dda' oherwydd bod ganddo elfen ychwanegol – neu a yw'n awgrymu marchnad benodol?

### Cwestiynau

Mae'n bosibl pacio dŵr ar gyfer ei werthu. Gall y cynhwysydd fod yn ddi-liw, neu gyda mymryn o wyrdd neu las ynddo. Fel arfer mae ei siâp yn debyg i botel. Bydd ei faint a'r defnydd a ddefnyddir i'w bacio yn amrywio yn ôl y farchnad neu'r grŵp o ddefnyddwyr a dargedir.

Ydych chi'n meddwl bod y prynwr yn prynu'r defnydd pacio neu'r cynnwys?

Gofynnwch y cwestiynau canlynol i chi eich hun:

- Beth mae'r defnydd pacio yn ei ddweud wrthym am y dŵr sydd ynddo . . .
  . . . mai dim ond dŵr ydyw
  . . . mai dŵr rhad ydyw
  . . . mai dŵr o ansawdd uchel ydyw?

- A fyddech chi'n prynu dŵr pe bai wedi'i bacio mewn carton cardbord fel sudd oren?

- Os na fyddech, pam?

# Pan na wnaiff geiriau mo'r tro

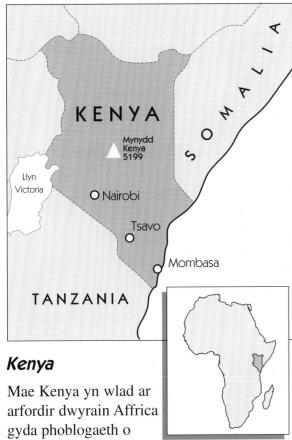

## Kenya

Mae Kenya yn wlad ar arfordir dwyrain Affrica gyda phoblogaeth o 24.9 miliwn. Iaith genedlaethol Kenya yw Kiswahili, a'r iaith swyddogol yw Saesneg. Mae'r ddwy iaith yn orfodol yn yr ysgolion. Mae trigolion Kenya yn rhannu eu hunain yn tua 70 grŵp ethnig sy'n siarad dros 30 o brif ieithoedd. Rhai ieithoedd Affricanaidd eraill yw Kikuyu, Luhya, Luo a Kamba.

Nid yw mynychu ysgol yn orfodol yn y wlad, er bod y llywodraeth yn darparu addysg gynradd. Ar lefel uwchradd, mae 70 y cant o'r plant yn mynychu Harambees – ysgolion hunan-gymorth sy'n cael eu hariannu gan gymunedau lleol. Mae cyfradd llythrennedd Kenya tua 45 y cant ac mae rhaglen ar waith i gynyddu'r ffigur hwn. Ond, er hynny, mae llawer o bobl yn y wlad sydd heb gael digon o addysg i allu darllen nac ysgrifennu.

## Y project gofal-iechyd anifeiliaid

Mae Ardal Maru yn rhanbarth ffrwythlon canolbarth Kenya, a Kimeru yw un o ieithoedd niferus yr ardal. Mae llawer o'r trigolion yn ffermio ar raddfa fach ac yn cadw ychydig o eifr, gwartheg ac ieir. Roedd ffermwyr Ardal Maru yn bryderus am iechyd a lefelau cynnyrch eu hanifeiliaid. Roedden nhw hefyd yn pryderu bod milfeddygon y llywodraeth mor brin.

Pan aeth Intermediate Technology, Kenya ati i wneud ymchwil ar y cyd â chanolfan ffermwyr leol, gwelodd y tîm fod angen ei gwneud yn haws i'r ffermwyr gael moddion i'w hanifeiliaid. Roedd y ffermwyr yn awyddus i ddysgu sut i ddefnyddio moddion sylfaenol ac roedd angen gwell gofal milfeddygol arnynt.

## Hyfforddi cynorthwywyr gofal-iechyd anifeiliaid

Dewisodd y ffermwyr lleol 13 o ddynion a merched i fynychu cwrs hyfforddi 5 diwrnod mewn gofal-iechyd anifeiliaid, a drefnwyd gan IT Kenya a Chanolfan Ffermwyr Kamujini. Galwodd y cynorthwywyr newydd eu hunain yn 'Wasaidizi wa Mifugo' sy'n golygu 'cynorthwywyr da byw' mewn Kiswahili.

Mae'n anghyfreithlon i gynorthwywyr gofal-iechyd anifeiliaid ddefnyddio moddion megis gwrthfiotigau. Ond mae eu hyfforddiant mewn meddygaeth ataliol a defnyddio meddyginiaethau lleol a chyffuriau cyffredin yn golygu eu bod yn gallu trin afiechydon cyffredin mewn anifeiliaid. Nid oes angen galw'r milfeddyg ond mewn achosion difrifol.

Mae llawer o'r cynorthwywyr gofal-iechyd anifeiliaid sy'n rhedeg cyrsiau hyfforddi yn llythrennog, ond nid yw pob un o'r ffermwyr sy'n cael eu cymorth yn gallu deall cyfarwyddiadau sydd wedi'u hysgrifennu mewn Saesneg neu Kiswahili. Mae nifer o ieithoedd yn cael eu siarad yn yr ardal.

### Munud i feddwl

Mae gan tua 1 o bob 6, neu 6.5 miliwn (16 y cant), o oedolion Prydain lefelau isel o sgiliau darllen ac ysgrifennu. Sut maen nhw'n cael gwybod beth mae angen iddyn nhw wybod?

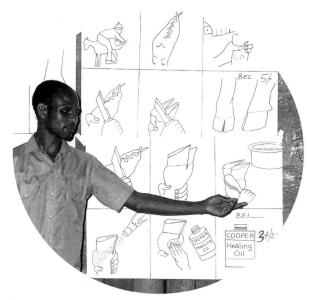

Rhai o'r arwyddion a symbolau a ddefnyddir ar y cwrs hyfforddi

Mae angen cymorth gyda darllen ac ysgrifennu ar rai oedolion yn y DU

Yr ateb i'r broblem hon oedd dyfeisio dull cyffredin o gyfathrebu rhwng siaradwyr y gwahanol ieithoedd. Llwyddodd yr hyfforddwyr i wneud hyn trwy ddefnyddio iaith symbolaidd a darluniadol i ddangos, er enghraifft, sut mae tocio carnau sydd wedi gordyfu, neu sut i drin geifr sy'n dioddef oddi wrth heintiau ffyngaidd, neu faint o gyffur i'w roi i anifeiliaid yn ôl eu maint a rhywogaeth.

### Gweithgaredd ymchwil

Ewch ati i ddarganfod sut mae gwneuthurwyr cyffuriau meddygol wedi defnyddio iaith symbolaidd a darluniadol i gyflwyno cynnyrch a ffyrdd o'i ddefnyddio.

### Munud i feddwl

Yn Ewrop defnyddir nifer o arwyddion a symbolau cyffredin ar ddefnyddiau pacio i gynrychioli gwahanol gyfarwyddiadau. Allwch chi feddwl am rai ohonynt?

Dychwelodd y cynorthwywyr gofal-iechyd anifeiliaid i'w cymunedau eu hunain gyda phecyn cymorth cyntaf a oedd yn cynnwys moddion sylfaenol, wedi'u labelu â symbolau priodol, a chyfarpar syml. Roeddent yn awr yn gallu trin eu hanifeiliaid eu hunain ac anifeiliaid eu cymdogion. 'Rydw i nawr yn gallu cymryd gwell gofal o'm hanifeiliaid fy hun yn ogystal â helpu fy nghymdogion', meddai Mary Wachuka, un o'r cynorthwywyr.

## Munud i feddwl

Mae cynorthwywyr gofal-iechyd anifeiliaid yn defnyddio labeli ar eu cynnyrch. Allwch chi feddwl am system addas ar gyfer dyblygu labeli?

## Gweithgaredd ymchwil

Gwerthuswch nifer o labeli meddygol. Ym mha ffordd mae eu dyluniad yn cymryd i ystyriaeth anghenion a gofynion y defnyddwyr?

Pan fyddant wedi defnyddio'r holl foddion yn y pecyn cymorth cyntaf, bydd y cynorthwywyr yn derbyn cyflenwad arall gan siopau cymunedol bach neu ddosbarthwyr yn y trefi neu ddinasoedd mawr. Weithiau bydd y cynorthwywyr yn trin yr anifeiliaid ar unwaith ond ar adegau eraill byddant yn rhoi'r cyffur i'r ffermwyr i'w roi yn ôl y galw. Cânt eu harllwys i unrhyw gynwysyddion sydd ar gael, megis jariau, poteli soda gwag a thuniau.

◗ *Cynorthwy-ydd gofal-iechyd anifeiliaid gyda phecyn cymorth cyntaf*

◗ *Dangos i ffermwr sut i ddefnyddio moddion*

**2**

# Dylunio mewnol

### Siopau

Prif bwrpas cynllun mewnol siop (a'i delwedd yn gyffredinol) yw creu amgylchedd sy'n denu pobl i brynu nwyddau yno – a dychwelyd i brynu eto. Mae'r dyluniadau gorau yn gwahodd pobl i mewn i'r siop, yn creu awyrgylch sy'n gwneud iddynt deimlo'n gartrefol a chyffforddus lle gallant ddewis pa nwyddau i'w prynu, ac yn eu hannog i ddychwelyd eto i brynu rhagor. Mae cynllun Top Shop/Top Man (sy'n rhan o Grŵp Burton) a ddangosir yma yn cwrdd â'r gofynion hyn mewn sawl ffordd.

## Arddull a delwedd

- Mae'r dylunydd wedi creu amgylchedd cyfarwydd y gellir ei adnabod ar unwaith mewn unrhyw ran o'r wlad a'i newid yn hawdd yn ôl y gofyn. Mae'r awyrgylch mewnol yn gweddu i ansawdd y nwyddau sy'n cael eu gwerthu ac i'r math o gwsmeriaid sy'n debygol o siopa yno. Nid yw'n rhy foethus nac yn rhy foel.

- Mae'r ddelwedd yn gyson ledled y wlad ond mewn rhai canghennau o Top Shop a Top Man mae "siopau o fewn siopau", er enghraifft, adran Levi's Jeans (trefniant masnachfraint) neu, yn y brif siop yn Llundain, farchnad ddillad ail-law.

## Arddangos nwyddau

- Mae'r standiau arddangos wedi'u gwneud o fodiwlau MDF neu binwydd gyda gorffeniad satin. Mae uchder y standiau yn amrywio ac mae'r dillad wedi'u plygu mewn pentyrrau ar ddodrefn tebyg i fyrddau. Mae'r rheseli a ddefnyddir i hongian dillad wedi'u gwneud o fetel ac mae eu siâp a'u gwneuthuriad yn syml. Hefyd defnyddir paneli rhyddsefyll i arddangos cyfwisgoedd, a phosteri a darluniau wrth y mannau talu.

### Llif cwsmeriaid

- Mewn siop gadwyn brysur o'r math yma mae llif y cwsmeriaid trwyddi yn bwysig iawn. Os teimla'r cwsmeriaid eu bod wedi'u cau i mewn, maent yn mynd yn rhwystredig. Ar y llaw arall, gall lle mawr gwag fod yr un mor fygythiol.

- Mae yma le i symud o gwmpas, sy'n ei gwneud hi'n hawdd i gymryd dillad o wahanol reiliau i weld a ydynt yn gweddu i'w gilydd, ac eto mae'r cwsmeriaid yn cael y teimlad eu bod wedi eu hamgylchynu gan ddillad a delweddau gweledol.

### Sain a golau

- Mae'r gerddoriaeth yn gyfoes, yn weddol fywiog, ond heb fod yn rhy swnllyd. Mae'r golau ar lefel debyg i olau dydd. Mae'r awyrgylch yn eithaf hamddenol – sy'n cael effaith ar y siopwyr a'r staff.

### Talu a diogelu nwyddau

- Mae'r cownteri talu yn rhai hir sy'n caniatáu i'r staff blygu a phacio'r dillad ac maent hefyd yn annog y cwsmeriaid sy'n talu i symud i un cyfeiriad.

- Mae diogelu'r nwyddau yn hanfodol i'r cynllun os yw dillad yn cael eu harddangos heb unrhyw rwystrau ac os oes llawer o fannau 'marw'. Caiff y problemau hyn eu datrys trwy ddefnyddio camerâu ar y nenfwd, tagiau diogelwch electronig ar y dillad, a synwyryddion yn yr allanfeydd sy'n canfod tagiau sydd heb eu tynnu. Mae'r mannau cyfyng yn atal grwpiau rhag ymgasglu o fewn y siop.

### Cynnal a chadw a diogelwch personol

- Trwy ddefnyddio pren wedi'i selio ar y llawr a ffitiadau ag arwynebau llyfn, mae'r dylunydd wedi creu amgylchedd sy'n ddiogel ac yn hawdd i'w gynnal yr un pryd.

### Gweithgaredd ymchwil

1 Ewch i siop gadwyn nwyddau ffasiwn leol.
2 Gwnewch fraslun o'r standiau, yr unedau a'r lleoedd gwag.
3 Dangoswch ar eich braslun sut a ble mae'r gwahanol nwyddau'n cael eu harddangos.
4 Dangoswch sut mae'r llif i ac o'r cownter talu yn gweithio.
5 Sylwch sut mae'r system ddiogelwch yn gweithio.
6 Sylwch ar arddull a theimlad cyffredinol y siop.
7 Gwnewch nodiadau ar y farchnad mae'r nwyddau wedi'u hanelu ati, ystod oedran y cwsmeriaid, a sut mae'r amgylchedd yn ei gyfanrwydd yn cwrdd, neu'n methu â chwrdd, ag anghenion y cwsmeriaid mae'r siop yn eu targedu.

# Dillad gwarchod

Peth digon bregus yn y bôn yw'r corff dynol. Rydym felly wastad wedi chwilio am ffyrdd o'n hamddiffyn ein hunain mewn sefyllfaoedd arbennig. Enghraifft amlwg yw datblygiad arfwisgoedd i amddiffyn milwyr adeg rhyfel. Roedd arfwisg yr Oesoedd Canol, a oedd yn gorchuddio'r corff ag amwisg fetel, yn effeithiol iawn am ei bod yn amddiffyn pob rhan o'r corff rhag ymosodiad. Mae arfwisg yr Oesoedd Canol yn enghraifft gynnar o ddillad gwarchod. Heddiw, fodd bynnag, mae llawer o sefyllfaoedd lle mae angen dillad gwarchod, boed hynny i ddiogelu pobl yn eu gwaith, neu i'w diogelu pan fyddant yn cymryd rhan mewn chwaraeon neu weithgareddau hamdden.

Mae nifer o sefyllfaoedd lle defnyddir dillad gwarchod heddiw. Dangosir rhai ohonynt yn y lluniau.

*Mae siwtiau gwlyb a sych yn amddiffyn deifwyr pan fyddant yn gweithio mewn dŵr oer. Mae siwtiau sych yn creu haen o aer rhwng y gwisgwr a'r siwt sy'n dal gwres y corff ac yn atal effaith oeri'r dŵr*

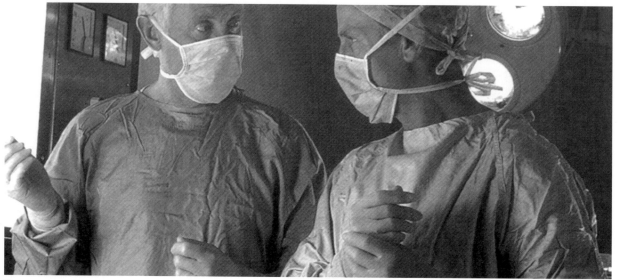

*Defnyddir menig, gynau a masgiau mewn llawdriniaeth i osgoi croes-heintio o'r claf i'r llawfeddyg ac o'r llawfeddyg i'r claf. Ond ni ddylai'r ffabrigau a ddefnyddir ymyrryd â'r llawdriniaeth. O ganlyniad i AIDS, mae llawfeddygon bellach yn gwisgo tri phâr o fenig yn aml yn ystod llawdriniaeth, gan fod cyllyll llawfeddyg ac offer torri llawfeddygol arall yn gallu treiddio drwy un faneg yn rhwydd*

◗ Mae'r diwydiant adeiladu a'r diwydiannau olew yn mynnu bod gweithwyr yn gwisgo hetiau caled ac esgidiau blaen-metel. Mae'n rhaid i'w dillad fod yn wrthdan a gwrthstatig.

◗ Bydd raswyr beiciau modur yn gwisgo siwtiau arbennig sy'n elastig iawn, yn gadael i'r corff anadlu ac yn ei amddiffyn rhag crafiadau. Mae'r siwt hon wedi ei gwneud o gyfuniad o ddau ffibr gwneud, KEVLAR a Lycra, sy'n rhoi iddi ei nodweddion unigryw.

◗ Mae gofodwyr yn gweithio mewn amgylchedd gelyniaethus iawn - mewn oerfel rhewllyd sydd bron yn wactod. Mae'n rhaid i'r siwt gwasgedd eu cadw'n gynnes a'u diogelu rhag yr amgylchedd angheuol. Nid oes prawf mwy llym ar effeithiolrwydd tecstilau na 'siwt ofod'.

**M**

## Munud i feddwl

Meddyliwch am yr hyn yr oedd milwr yn yr Oesoedd Canol yn ei wneud mewn brwydr, a sut y gallai ei ddillad fod wedi ei helpu neu ei rwystro. Yna meddyliwch am filwr modern ar ddyletswydd ac ystyriwch ym mha ffyrdd y mae angen i'w ddillad ef neu hi ei (g)warchod.

## Cymysgu a chydweddu

Mae gan ffibrau tecstil amrywiaeth o briodweddau gwahanol - cryfder, cysur, cynhesrwydd, pa mor olchadwy ydynt, ac yn y blaen. Yn aml bydd gwneuthurwyr yn gwehyddu gwahanol ffibrau ynghyd i greu defnyddiau sydd â phriodweddau penodol. Er enghraifft, bydd gwneuthurwr yn cymysgu cotwm a pholyester i greu defnydd newydd sy'n cyfuno golwg deniadol cotwm â nodweddion hawdd-ei-smwddio polyester.

Gall ffibrau sy'n addas ar gyfer dillad fod yn ffibrau gwneud neu'n rhai naturiol. Mae lliain, gwlân a chotwm i gyd yn ffibrau naturiol: maent yn dod o anifeiliaid neu o blanhigion. Mae Lycra, ffabrig elastig iawn, a ddefnyddir yn aml mewn legins, yn gyfansoddyn cemegol gwneud a gynhyrchwyd gyntaf mewn labordy.

### Gweithgaredd ymchwil

Edrychwch ar y labeli dillad ar eich dillad eich hun. Dylent ddweud pa ffabrig a ddefnyddiwyd i'w gwneud. A ydynt yn gymysgedd o ffabrigau gwneud a rhai naturiol? Gwnewch restr, nodwch y ffibrau sydd ym mhob un o'r ffabrigau, a cheisiwch egluro ym mha ffordd y mae pob un yn cyfrannu at briodweddau cyffredinol y ffabrig.

## Priodweddau arbennig ar gyfer gwarchod

Mae ffibrau arbennig wedi cael eu datblygu mewn labordy ar gyfer sefyllfaoedd eithafol lle mae'n rhaid gwarchod pobl rhag amodau llym iawn. Yn aml maent wedi eu gwneud yn gyfan gwbl o gemegion. Enghraifft dda o hyn yw'r defnyddiau a alwn yn bolyamidau (y rhai mwyaf adnabyddus yw neilon a Lycra). Mae'r rhain wedi eu gwneud o foleciwlau cadwyn-hir sy'n ffurfio'n rhwydd yn ffibrau addas ar gyfer gwneud brethyn.

Datblygwyd ffibrau sydd â phriodweddau penodol, megis y gallu i wrthsefyll gwres neu ymosodiad cemegol, neu'r gallu i leihau statig, sy'n gallu achosi gwreichion. Sylwer bod rhaid i'r ffabrig gadw'r nodweddion sy'n ei wneud yn addas ar gyfer dillad - cysur, hawdd i'w olchi - heb golli dim o'r nodweddion 'gwarchod'.

Mae Nomex, er enghraifft, yn ffibr a ddatblygwyd i wrthsefyll gwres, ac mae'n cael ei ddefnyddio i wneud dillad ar gyfer diffoddwyr tân, gyrwyr ceir rasio, a gofodwyr. Mae'n cael ei gymysgu ag amrywiaeth o ffibrau eraill i greu llawer o ffabrigau gwahanol.

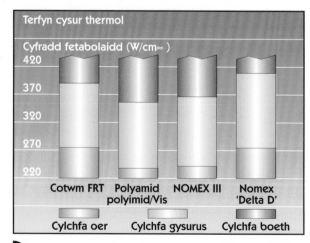

*Data technegol am Nomex, ffibr sy'n gwrthsefyll gwres*

Mae ffibrau newydd fel Nomex yn cael eu profi'n drylwyr i sicrhau eu bod yn addas ar gyfer gwahanol sefyllfaoedd. Dyma enghraifft.

 *Profion thermol sy'n rhoi gwybodaeth i ddylunwyr*

Manicin maint iawn yw'r Dyn Thermo, gyda 120 o synwyryddion wedi eu gosod dros ei gorff. Mae cyfrifiadur yn cofnodi data o'r synwyryddion yn barhaus pan roddir dillad am y manicin, a'u rhoi ar dân. Yna mae'r cyfrifiadur yn allbrintio map gwres o'r dilledyn wrth iddo losgi. O hyn, gall dylunwyr weld y mannau gwan a barnu a yw pethau fel y stribedi selio, y gorffeniadau, yr edafedd neu'r leinin a ddefnyddir yn y dilledyn gorffenedig yn fygythiad i'r defnyddiwr. Gallant wedyn addasu eu dyluniadau yn unol â'r wybodaeth.

### Gweithgaredd ymchwil

Darganfyddwch pa ddillad gwarchod sy'n cael eu darparu ar gyfer y diffoddwyr tân yn eich gorsaf dân leol. Rhestrwch bob eitem o ddillad. Nodwch ddefnydd pob dilledyn a'r priodweddau hynny sydd ganddo sy'n gwarchod y defnyddiwr.

### Cwestiwn

Dychmygwch eich bod yn ddylunydd dillad gwarchod perfformiad uchel. Daw cwsmer atoch a gofyn i chi ddylunio siwt ar gyfer sgiwr Olympaidd. Rhestrwch yr holl bethau sydd, yn eich barn chi, yn bwysig yn y sefyllfa hon ac sydd angen eu cynnwys yn nyluniad y dillad. Gwnewch luniadau gan nodi arnynt y nodweddion arbennig hynny y byddech yn eu cynnwys yn nyluniad y siwt.

### *Arfwisg bersonol*

Hyd yn oed heddiw mae angen arfwisg bersonol ar rai pobl, fel aelodau o'r heddlu, gwleidyddion, a milwyr, yn union fel marchogion y Canol Oesoedd gynt. Defnyddir haen ar ben haen o ffibrau gwneud fel Kevlar i wneud festiau atal bwledi, siacedi arfog, festiau gwrth-gyllyll, a siacedi gwrth-ffrwydrad. Mae'n bum gwaith cryfach na dur, ond yn llawer ysgafnach, ac felly'n ddelfrydol ar gyfer gwneud festiau'r heddlu ac arfwisgoedd personol.

 *Moleciwlau cadwyn-hir Kevlar s'yn rhoi i'r fest atal bwledi hon ei nodweddion gwarchod*

Astudiaethau achos â chanolbwynt: Tecstilau

49

# Lliwiau a chyfresi lliw

## Lliwiau ffasiynol

Bob tymor bydd y siopau dillad mawr yn dangos casgliadau o ddillad sydd wedi eu dylunio ar sail thema gyffredin neu gasgliad o liwiau cyffredin.

Sut mae'r lliwiau hyn yn cael eu dewis?

### Munud i feddwl

Pa liwiau sy'n ffasiynol ar hyn o bryd? Edrychwch ar y lliwiau isod a'u rhestru yn ôl y rhai mwyaf ffasiynol.

| Oren | Brown | Gwyrdd | Porffor | Du |

| Llwyd | Pinc | Melyn |

Caiff y dewis o liwiau ei benderfynu mewn tair ffordd yn bennaf.

Yn gyntaf, bydd dylunydd unigol yn aml yn defnyddio ei reddf neu ymchwil bersonol i'w ysbrydoli.

📷 Gall trowsus dylunydd ddechrau ffasiwn newydd

Yn ail, mae yna gwmnïau sy'n rhagweld tueddiadau o ran lliw ac sy'n gwerthu llyfrau 'Rhagweld' bob blwyddyn. Cyn cynhyrchu nifer fawr o unrhyw ddyluniad, byddant yn gwneud sampl bach yn dangos y cyfresi lliw sydd ar gael. Yn y modd hwn gallant gael barn y cleient ac addasu'r casgliadau terfynol.

Yn drydydd, gyda dylunio a gweithgynhyrchu trwy gymorth cyfrifiadur, CAD/CAM, gall dylunwyr weithio'n uniongyrchol ar sgrîn y cyfrifiadur i gynhyrchu delweddau lliw ar raddfa fawr. Lle gynt roedd yn rhaid cynhyrchu samplau lliw, bellach gellir dewis lliwiau yn gyflym drwy ddefnyddio allbrintiau cyfrifiadur. Drwy gyfrwng y Rhyngrwyd, gall dylunwyr mewn gwahanol wledydd gyfnewid gwybodaeth dylunio mewn lliw yn gyflym.

## Cyfresi lliw

'Cyfresi lliw' yw'r term a ddefnyddir i ddisgrifio'r nifer o fersiynau lliw terfynol a fydd yn ymddangos yn y siopau. Er enghraifft, gellid cael crys gwyn gyda streipiau lliw mewn pedair fersiwn lliw gwahanol - streipiau glas, streipiau coch, streipiau gwyrdd a streipiau du.

Cyn cynhyrchu nifer fawr o unrhyw ddyluniad, bydd sampl bach yn cael ei gynhyrchu i ddangos y lliwiau fydd ar gael. Trwy wneud hyn gellir cynnwys awgrymiadau'r cleient yn y casgliad terfynol. Dyma enghraifft.

**C**

## Cwestiwn

Dychmygwch fod yn rhaid i chi ddewis cyfresi lliwiau ar gyfer tri math gwahanol o ddilledyn:

- siwt wlyb (ar gyfer bordhwylio);
- siaced ar gyfer cerdded yn y mynyddoedd;
- ryg addurniadol i westy prysur.

Pa fath o liwiau ydych chi'n meddwl fyddai'n addas ar gyfer pob un? Llachar? Tywyll? Niwtral?

2

# Llinell amser tecstilau

Mae'r wybodaeth yn y tabl isod yn dangos bod tecstilau newydd yn cael eu datblygu drwy'r amser a bod y defnyddiau diweddaraf yn cynnig posibiliadau dylunio cyffrous at y dyfodol.

| Dyddiad | Datblygiad newydd | Nodweddion allweddol | Cymwysiadau |
|---------|-------------------|----------------------|-------------|
| 1938 | Teflon | y gallu i wrthsefyll tymereddau o -240°C i +260°C anadweithiol iawn cyfernod ffrithiant isel | sosbenni a phadelli gwrthlud (1950au), haenau gwarchod ar gyfer ffabrigau (1960au), ffabrigau gwrth-staen (1990au) |
| 1941 | Polyester | yn wrthgrych | ffabrigau nad oes angen eu smwddio a Crimplene (1950au) |
| 1959 | Lycra | elastigedd eithriadol heb ddulliau cau cymhleth (1980au) | fe'i defnyddir gyda ffibrau eraill i wneud ffabrig sy'n mowldio i'r corff |
| 1972 | Kevlar | arbennig o gryf, anystwyth ac ysgafn | siwtiau gofodwyr (1980au) festiau atal bwledi (1990au) |
| 1976 | Gore-Tex | ffabrig lledathraidd diddos sy'n caniatáu i anwedd dŵr basio o'r gwisgwr i'r tu allan | dillad gwarchod ar gyfer gofodwyr a pheilotiaid (1980au) gynau llawfeddygon (1990au) |
| 1980au | Microffibrau | gorweddiad a gwead arwyneb eithriadol | eitemau ffasiwn moethus allan o ffibrau synthetig |
| 1980au | Gorffeniadau thermocromatig | lliwiau sy'n sensitif i dymheredd | crysau-T 'anarferol' |
| 1990au | Sidan pry cop wedi ei addasu'n enetig | elastigedd a chryfder neilltuol | yn dal i ymchwilio ond mae'r posibiliadau yn cynnwys pontydd crog sy'n gwrthsefyll daeargrynfeydd, gwregysau diogelwch mwy diogel, gwell dillad gwarchod, gwadnau esgidiau sy'n para'n hirach |
| | Mae micro-mewngapsiwleiddio ar y gorwel | yn ymgorffori swigod bach o fewn microffibr | gallai'r swigod gynnwys: bacterioleiddiaid sy'n lladd aroglau drwg y corff, persawrau i roi perarogl, thermocromatigau ar gyfer newid lliw, cynhyrchion fferyllol i gyflenwi moddion yn barhaus |
| | | yn ymgorffori ffibrau dargludol o fewn microffibr | mae prototeipiau o ffonau maneg a chrysau-T radio ar gael yn barod. Mae arbenigwyr telathrebu eisoes yn trafod swyddfa y gallwch ei gwisgo! |

## Adnabod anghenion a hoffterau

Gallwch adolygu'r strategaethau ar gyfer adnabod anghenion a hoffterau o Gyfnod Allweddol 3 drwy feddwl am y bobl hyn.

Geraint bachgen 3 oed sy'n siopa gyda'i fam, Lois.

Mari merch 13 oed sy'n edrych ar amserlen y bysiau.

Lois gwraig feichiog 28 oed, mam Geraint.

Dewi dyn 39 oed sy'n darllen arweinlyfr.

Elen gwraig 72 oed mewn cadair olwyn sy'n edrych am y ganolfan Gofal Henoed.

### Meddwl am beth allai fod ar bobl ei angen

Bydd gan y bobl hyn sydd wrthi'n siopa wahanol anghenion a hoffterau. Gallwch feddwl am y rhain drwy ddefnyddio'r dull CDEC. Mae CDEC yn sefyll am **C**orfforol, **D**eallusol, **E**mosiynol, **C**ymdeithasol. Mae pob un o'r geiriau hyn yn disgrifio math o angen y mae modd ei fodloni gan gynhyrchion sydd wedi cael eu dylunio a'u gwneud.

### Sylwi ar bobl

Gallwch ganfod llawer am anghenion a hoffterau pobl drwy eu gwylio. Mae hi'n bwysig cofnodi eich sylwadau mewn ffordd nad yw'n effeithio ar beth mae pobl yn ei wneud. Mae'r darlun yn dangos sawl dull gwahanol o gofnodi. A allwch chi egluro pa rai sy'n addas i'w defnyddio mewn canolfan siopa?

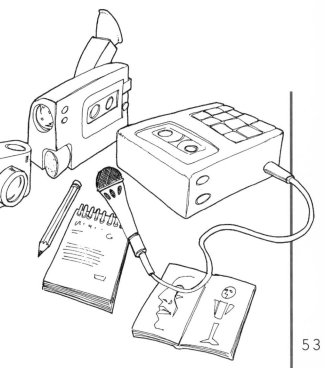

Strategaethau - anghenion a hoffterau

### Holi cwestiynau

Gallwch ganfod dewisiadau pobl drwy siarad â nhw a holi cwestiynau. Cyfweld yw'r enw sy'n cael ei roi ar hyn weithiau. Mae'n wahanol i ddefnyddio holiadur gan mai dim ond ychydig o bobl y byddwch yn eu cyfweld. Mae hi'n bwysig ichi holi'r math iawn o gwestiynau. Er mwyn canfod beth mae ar bob un o'r bobl hyn ei eisiau o'u trip siopa, mae'n debyg y byddai angen ichi holi gwahanol gwestiynau iddynt.

### Defnyddio llyfrau a chylchgronau

Weithiau bydd arnoch eisiau canfod rhywbeth drwy chwilio mewn llyfrau a chylchgronau. Bydd rhai cylchgronau yn dweud wrthych am y cynhyrchion diweddaraf. Bydd eraill yn dweud wrthych am ddewisiadau'r bobl sy'n defnyddio gwahanol gynhyrchion. Ble byddech chi'n cael hyd i'r cylchgronau hyn? Bydd rhai llyfrau a chylchgronau yn dweud wrthych sut mae cynhyrchion gwahanol yn gweithio. Ble cewch chi afael ar y llyfrau a'r cylchgronau hyn?

### Byrddau delwedd

Gallwch wneud casgliad o luniau o bethau y gallai grŵp o bobl eu hoffi, lleoedd y gallent fynd, gweithgareddau y gallent eu gwneud. Bwrdd delwedd yw'r enw ar hyn. Bydd bwrdd delwedd ar gyfer Geraint yn edrych yn wahanol iawn i un ar gyfer Mari. Bydd llunio byrddau delwedd yn eich helpu i ddeall beth gallai gwahanol bobl fod yn ei hoffi. Gall hefyd eich helpu i ddeall yr arddull sydd gan gynhyrchion sy'n apelio at wahanol bobl. Er enghraifft, efallai bod gan Lois ac Elen wats garddwrn bob un ond bydd y ddwy'n sicr o edrych yn wahanol iawn i'w gilydd.

**C**

**Cwestiynau**

Dyma ddechrau bwrdd delwedd ar gyfer Lois.

1 Beth mae'n ddweud wrthych amdani?
2 Pa ddelweddau eraill y gallech eu hychwanegu i roi darlun llawnach?

*Pwy yw Lois?*

# Holiaduron

## Beth yw holiadur?

Set o gwestiynau wedi eu cynllunio'n ofalus yw holiadur. Defnyddir holiadur yn aml gan fusnesau i ganfod beth mae gwahanol grwpiau o bobl yn ei hoffi neu am ei brynu.

Fel arfer bydd holiadur yn ceisio cael gwybodaeth am y math o berson sy'n ei ateb - eu gwaith, faint maen nhw'n ei ennill, ac yn y blaen. Mae'r wybodaeth hon yn galluogi busnesau i ddarparu nwyddau a gwasanaethau i bobl am bris maen nhw'n fodlon ei dalu. Mae'n dangos hefyd yn lle a pha bryd mae modd gwerthu'r cynhyrchion hyn a sut mae eu hysbysebu nhw orau.

## Dylunio eich holiadur eich hun

Mae gofyn ichi fod yn glir beth rydych chi'n ceisio ei ganfod. Targedwch eich cwestiynau i gael y wybodaeth mae arnoch chi ei heisiau. Osgowch gwestiynau sydd ynddynt eu hunain yn awgrymu'r ateb. Osgowch gwestiynau nad ydynt yn gwahaniaethu megis, 'Ydych chi'n hoffi diwrnodau braf?' Bydd pawb yn ateb, 'Ydw!'

Weithiau byddwch yn defnyddio'r holiadur wyneb yn wyneb â phobl ac yn cofnodi eu hatebion. Dro arall bydd pobl yn ei lenwi yn eu hamser eu hunain ac yn ei ddychwelyd atoch. Yn yr ail achos mae hi'n bwysig iawn fod ystyr y cwestiynau yn glir am na fyddwch wrth law i egluro.

Mae cyngor ar lunio cwestiynau holiadur yn y panel ar y dde.

## Cwestiynau

Sylwch sut mae papurau newydd a chylchgronau yn defnyddio holiaduron honedig i ddenu diddordeb y darllenwyr yn hytrach nag i gael gwybodaeth fuddiol.

Pa fath o wybodaeth mae'r holiaduron hyn yn ei datgelu i'r darllenwyr?

### Arweiniad i gwestiynau holiadur

- Defnyddiwch gwestiynau caeedig. Mae angen atebion cadarnhaol neu negyddol ar y rhain neu maen nhw'n rhoi dewis o atebion i bobl.

- Gwnewch hi'n hawdd i lenwi'r atebion. Defnyddiwch flychau ticio lle mae hynny'n bosibl.

- Dylai pob cwestiwn fod yn fyr ac yn syml.

- Defnyddiwch eiriau y bydd pobl yn eu deall.

- Ysgrifennwch gwestiynau sydd ag un ystyr yn unig.

- Un peth ar y tro y dylai cwestiwn fod yn ei holi.

- Mae graddfa ddewis o atebion bob amser yn ffordd dda i ganfod agweddau pobl.

Strategaethau - anghenion a hoffterau

## Pwy ddylwn i eu holi?

Mae hi'n bwysig eich bod yn defnyddio holiaduron gyda'r bobl iawn. Os ydych chi am ganfod pa gynhyrchion sy'n cael eu prynu gan yr henoed, mae hi'n bwysig defnyddio'r holiadur gyda phobl oedrannus. Os ydych am ganfod rhywbeth am gynhyrchion a ddefnyddir gan blant bach, yna holwch eu rhieni.

## Pa faint sampl ddylwn i ei ddefnyddio?

Mae hi'n bwysig cyflwyno eich holiadur i gymaint o bobl â phosibl. Bydd hyn yn rhoi nifer mawr o ymatebion i chi er mwyn i chi allu dod i gasgliadau rhesymol. Efallai y byddai cant o ymatebion yn nifer delfrydol, ond byddai hyn yn dasg fawr i un ymchwilydd. Os yw'r ymchwil yn cael ei rhannu rhwng grŵp o bobl, mae'n haws rheoli'r dasg, o ran casglu ymatebion a choladu'r data. Pe bai pob aelod o ddosbarth o 20 myfyriwr yn gyfrifol am 5 holiadur, byddai maint y sampl yn 100.

## Coladu'r canlyniadau

Pan fyddwch wedi cael yr holiaduron yn ôl, bydd angen i chi ddadansoddi'r wybodaeth. Dyma sut mae gwneud hynny.

- Lluniwch dabl crynhoi canlyniadau neu ddalen gyfrif o'r atebion posibl i bob cwestiwn.
- Cyfrifwch sawl ateb posibl a gawsoch ar gyfer pob cwestiwn ac ysgrifennu hyn ar y tabl neu'r ddalen gyfrif.

Pan fyddwch wedi gwneud hyn ar gyfer pob cwestiwn ar bob holiadur, bydd y tabl yn gyflawn a gallwch ddechrau meddwl am ystyr y canlyniadau. Gwelwch fod rhoi'r wybodaeth hon ar gronfa ddata neu daenlen yn gallu bod o help i'w choladu'n gynt.

## Defnyddio taenlenni a chronfeydd data

Bydd y gronfa ddata yn trefnu'r wybodaeth fel bod modd cael gafael arni'n hawdd a'i harddangos yn glir. Bydd modd 'holi'r' gronfa ddata am wybodaeth ystadegol ac felly gael darlun o anghenion a hoffterau defnyddwyr.

Mae modd gosod gwybodaeth ystadegol o'r gronfa ddata ar daenlen. Mae'r daenlen yn arddangos y wybodaeth yn rhesi a cholofnau o rifau. Gallwch ddadansoddi'r wybodaeth mewn nifer o ffyrdd a chyflwyno'ch canfyddiadau ar ffurfiau graffig fel siartiau cylch a graffiau bar.

Dyma enghraifft o arolwg o gotiau awyr agored. Roedd yr holiaduron a gafodd eu hateb yn cynnig gwybodaeth am gotiau sy'n cael eu gwisgo gan oedolion ifanc. Cofnodwyd y wybodaeth ar ddalen gyfrif. Yna cafodd ei dadansoddi â thaenlen i adnabod dewisiadau'r defnyddwyr. Cafodd y canlyniadau eu cyflwyno ar ffurf weledol.

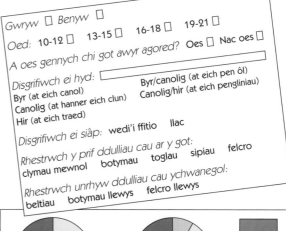

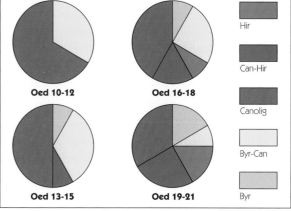

Cafodd y wybodaeth hon ei defnyddio gan ddisgyblion oedd yn dylunio cotiau awyr agored rhad i'w gwisgo ar y stryd, wedi'u gwneud o ffabrigau a gafodd eu hailgylchu.

# Briffiau Dylunio

Datganiad byr yw Briff Dylunio sy'n disgrifio rhai neu bob un o'r canlynol:

- y math o gynnyrch sydd i gael ei wneud a'i bwrpas;
- pwy fydd yn ei ddefnyddio;
- lle caiff ei ddefnyddio;
- lle y gallai gael ei werthu.

Mae briff **agored** yn rhoi canllawiau cyffredinol ac yn cynnig posibiliadau ar gyfer amrywiaeth eang o ganlyniadau. Mae briff **caeedig** yn fwy penodol a manwl yn ei ofynion. Dyma enghreifftiau o friffiau agored a chaeedig.

### Briff dylunio agored

Dyluniwch deganau ar sail stori'r Tair Arth ar gyfer plant o oedran ysgol gynradd. Maent i gael eu gwerthu mewn nifer o fannau: siopau teganau arbenigol, siopau adrannol a Woolworths.

doli feddal

cylchoedd atred

### Briff dylunio caeedig

Dyluniwch jig-so pren i blant ysgol gynradd wedi ei seilio ar stori'r Tair Arth. Mae i gael ei werthu mewn siopau crefftau sy'n arbenigo mewn teganau wedi'u gwneud â llaw.

siapiau syml wedi'u torri allan

pren haenog

Mae modd cael amrywiaeth o deganau o'r briff agored gan gynnwys doliau traddodiadol, awtomata mecanyddol a gemau cyfrifiadur. Yn y briff caeedig nodir y cynnyrch a'r defnydd adeiladu ac mae'r defnyddiwr yn haws ei adnabod. Mae hyn yn rhoi darlun mwy manwl o'r hyn y mae ei angen.

### Briff dylunio agored

Dyluniwch ddewis o gardiau neidio-i-fyny i blant o oed ysgol gynradd i'w gwerthu mewn amrywiaeth eang o leoedd megis siopau cardiau arbenigol, siopau adrannol a W. H. Smith.

### Briff dylunio caeedig

Dyluniwch gyfres o olygfeydd gwasgu-allan wedi eu seilio ar straeon o hwiangerddi traddodiadol i blant oed meithrin, i'w gwerthu mewn siopau crefftau sy'n arbenigo mewn citiau crefft llaw.

Ar gyfer y briff agored mae cardiau o sawl arddull yn bosibl. Gallant fod yn draddodiadol neu fodern eu golwg, wedi eu cysylltu â theganau a gemau sy'n boblogaidd ymhlith plant ifanc. Gallant hyd yn oed ddefnyddio effeithiau arbennig, fel cardiau sy'n 'ffrwydro' a chardiau sy'n canu alaw wrth gael eu hagor. Mae cardiau o wahanol lefelau o gymhlethdod yn bosibl, o ffigyrau codi-i-fyny syml i rai â rhannau sy'n symud. Yn y briff caeedig nodir y cynnyrch a'i arddull ac mae'n haws adnabod y defnyddiwr.

# Manylu ar y cynnyrch

Bydd angen i chi ddatblygu'r briff dylunio yn **fanyleb perfformiad**. Bydd hyn yn rhoi rhestr o feini prawf i chi allu asesu'ch dyluniad wrth iddo ddatblygu.

Bydd y fanyleb perfformiad bob amser yn:

- disgrifio beth mae'r cynnyrch i fod i'w wneud;
- disgrifio sut y dylai'r cynnyrch edrych;
- nodi unrhyw ofynion eraill y mae angen eu bodloni;

er enghraifft:

- pa ddefnyddiau sydd i fod ynddo;
- sut y dylai weithio;
- sut y dylai gael ei gadw a'i ddefnyddio;
- faint y dylai gostio i'w gynhyrchu;
- lefelau cynhyrchu posibl: cynhyrchu fesul un neu swp-gynhyrchu;
- ffynhonnell egni os oes angen pŵer i'w yrru;
- gofynion ergonomig y defnyddiwr;
- gofynion cyfreithiol ei ddatblygu a'i ddefnyddio;
- ystyriaethau a gofynion amgylcheddol;
- sut y dylai gael ei becynnu ar gyfer mannau gwerthu arbennig.

Mae'r paneli canlynol yn cynnwys enghreifftiau o fanylebau perfformiad a chynhyrchion sy'n cwrdd â gofynion y manylebau hynny.

---

**Cynnyrch bwyd ar gyfer rhywun diabetig**

**Beth mae'n rhaid iddo wneud:** bod yn brif bryd y dydd (dim mwy na 400 calori).

**Gofynion maethol:** carbohydradau dan reolaeth, dim siwgr, caniateir melysyddion artiffisial.

**Oes silff:** hyd at dri mis mewn rhewgell.

**Blas:** sawrus yn bennaf.

**Ansawdd:** tyner, meddal yn bennaf ond bod angen cnoi, crensiadwy weithiau.

**Sut y dylai edrych:** cael ei gyflwyno fel pryd ar ei ben ei hun.

*Gofynion eraill:*

- hawdd ei baratoi;
- addas ar gyfer microdon neu goginio confensiynol;
- addas ar gyfer rhewi gartref;
- addas ar gyfer cynhyrchu sypiau bach;
- cymharol rad - bwyd cyfleus cost ganolig;
- gall gynnwys cig neu bysgod.

### Manyleb addurn corff

**Beth mae'n rhaid iddo wneud:**

- addas i'w wisgo gan wryw/fenyw i barti neu ddathliad;
- bod yn rhan o ddewis o emwaith ffasiwn rhad y gellir eu cymysgu a'u matsio i gydfynd â dillad gyda'r nos/parti;
- cwrdd â gofynion esthetig rhywun ifanc 17-25 oed.

**Sut y dylai edrych:**

- wedi'i seilio ar ffurfiau geometrig gan gyfeirio at gelf a dylunio yr Aifft
- adlewyrchu hwyliau/arddull rhywun ifanc llawn hwyl.

**Gofynion eraill:**

- hawdd ei swp-gynhyrchu;
- dylai ddefnyddio defnyddiau rhad, wedi eu hailgylchu os yw'n bosibl;
- dylai gael ei ystyried yn ddewis o emwaith sydd wrthi'n esblygu gyda chyfle ar gyfer newid arddull cyson a chynhyrchion arbennig/cyfyngedig (fel *Swatch Watch*).

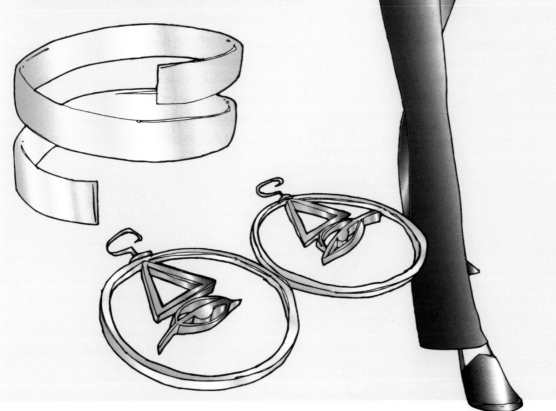

# Cynhyrchu syniadau dylunio

## Saethu syniadau

Mae'n debyg ichi wneud peth gwaith saethu syniadau yng Nghyfnod Allweddol 3.

Dyma yw saethu syniadau:

- proses i gael syniadau o'ch pen!
- proses i gael hyd i syniadau nad oeddech chi'n gwybod eu bod gennych chi!
- proses sy'n defnyddio cwestiynau a chysylltiadau ac sy'n cydio syniadau wrth weithredoedd;
- proses y gallwch ei defnyddio ar eich pen eich hun, ond yn well mewn grŵp fel arfer.

Mae saethu syniadau yn gallu eich helpu i adnabod amrywiaeth ehangach o ddewisiadau ar gyfer eich dylunio a'ch gwneud, a gweithio allan y dull gorau o ddatblygu'r syniadau hyn.

## Sut mae saethu syniadau

- Datgan y broblem neu'r angen.
- Cofnodi pob syniad sy'n cael ei awgrymu ar ffurf geiriau, ymadroddion neu luniau.
- Cynhyrchu cymaint o syniadau â phosibl.
- Peidio â llunio barn nes bod y sesiwn saethu syniadau wedi gorffen.
- Gadael digon o amser i syniadau newydd ac amrywiol ymddangos, ond cytuno ar derfyn amser fel bod syniadau yn parhau yn ffres.
- Rhoi trefn ar syniadau drwy ystyried pa rai sy'n afrealistig, anaddas ac amhosibl eu gwireddu, a chael gwared arnynt. Bydd y syniadau sy'n weddill yn awgrymu ffordd ymlaen i chi.

## Beth gallaf ei ddefnyddio ar gyfer hwn?

Drwy ofyn 'Beth gallaf ei ddefnyddio ar gyfer hwn?' gallwch adnabod dewisiadau dylunio. Gallwch benderfynu o blaid/yn erbyn pob posibilrwydd ar sail meini prawf penodol - argaeledd, cost, effeithiolrwydd, dichonoldeb. Gallwch wella'r dewisiadau sy'n weddill drwy ddefnyddio meini prawf tebyg nes bod y datrysiad 'gorau' gennych.

Dyma enghraifft sy'n ymwneud â datblygu cynnyrch bwyd cadw.

Gofynnodd y dylunydd 'Beth gallaf ei ddefnyddio ar gyfer hwn?' ar gyfer pob un o'r tair agwedd a ddangosir gyferbyn. Yn y diwedd aeth y dylunydd am gymysgedd o gnau wedi eu cochi a'u halltu mewn tun addurnedig (gyda chaead tynnu) y gallech ei ddefnyddio fel powlen.

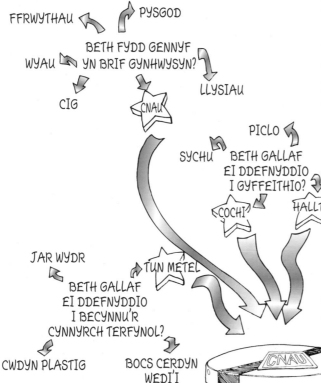

FFRWYTHAU
PYSGOD
BETH FYDD GENNYF YN BRIF GYNHWYSYN?
WYAU
CIG
CNAU
LLYSIAU
PICLO
SYCHU
BETH GALLAF EI DDEFNYDDIO I GYFFEITHIO?
COCHI
HALLTU
JAR WYDR
TUN METEL
BETH GALLAF EI DDEFNYDDIO I BECYNNU'R CYNNYRCH TERFYNOL?
CWDYN PLASTIG
BOCS CERDYN WEDI'I LAMINEIDDIO
CNAU

## Ar gyfer beth gallaf ddefnyddio hwn?

Dyma'r math o saethu syniadau y byddwch yn ei ddefnyddio pan fydd gennych rai galluoedd neu bosibiliadau technegol ond heb fod yn rhy siŵr beth i'w wneud â nhw.

Dychmygwch eich bod yn gallu cynhyrchu ffelt mewn amrywiaeth o liwiau ac yn gallu rheoli ei siâp a'i ffurf. Mae hyn yn caniatáu ichi gynhyrchu ffurfiau 3D deniadol mewn deunydd gwydn. Gallwch ddefnyddio saethu syniadau i ddarganfod dull defnyddiol o ddefnyddio'r galluoedd neu bosibiliadau hyn.

Dyma enghraifft. Nodwch sut mae'r saethwyr syniadau wedi defnyddio'r dull CDEC wrth saethu eu syniadau.

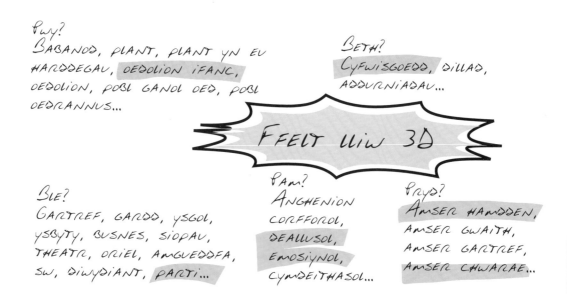

Pwy?
BABANOD, PLANT, PLANT YN EU HARDDEGAU, OEDOLION IFANC, OEDOLION, POBL GANOL OED, POBL OEDRANNUS...

BETH?
CYFWISGOEDD, DILLAD, ADDURNIADAU...

FFELT LLIW 3D

BLE?
GARTREF, GARDD, YSGOL, YSBYTY, BUSNES, SIOPAU, THEATR, ORIEL, AMGUEDDFA, SW, DIWYDIANT, PARTI...

PAM?
ANGHENION CORFFOROL, DEALLUSOL, EMOSIYNOL, CYMDEITHASOL...

PRYD?
AMSER HAMDDEN, AMSER GWAITH, AMSER GARTREF, AMSER CHWARAE...

| Pwy? | Beth? | Ble? | Pryd? | Pam? |
|---|---|---|---|---|
| Oedolion ifanc | Cyfwisgoedd | Partïon a phrotestiadau gwleidyddol | Amser hamdden/ chwarae | *Deallusol:* gwneud datganiad<br><br>*Emosiynol:* pleser<br><br>*Cymdeithasol:* dangos safbwynt |

HAWLIAU NID HILIAETH

## Dadansoddi priodoleddau

Efallai eich bod wedi defnyddio dadansoddi priodoleddau yng Nghyfnod Allweddol 3. Mae dylunwyr a pheirianwyr yn ei ddefnyddio i'w helpu i gynhyrchu dyluniadau newydd ar gyfer cynhyrchion adnabyddus.

Dyma dabl dadansoddi priodoleddau ar gyfer darn o addurn corff. Mae penawdau'r tabl yn disgrifio'r priodoleddau a fydd yn effeithio ar y dyluniad terfynol. Gallwch ddarllen ar draws y colofnau a chyfuno gwahanol eiriau o bob colofn i greu dyluniadau newydd. Bydd rhai cyfuniadau yn gwbl anaddas, ond bydd eraill yn cynnig syniadau dylunio ymarferol bosibl. Yn yr enghreifftiau a ddangosir mae'r ddau gyfuniad yn rhoi dyluniadau diddorol a gwerth chweil. Mae'r bangl metel cost ganolig i bobl ifanc 19-25 oed yn ymddangos yn syniad dylunio ymarferol bosibl. Mae'r freichled gerdyn ddrud sy'n cau â felcro yn annhebyg o apelio at bobl dros 65 oed.

| Math | Ar sail | Defnyddiau | Dulliau cau | Pris | Adeg gwisgo | Gan bwy |
|---|---|---|---|---|---|---|
| broets | ffurf naturiol | pren | clipiau | isel | **achlysur arbennig** | gwryw |
| bathodyn | **ffurf geometrig** | **metel** | cylchoedd | **canolig** | yn y dydd | benyw |
| neclis | **ffurf haniaethol** | plastig | stydiau | **uchel** | gyda'r nos | <12 |
| tlws crog | | papur | pinnau | | **bob dydd** | 13-18 |
| **bangl** | | **cerdyn** | byclau | | | **19-25** |
| **breichled** | | | **felcro** | | | 25-35 |
| addurn pen | | | | | | 35-45 |
| pin het | | | | | | 45-55 |
| sleid gwallt | | | | | | 55-65 |
| clustdlws | | | | | | **65+** |
| styden glust | | | | | | |
| dolen lawes | | | | | | |
| pin tei | | | | | | |

## Lluniadu arsylwadol

Gallwch ddefnyddio lluniadu arsylwadol i roi
canllaw i chi o ran sut mae pethau yn edrych
ac i'ch helpu i gael syniadau. Dyma rai
enghreifftiau sy'n dangos lle mae lluniadu
arsylwadol wedi cael ei ddefnyddio i helpu
wrth ddylunio.

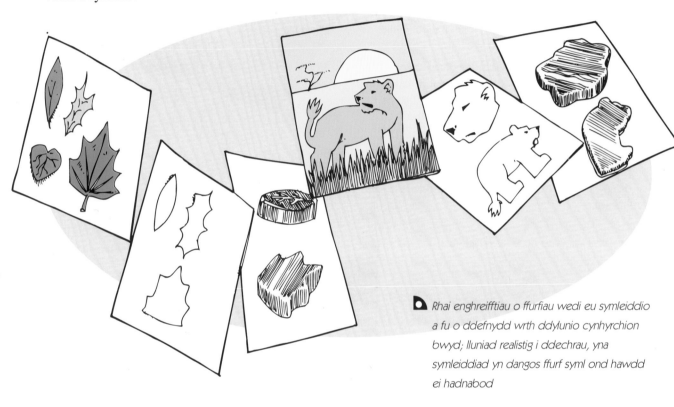

▶ *Rhai enghreifftiau o ffurfiau wedi eu symleiddio
a fu o ddefnydd wrth ddylunio cynhyrchion
bwyd; lluniad realistig i ddechrau, yna
symleiddiad yn dangos ffurf syml ond hawdd
ei hadnabod*

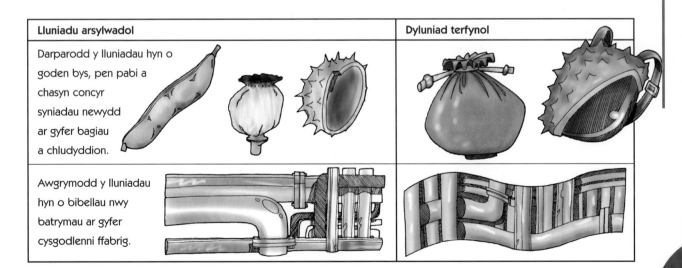

| Lluniadu arsylwadol | Dyluniad terfynol |
|---|---|
| Darparodd y lluniadau hyn o goden bys, pen pabi a chasyn concyr syniadau newydd ar gyfer bagiau a chludyddion. | |
| Awgrymodd y lluniadau hyn o bibellau nwy batrymau ar gyfer cysgodlenni ffabrig. | |

## Lluniadu ymchwiliol

Gallwch ymchwilio i'r ffordd mae rhywbeth yn gweithio drwy wneud lluniadau gofalus sy'n ceisio egluro sut mae'n gweithio. Dyma sut mae gwneud hynny.

Yn gyntaf canfyddwch sut mae'n gweithio drwy ei ddefnyddio ac edrych arno'n gyflym.

- Ysgrifennwch beth mae'n rhaid ichi ei wneud i'w gael i weithio a beth rydych chi'n meddwl allai fod yn digwydd wrth iddo weithio.

- Yna ymchwiliwch i sut mae'n gweithio drwy edrych yn fwy manwl. Defnyddiwch lens law i gael golwg agos. Edrychwch y tu mewn, ac os oes angen tynnwch y rhannau oddi wrth ei gilydd i gael golwg iawn.

- Lluniadwch y rhannau y gallwch eu gweld ac ychwanegwch nodiadau a lluniadau eraill i ddangos beth mae'r gwahanol rannau yn ei wneud.

*Canlyniad ymchwil i becynnu wy Pasg yw'r gyfres hon o luniadau. Trwy edrych yn fanwl ar y gwahanol rannau, ceisio deall sut mae modd eu troi o siâp 2D i ffurf 3D, a sut maen nhw'n ffitio wrth ei gilydd, gallwch ddod i ddeall sut yn union y mae'r pecynnu yn gweithio.*

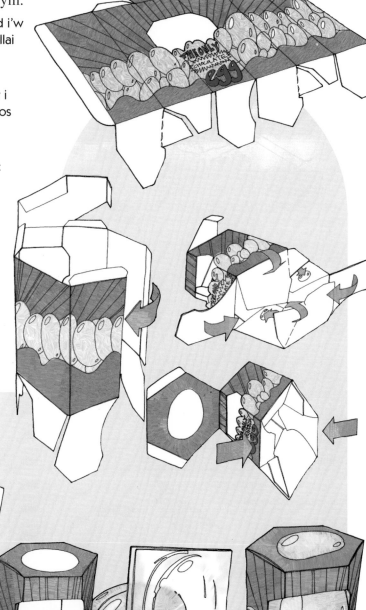

# Modelu

Yn aml mae hi'n anodd dychmygu sut bydd syniad dylunio yn edrych neu sut y dylai edrych. Mae modelu eich syniadau dylunio yn rhoi rhywbeth ichi edrych arno, meddwl amdano a'i brofi.

Bydd modelu yn eich helpu i:

- egluro a datblygu eich syniadau dylunio;
- gwerthuso eich syniadau dylunio;
- rhannu eich syniadau dylunio gydag eraill.

## Modelu ymddangosiad

Mae yna nifer o dechnegau modelu, a byddwch wedi defnyddio rhai ohonynt yng Nghyfnod Allweddol 3. Dyma enghreifftiau o'r modd y cafodd technegau modelu eu defnyddio i ddatblygu'r dyluniad ar gyfer adennydd i Icarws, cymeriad yn nrama'r grŵp drama lleol.

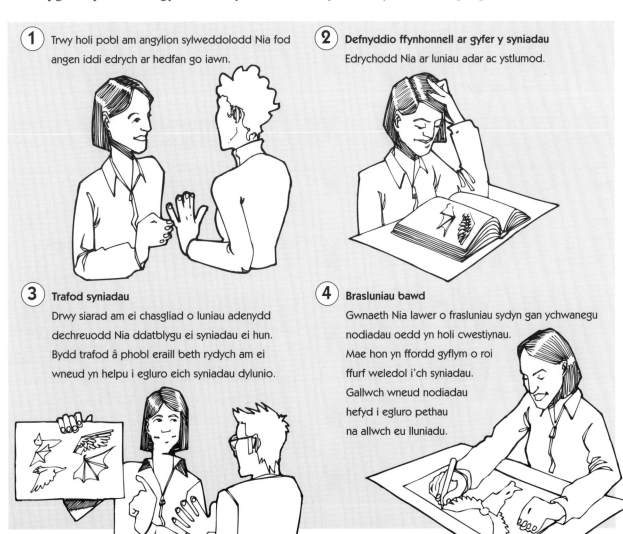

**1** Trwy holi pobl am angylion sylweddolodd Nia fod angen iddi edrych ar hedfan go iawn.

**2** Defnyddio ffynhonnell ar gyfer y syniadau
Edrychodd Nia ar luniau adar ac ystlumod.

**3** Trafod syniadau
Drwy siarad am ei chasgliad o luniau adenydd dechreuodd Nia ddatblygu ei syniadau ei hun. Bydd trafod â phobl eraill beth rydych am ei wneud yn helpu i egluro eich syniadau dylunio.

**4** Brasluniau bawd
Gwnaeth Nia lawer o frasluniau sydyn gan ychwanegu nodiadau oedd yn holi cwestiynau. Mae hon yn ffordd gyflym o roi ffurf weledol i'ch syniadau. Gallwch wneud nodiadau hefyd i egluro pethau na allwch eu lluniadu.

**5** **Torri allan ar raddfa fechan**

Rhoddodd Nia gynnig ar ei syniadau drwy eu torri allan o bapur. Os yw dyluniad yn syml mae hi weithiau'n werthfawr torri siapiau allan o bapur neu gerdyn lliw i weld sut bydd eich dyluniad yn edrych.

**6** **Brasluniau anodedig**

Yn awr gallai Nia wneud lluniadau manwl a oedd yn dangos iddi sut y byddai ei dyluniad yn gweithio a sut y byddai'n edrych.
Bydd brasluniau anodedig yn datblygu manylion y dyluniad.
Bydd yn hawdd i chi archwilio'r adeiledd cynnal, ei siâp a'i liw a gwead y gorchudd.

**7** **Torri allan maint llawn**

Er mwyn gweld a fyddai'n gweithio o ddifrif, torrodd Nia'r dyluniad allan maint llawn.
Er mwyn gweld y gwir effaith gallwch dorri'r dyluniad maint llawn o gerdyn neu o bapur.

**8** **Dewis ffabrigau**

Casglodd Nia amrywiaeth o ffabrigau i sicrhau y gallai hi ddewis yr un mwyaf priodol.
Bydd edrych ar amrywiaeth o ffabrigau posibl yn eich helpu i ddewis yr un iawn.

## Modelu perfformiad cynnyrch

Nid yn unig mae modelu yn disgrifio sut y bydd cynnyrch yn edrych, ond gall hefyd ddisgrifio sut y caiff ei gydosod a sut y bydd yn gweithio. Gallwch ddefnyddio amrywiaeth o dechnegau modelu i ddatblygu syniadau dylunio ynghylch perfformiad cynnyrch. Bydd trafod y dyluniad, brasluniau bawd a lluniadau manwl yn eich helpu i fodelu sut y gallai cynnyrch weithio. Ond bydd angen dull mwy soffistigedig arnoch ar gyfer cynhyrchion sy'n cynnwys rhyw ffurf ar symudiad neu reolaeth. Yma dangosir rhai o'r technegau modelu ar gyfer datblygu dyluniadau ar gyfer seddau cymwysadwy.

Pan fyddwch yn dylunio cynhyrchion y bydd pobl yn eu defnyddio bydd angen ichi feddwl am feintiau a siapiau (**anthropometreg**) a symudiadau (**ergonomeg**). Mae tablau data ar gael a gallwch ddefnyddio'r wybodaeth hon i wneud eich cynnyrch yn haws ei ddefnyddio. Byddai pob un o'r dyluniadau cadeiriau a ddangosir yma yn gofyn am wybodaeth anthropometrig ac ergonomig.

Gallwch asesu rhai o effeithiau cynnyrch ar y lleoliad lle caiff ei ddefnyddio drwy fodelu'r cynnyrch a'r lleoliad. Er enghraifft, mae model wrth raddfa o gadair swyddfa wedi ei gosod mewn swyddfa fodel wrth raddfa yn gyfle i asesu addasrwydd a pherfformiad y gadair yn yr amgylchedd hwnnw. Gallwch weld a yw'n edrych yn iawn, yn cymryd gormod o le, yn ffitio gyda gweddill y dodrefn ac yn y blaen.

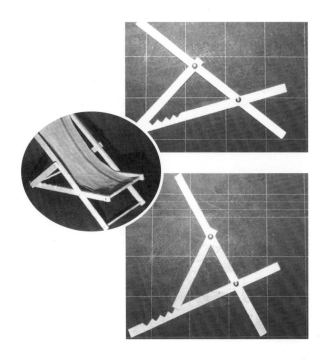

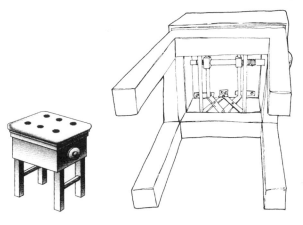

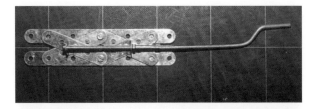

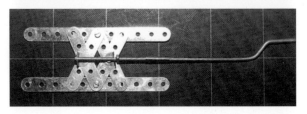

◨ *Modelu seddau cymwysadwy*

**Strategaethau - modelu**

### Defnyddio cyfrifiaduron

Os byddwch yn defnyddio cyfrifiaduron yn iawn, gallant eich helpu i fodelu eich syniadau dylunio fel bod modd i chi archwilio mwy o bosibiliadau na phetaech yn gweithio gyda phapur a phensil yn unig.

Gallaf ddylunio mewn tair ffordd nawr. Lluniadu ar bapur, ei sganio ac yna ei drin. Gafael ar ddelwedd o lyfrgell ac yna ei drin. Lluniadu yn syth ar y sgrin a'i drin wrth fynd yn fy mlaen. Unwaith y bydd gen i'r dyluniad rwyf eisiau, gallaf wneud pob math o bethau...

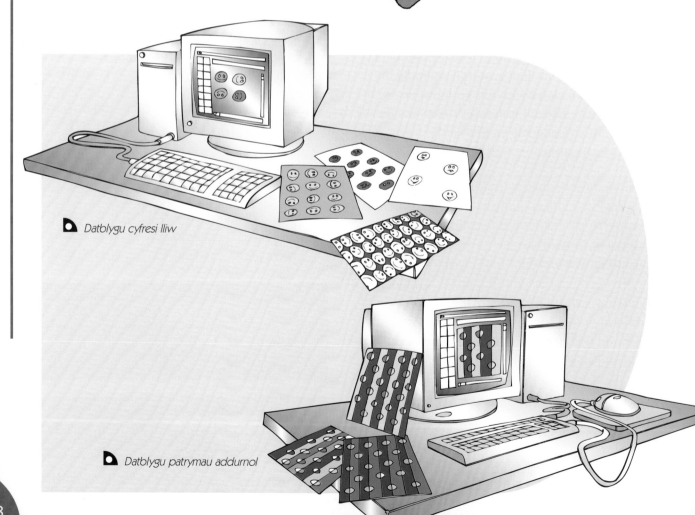

▶ *Datblygu cyfresi lliw*

▶ *Datblygu patrymau addurnol*

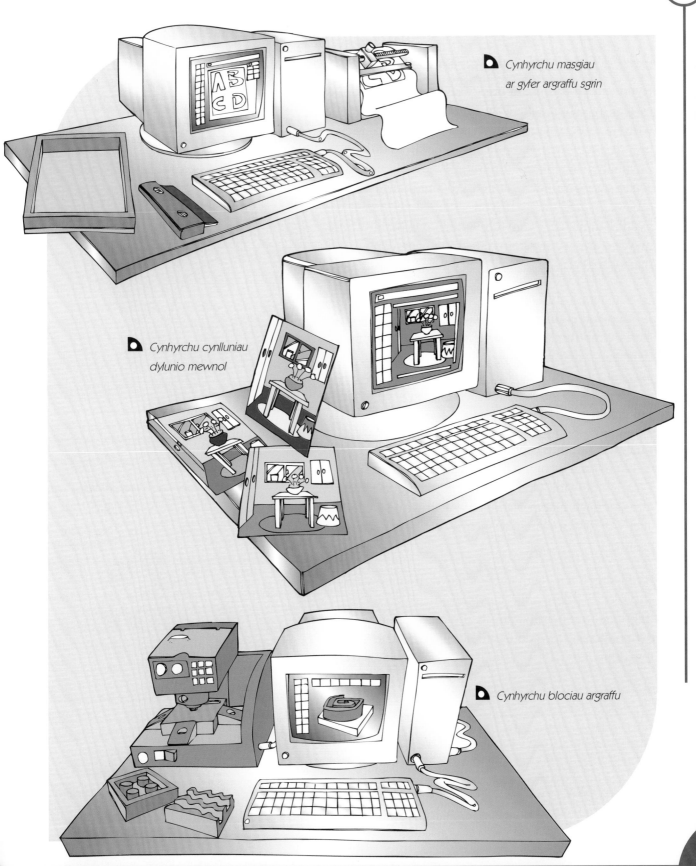

▶ Cynhyrchu masgiau
ar gyfer argraffu sgrin

▶ Cynhyrchu cynlluniau
dylunio mewnol

▶ Cynhyrchu blociau argraffu

# Rhoi gwyddoniaeth ar waith

## Gwirio'r defnydd rydych wedi'i ddewis

Byddwch yn dysgu am briodweddau defnyddiau mewn gwersi gwyddoniaeth. Mae **cryfder** defnydd yn dweud wrthym faint o rym y mae ei angen i'w dorri. Mae hi'n bwysig bod y defnydd mewn cynnyrch yn ddigon cryf i gynnal y llwyth a roddir arno. Bydd y llwyth yn ceisio gwasgu'r adeiledd neu'i dynnu oddi wrth ei gilydd. Os nad yw'r defnydd yn ddigon cryf, yna bydd rhannau o'r cynnyrch yn torri. Os byddwch yn gwybod am gryfder defnyddiau, gallwch ddewis rhai sy'n gryf.

Dyma enghraifft. Dychmygwch ddylunio barcud sy'n gorfod codi camera uwchben ysgol neu stad o dai i dynnu lluniau o'r awyr. Mae hi'n bwysig bod y ffabrigau a ddefnyddir yn ddigon cryf i gynnal pwysau'r llwyth – camera, ffilm, batrïau, derbynnydd rheolydd radio, serfos a mecanweithiau – yn ogystal â'r grymoedd a roddir gan y gwynt.

I helpu'r barcud i hedfan yn rhwyddach, mae'n rhaid cadw pwysau'r barcud a'r cludydd eu hunain mor ysgafn â phosibl. Ond wrth wneud y barcud a'r cludydd yn ysgafnach mae perygl eu gwneud yn wan. Byddai cael y cyfan yn methu 30 metr uwchben y ddaear yn gostus!

Bydd angen ichi sicrhau cyfaddawd rhwng pwysau a chryfder. O ddefnyddio gwybodaeth am gryfder ffabrigau yn ogystal â phrofiad o brofi teg dylech allu defnyddio dull gwyddonol o ddylunio barcud camera llwyddiannus.

DIOGELWCH
Peidiwch â hedfan barcutiaid yn ymyl ceblau trydan

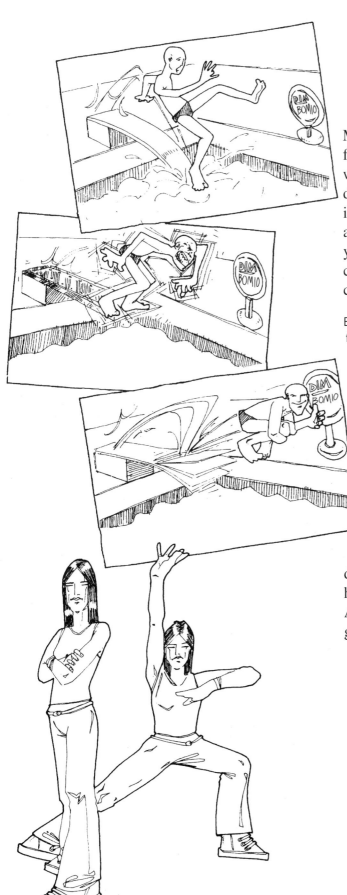

Mae **elastigedd** defnydd yn dweud wrthym faint o rym y mae ei angen i'w estyn, ei wasgu neu'i blygu. Mae hi'n bwysig bod y defnydd mewn adeiledd yn ddigon anystwyth i wrthsefyll yr estyn, y gwasgu a'r plygu a achosir gan y llwyth. Os nad yw'r defnydd yn ddigon anystwyth yna bydd rhannau o'r cynnyrch yn allwyro gymaint fel bod y cynnyrch yn beryglus. Dyma enghraifft.

Byddai bwrdd deifio o bolythen yn plygu gymaint fel na allai'r deifiwr gerdded i'w ben draw. Byddai bwrdd deifio o'r un maint a siâp wedi ei wneud o ddur mor anystwyth fel na fyddai unrhyw sbring ynddo wrth i'r deifiwr neidio arno. Byddai gan fwrdd deifio o'r un maint a siâp wedi ei wneud o binwydd yr union anhyblygedd y byddai ei angen arno.

Efallai y byddwch yn dysgu am **graidd disgyrchiant** mewn gwersi gwyddoniaeth. Yn aml bydd gan wrthrychau sy'n anodd eu dymchwel graidd disgyrchiant isel. Mae hi'n hawdd gwthio'r cymeriad ar y chwith drosodd, ond pan fydd hi'n cyrcydu i'w hamddiffyn ei hun mae hi'n llawer mwy sad. A allwch chi weithio allan pam mae ganddi graidd disgyrchiant is yn awr?

# Meddwl yn nhermau systemau

Yn ystod Cyfnod Allweddol 3 hwyrach eich bod wedi cael eich cyflwyno i feddwl yn nhermau systemau. Gallwch ddefnyddio hyn i'ch helpu i ddeall cynhyrchion cymhleth. Dyma grynodeb o'r syniadau pwysig gan ddefnyddio system gerddoriaeth yn enghraifft.

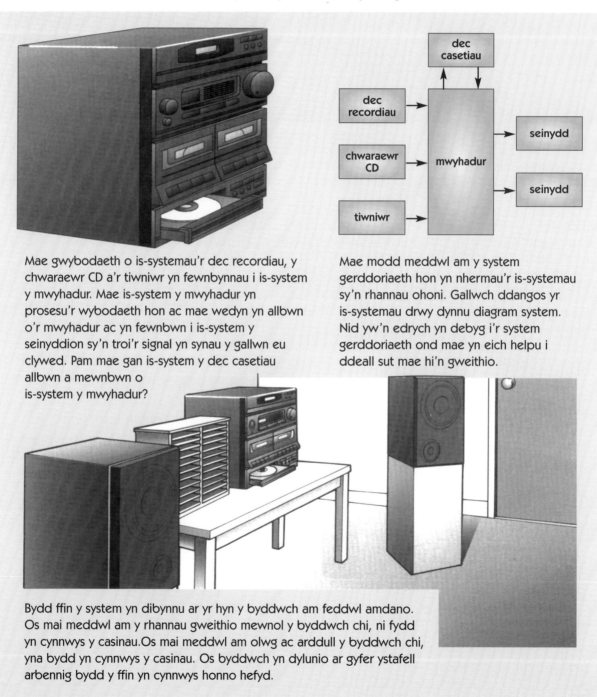

Mae gwybodaeth o is-systemau'r dec recordiau, y chwaraewr CD a'r tiwniwr yn fewnbynnau i is-system y mwyhadur. Mae is-system y mwyhadur yn prosesu'r wybodaeth hon ac mae wedyn yn allbwn o'r mwyhadur ac yn fewnbwn i is-system y seinyddion sy'n troi'r signal yn synau y gallwn eu clywed. Pam mae gan is-system y dec casetiau allbwn a mewnbwn o is-system y mwyhadur?

Mae modd meddwl am y system gerddoriaeth hon yn nhermau'r is-systemau sy'n rhannau ohoni. Gallwch ddangos yr is-systemau drwy dynnu diagram system. Nid yw'n edrych yn debyg i'r system gerddoriaeth ond mae yn eich helpu i ddeall sut mae hi'n gweithio.

Bydd ffin y system yn dibynnu ar yr hyn y byddwch am feddwl amdano. Os mai meddwl am y rhannau gweithio mewnol y byddwch chi, ni fydd yn cynnwys y casinau. Os mai meddwl am olwg ac arddull y byddwch chi, yna bydd yn cynnwys y casinau. Os byddwch yn dylunio ar gyfer ystafell arbennig bydd y ffin yn cynnwys honno hefyd.

## Rhyngwynebau defnyddiwr a gweithredwr

Yr enw ar y rhannau o system a ddefnyddir gan bobl yw **rhyngwynebau defnyddwyr**. I gwsmeriaid gwasanaeth bwyd cyflym y rhyngwyneb defnyddiwr yw'r cownter lle maen nhw'n archebu'r bwyd. **Rhyngwyneb dynol** yw'r rhyngwyneb hwn ond mae **rhyngwynebau peiriant** yn dod yn fwyfwy cyffredin. Mae'r rhain yn cynnwys peiriannau gwerthu diodydd ysgafn a byrbrydau, peiriannau arian mewn banciau ac uwchfarchnadoedd, a pheiriannau tocynnau trên. Mae rhyngwynebau dynol yn fwy cyfeillgar a gallant egluro pethau ac ateb cwestiynau. Fodd bynnag, mae angen hyfforddiant arnynt ac nid ydynt ar gael fel arfer 24 awr y dydd. Mae rhyngwyneb peiriant, ar y llaw arall, ar gael ddydd a nos, ond gallant ymddangos yn anghyfeillgar ac yn anodd eu defnyddio. Dylai rhyngwynebau peiriant gael eu dylunio i fod yn hawdd eu deall a'u defnyddio.

🅑 *Rhyngwyneb defnyddiwr dynol yn defnyddio rhyngwyneb gweithredwr*

Yr enw ar y rhannau o system sy'n cael eu gweithredu gan y bobl hynny sy'n rhedeg a rheoli system yw **rhyngwynebau gweithredwyr**. Fel arfer maent yn fwy cymhleth na rhyngwynebau defnyddwyr am fod angen mwy o wybodaeth ar y gweithredwyr ac mae angen i'r gweithredwyr allu gwneud mwy o bethau na'r defnyddwyr. Fel arfer bydd gweithredwyr yn cael eu hyfforddi i weithredu'r system ond nid yw hynny'n wir am y defnyddwyr. Bydd rhaid i weithredwr allu mewnbynnu gwybodaeth i'r system drwy offer rheoli hawdd eu defnyddio. Dylai'r rhyngwyneb gweithredwr fod mor hawdd ei ddefnyddio â phosibl. Mae'r bysellbad a ddefnyddir gan y rhai sy'n gweini mewn gwasanaethau bwyd cyflym yn enghraifft dda o ryngwyneb gweithredwr.

## Edrych yn fwy manwl ar adborth a rheoli

Mae'r ffrïwr sglodion yn y gegin a'r rhewgell yn y storfa mewn gwasanaeth bwyd cyflym yn enghraifft o adborth a rheoli. Mae hi'n bwysig nad yw'r saim yn y ffrïwr yn gorboethi ac yn llosgi'r sglodion, neu'n waeth byth, yn achosi tân. Mae hi'n bwysig bod y rhewgell yn aros o dan dymheredd arbennig neu bydd y bwyd yn difetha ac yn beryglus i'w fwyta.

Mae'r diagramau system hyn yn dangos sut mae synwyryddion tymheredd yn cael eu defnyddio i roi adborth ar gyfer rheoli tymheredd.

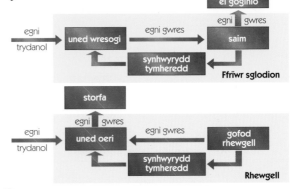

🅑 *Systemau rheoli tymheredd ar gyfer ffrïwr sglodion a rhewgell*

# Cynllunio

## Siartiau llif a siartiau Gantt

Gallwch ddefnyddio siartiau llif a siartiau Gantt i'ch helpu i gynllunio eich ffordd drwy Dasg Gallu. Ym Mlwyddyn 11 gallwch dreulio dau dymor cyfan ar un Dasg Gallu yn rhan o'ch asesiad TGAU. Bydd hi'n bwysig sicrhau na fydd gwyliau ysgol, gwyliau cyhoeddus, diwrnodau mabolgampau ac yn y blaen, yn difetha eich cynlluniau. Gallwch ddefnyddio'r penawdau yn y siartiau llif isod i gael trefn y dasg yn gywir. Unwaith y bydd y drefn yn gywir gennych gallwch ddefnyddio siart Gantt i ystyried faint o amser y dylai pob rhan ei gymryd a sicrhau bod y dasg yn cael ei gorffen mewn pryd. Bydd siart Gantt yn rhoi golwg cyffredinol o'r dasg i chi, gan ddangos beth y mae angen ei wneud a phryd y dylai gael ei wneud.

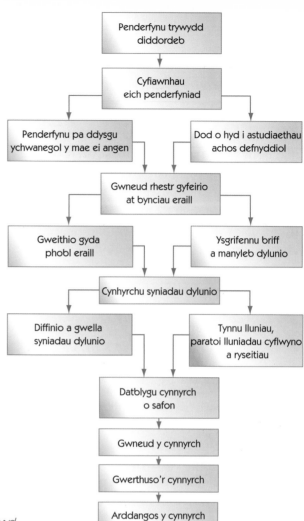

◗ Siart llif a siart Gantt ar gyfer cynllunio Tasg Gallu Technoleg Bwyd

| | Wythnos 1 | Wythnos 2 | Wythnos 3 | Wythnos 4 | Wythnos 5 | Wythnos 6 | Wythnos 7 | Wythnos 8 | Wythnos 9 | Wythnos 10 | Wythnos 11 | Wythnos 12 |
|---|---|---|---|---|---|---|---|---|---|---|---|---|
| Dewis trywydd diddordeb<br>Cyfiawnhau penderfyniad<br>Dysgu ychwanegol<br>Astudiaethau achos | | | | | | | | | | | | |
| | | Pynciau eraill<br>Pobl eraill<br>Briff a manyleb | | | | | | | | | | |
| | | Cynhyrchu syniadau dylunio | | | | | | | | | | |
| | | | Diffinio a gwella syniadau<br>Tynnu lluniau, paratoi lluniadau cyflwyno a ryseitiau | | | | | | | | | |
| | | | | | | | Datblygu cynnyrch o safon | | | | |
| | | | | | | | | Gwneud y cynnyrch | | | |
| | | | | | | | | | Gwerthuso'r cynnyrch | | |
| | | | | | | | | | Arddangos | | |
| | 11 wythnos i fynd | 10 wythnos i fynd | 9 wythnos i fynd | 8 wythnos i fynd | 7 wythnos i fynd | 6 wythnos i fynd | 5 wythnos i fynd | 4 wythnos i fynd | 3 wythnos i fynd | pythefnos i fynd | 1 wythnos i fynd |

# Gwerthuso

### Taith defnyddiwr

Y ffordd symlaf o werthuso cynnyrch yw drwy Daith Defnyddiwr. Mae hyn yn golygu defnyddio'r cynnyrch a holi ychydig o gwestiynau sylfaenol.

- A yw'n hawdd neu'n hwylus i'w ddefnyddio?
- A yw'n gwneud yr hyn y mae i fod i'w wneud?
- A ydw i'n ei hoffi?
- A fyddwn i am fod yn berchen arno neu barhau i'w ddefnyddio?

Mae cwmni ffôn mawr wedi penderfynu addasu blychau ffôn cyhoeddus fel bod y defnyddiwr yn dweud y rhif yn hytrach na deialu wrth bwyso botymau. Ond a fydd y cyhoedd o blaid y newid? Rydym wedi gofyn i'n grŵp defnyddwyr am eu barn ac i gymryd taith defnyddiwr. Mae'r grŵp yn cynnwys Geraint 3 oed, Mari 13 oed, Lois 28 oed, Dewi 39 oed ac Elen 70 oed. Byddwn yn cael gwybod eu barn am y ffonau newydd wrth iddynt ymateb i gwestiynau'r daith defnyddiwr. Sut ydych chi'n meddwl y byddant yn ymateb i'r newid?

### Ennill a cholli

Bydd canlyniadau dylunio a thechnoleg yn cynnig manteision i rai ac anfanteision i eraill. Mae dylunio a gwneud cynnyrch yn effeithio ar lawer o bobl yn uniongyrchol ac yn anuniongyrchol.

Mae brawd Mari, Gwyn, wedi bod yn gweithio'n galed o amgylch y tŷ yn gwneud tasgau i'w dad a'i fam i godi digon o arian i brynu gwn dŵr pwerus. Cyn pen pedair wythnos mae wedi codi digon o arian. Mae Gwyn wrth ei fodd wrth feddwl y bydd yr holl waith caled yn caniatáu iddo brynu'r tegan a chael llawer iawn o hwyl. Mae ei rieni yn falch fod Gwyn, am y tro cyntaf erioed, wedi helpu i dwtio'r tŷ. Mae perchennog y siop deganau yn falch am ei fod yn mynd i werthu tegan arall. Ond nid yw Mari mor siŵr. Mae Gwyn wedi bod yn rhy brysur i'w phoenydio am bedair wythnos ac mae hynny wedi bod yn beth da, ond nawr mae hi'n gofidio sut bydd ei brawd yn defnyddio'r tegan. Mae hi'n poeni y caiff ei chath ei gwlychu ac nid yw'n siŵr a fydd y tegan yn annog Gwyn i fod yn ystyriol a charedig.

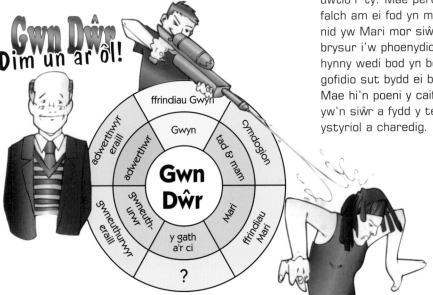

Mae'r siart hwn yn nodi rhai o'r bobl a gaiff eu heffeithio, yn uniongyrchol ac yn anuniongyrchol, gan Gwyn yn prynu'r gwn dŵr. Pwy ydych chi'n meddwl sydd ar eu hennill a phwy sydd ar eu colled? Pwy arall gaiff ei effeithio?

Strategaethau - gwerthuso

### *Profi perfformiad*

Bydd gwerthuso cynnyrch yn golygu cymharu sut mae'r cynnyrch yn gweithio â'r fanyleb perfformiad. Mae'n rhaid ichi ofyn a yw'r cynnyrch yn gwneud yr hyn y cafodd ei ddylunio i'w wneud. Dyma enghraifft.

Mae gwneuthurwr teganau yn awyddus i werthu amrywiaeth o farcutiaid gan fod diddordeb newydd mewn hedfan barcutiaid achos bod gŵyl hedfan barcutiaid ryngwladol yn cael ei chynnal. Mae ymchwil marchnata wedi dangos bod llawer o bobl yn rhoi cynnig ar hedfan barcut ond heb gymryd ato fel hobi, a hynny am dri rheswm. Mae eu barcutiaid cyntaf yn anodd eu hedfan, yn anodd eu cydosod ac yn torri'n hawdd wrth iddynt daro'r ddaear.

Er mwyn goresgyn y problemau hyn mae'r gwneuthurwr wedi comisynu dylunydd i ddatblygu barcut i ddechreuwyr. Dyma'r fanyleb dylunio. Gallwn ei defnyddio fel rhestr wirio i asesu ei berfformiad.

**Beth mae'n rhaid iddo ei wneud:**
- bod yn hawdd ei hedfan mewn gwynt ysgafn a gwynt cryf.

**Sut y dylai edrych:**
- yn fodern ac yn drawiadol.

**Gofynion eraill:**
- bod yn hawdd ei gydosod a'i dynnu'n ddarnau;
- bod y rhannau'n hawdd eu storio a'u cludo;
- bod yn ddigon cryf i daro'r ddaear heb dorri.

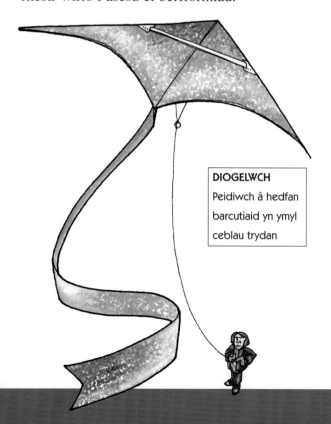

DIOGELWCH
Peidiwch â hedfan barcutiaid yn ymyl ceblau trydan

Bydd y cwestiynau canlynol o gymorth i chi gymharu'r perfformiad â'r fanyleb:

- A yw'n hawdd ei hedfan mewn gwynt ysgafn a gwynt cryf ?
- A yw'n edrych yn fodern ac yn drawiadol?
- A yw'n hawdd ei gydosod a'i dynnu'n ddarnau?
- A yw'r rhannau'n hawdd eu storio a'u cludo?
- A yw'n ddigon cryf i daro'r ddaear heb dorri?

Gallwch ddod o hyd i'r atebion i'r cwestiynau hyn drwy wylio pobl yn defnyddio'r barcut a'u holi nhw amdano.

## A yw'n addas?

Technoleg briodol yw technoleg addas. Gallwch ddefnyddio'r cwestiynau hyn i ddarganfod a yw cynnyrch neu dechnoleg yn briodol:

- A yw'n ateb gofynion y bobl sydd am ei ddefnyddio?
- A yw'n defnyddio defnyddiau lleol?
- A yw'n cael ei gynhyrchu yn lleol?
- A yw'n rhy ddrud?
- A yw'n cynhyrchu incwm?
- A yw'n cynyddu hunan-ddibyniaeth?
- A yw'n defnyddio ffynonellau egni adnewyddadwy?
- A yw'n dderbyniol yn ddiwylliannol?
- A yw'n dderbyniol yn amgylcheddol?
- A yw'n cael ei reoli gan ddefnyddwyr?

Mae hi'n anhebygol y bydd unrhyw gynnyrch na thechnoleg yn sgorio'n uchel yn erbyn pob un o'r cwestiynau hyn. Bydd rhai yn ymddangos yn briodol mewn un cyd-destun ond yn amhriodol mewn un arall. Dyma sefyllfa ble mae pa fwyd sydd ar gael yn cael effaith ar aelodau un teulu.

Mae Enid yn 14 oed. Mae hi'n hoffi cael byrbryd cyn dechrau ar ei gwaith cartref. Gall hi gael hyn mewn sawl ffordd.

1 Bwyta bag o sglodion ar ei ffordd adref o'r ysgol.
2 Gwneud tost a jam ar ôl cyrraedd gartref.
3 Tostio tarten bop ar ôl cyrraedd gartref o'r ysgol.

Mae pob un o'r sefyllfaoedd hyn yn defnyddio cynnyrch bwyd gwahanol. Mae gan bob un ei fanteision a'i anfanteision. Yn eich barn chi, pa fwyd sydd fwyaf priodol i Enid?
Ai'r un fydd yr ateb beth bynnag y sefyllfa?

Mae rhieni Enid ill dau yn gweithio ac nid ydynt yn cyrraedd gartref tan 6.30 p.m. Pan fydd hi'n bosibl maen nhw'n hoffi bwyta pryd gyda'r nos gyda'u plant - Enid 14 oed, Sioned 16 oed a Nest 19 oed. Maen nhw'n gallu gwneud hyn mewn sawl ffordd.

1 Gofyn i Enid, Sioned a Nest goginio pryd erbyn 6.30.
2 Gofyn i Enid, Sioned a Nest baratoi'r cynhwysion ar gyfer pryd y bydd eu rhieni yn ei goginio pan gyrhaeddant am 6.30.
3 Dewis rhywbeth y gallant ei baratoi a'i goginio yn gyflym pan gyrhaeddant y tŷ.
4 Defnyddio bwyd cyfleus wedi ei baratoi'n barod nad oes ond angen ei gynhesu.
5 Prynu bwyd poeth i bawb ar y ffordd adref.

Pa gynnyrch bwyd y byddech chi'n ei ddefnyddio ar gyfer pob un o'r posibiliadau hyn? Pa mor briodol yw defnyddio'r cynhyrchion bwyd hyn? Pa ffordd yw'r orau i'r teulu allu bwyta gyda'i gilydd? Ai'r un fydd yr ateb beth bynnag y sefyllfa?

Cofiwch: bydd priodoldeb cynnyrch neu dechnoleg yn dibynnu ar y sefyllfa lle maen nhw'n cael eu defnyddio.

## Technegau gwerthuso cynnyrch bwyd

Os ydych chi'n astudio technoleg bwyd mae pedair techneg gwerthuso cynnyrch bwyd y bydd angen ichi allu'u defnyddio.

## Profion rhestru

Mae'r math hwn o brawf yn eich helpu i werthuso cryfder gwahanol briodoleddau bwyd. Mae'n dda ar gyfer penderfynu ar flas, lliw a gwead. Dyma enghraifft.

*Pa ffrwyth sych sy'n rhoi'r miwsli mwyaf melys?*

Paratowch dair powlen o fiwsli, pob un yn cynnwys yr un swm o ffrwyth sych gwahanol.

Trefnwch eich panel profi fel hyn:

Hwyrach y bydd eich canlyniadau yn edrych fel hyn:

| Blaswr A | | Blaswr B | | Blaswr C | | Blaswr Ch | |
|---|---|---|---|---|---|---|---|
| 1 | ▲ | 1 | ▲ | 1 | ● | 1 | ● |
| 2 | ● | 2 | ● | 2 | ▲ | 2 | ▲ |
| 3 | ■ | 3 | ■ | 3 | ■ | 3 | ■ |

| | 1 | 2 | 3 |
|---|---|---|---|
| ● | ✓✓✓ | ✓ | |
| ▲ | ✓ | ✓✓✓ | |
| ■ | | | ✓✓✓✓ |

Defnyddiwch y canlyniadau i wneud siart fel hyn

Mae nifer y ticiau yn dweud wrthych chi beth yw'r **drefn restrol**. O'r sampl bychan hwn, y farn yw mai miwsli ● yw'r mwyaf melys.

## Profion gwahaniaethu

Mae'r math hwn o brawf yn ddefnyddiol i ddarganfod a yw pobl yn gallu dweud y gwahaniaeth rhwng cynhyrchion bwyd sydd ychydig yn wahanol i'w gilydd. Dyma enghraifft.

*A all pobl ddweud y gwahaniaeth rhwng hufen iâ wedi ei wneud â siwgr a hufen iâ wedi ei wneud â melysydd artiffisial?*

Paratowch ddau rysait a threfnwch dri sampl wedi eu labelu â symbolau:

● sampl ▲ wedi ei wneud â siwgr;
● sampl ■ wedi ei wneud â melysydd artiffisial;
● sampl ● wedi ei wneud â melysydd artiffisial.

Mae sampl ■ a sampl ● yr un fath â'i gilydd.

Rhowch daflen fel hon i bob blaswr.

Yna cyfrifwch y nifer oedd yn gallu dweud y gwahaniaeth.

Mae hi'n debygol mai 33.3 y cant neu draean fydd yn dewis yr ateb cywir ar hap. Os yw mwy nag un rhan o dair o'ch blaswyr yn dweud mai sampl ▲ yw'r un gwahanol, mae angen ichi wneud mwy o newidiadau. Os yw llai nag un rhan o dair yn dweud mai sampl ▲ yw'r un gwahanol yna mae eich rysait yn dderbyniol. Gelwir y prawf hwn yn **brawf triongl** yn aml.

## Profion dewis

Defnyddir y math hwn o brawf i fesur faint mae rhywun yn hoffi neu ddim yn hoffi bwyd arbennig. Defnyddiwch raddfa bum pwynt o eiriau disgrifiadol neu wynebau (i blant bach) i helpu pobl i ddisgrifio faint maen nhw'n hoffi'r cynnyrch. Dyma enghraifft.

*Faint ydych chi'n hoffi'r siocledi?*

Trefnwch banel blasu fel hyn:

Gyda deg o flaswyr, hwyrach y bydd eich canlyniadau yn edrych fel hyn:

| ▲ | 5 | 4 | 5 | 4 | 4 | 2 | 4 | 3 | 5 | 3 |
|---|---|---|---|---|---|---|---|---|---|---|
| ● | 3 | 3 | 5 | 4 | 2 | 1 | 3 | 4 | 2 | 5 |
| ■ | 1 | 1 | 1 | 3 | 2 | 3 | 1 | 2 | 3 | 2 |

Defnyddiwch y canlyniadau i wneud siart fel hyn

|   | Cyfanswm sgôr | Sgôr gyfartalog | Casgliad |
|---|---|---|---|
| ▲ | 39 | 39/10 = 3.9 | ddim yn hoffi o ychydig |
| ■ | 32 | 32/10 = 3.2 | heb hoffi na ddim yn hoffi |
| ● | 19 | 19/10 = 1.9 | yn hoffi o ychydig |

Gallwch dynnu casgliad ynghylch faint roedd y panel profi yn hoffi pob sampl fel y mae colofn olaf y tabl yn ei ddangos. Yr enw ar y math hwn o brawf yw **prawf rhestru hedonig**.

### Gwerthuso drwy broffil priodoleddau

Mae'r dull hwn yn caniatáu i chi ddisgrifio cynnyrch yn nhermau ymatebion blaswyr i amrywiaeth o briodoleddau. Gallwch gyflwyno'r disgrifiad yn weledol fel **proffil priodoleddau**. Dyma enghraifft sy'n dangos ymateb blaswyr i briodoleddau brechdan cig moch ac afocado. Mae gofyn i'r blaswyr roi sgôr ar gyfer pob un o'r pedwar priodoledd. Dangosir y sgorau cyfartalog yma:

**Blas cig moch**

0 1 2 3 4 5 6 7 8 9 10
gwan    cryf

**Blas afocado**

0 1 2 3 4 5 6 7 8 9 10
gwan    cryf

**Golwg y frechdan**

0 1 2 3 4 5 6 7 8 9 10
ddim yn flasus    blasus

**Gwead y cig moch a'r afocado**

0 1 2 3 4 5 6 7 8 9 10
cyferbyniad gwael    cyferbyniad da

Sgorau priodoledd cyfartalog ar gyfer brechdan cig moch ac afocado ar fara brown

Mae'r canlyniadau yn cael eu dangos ar broffil priodoleddau fel hyn:

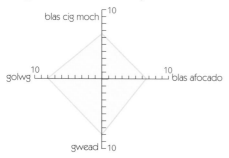

Proffil priodoleddau ar gyfer brechdan cig moch ac afocado ar fara brown

Gallwch ddefnyddio'r proffil hwn i ddatblygu cynhyrchion gwahanol sydd â phroffiliau tebyg neu broffiliau gwell. I wneud hyn, amrywiwch y nodweddion hyn a phrofwch ymateb y blaswyr i'r cynnyrch newydd. Cyflwynwch y canlyniadau ar ffurf proffil priodoleddau. Drwy gymharu'r ddau broffil, gallwch benderfynu a yw'r newid wedi gwella'r cynnyrch ym marn y blaswyr. Gallwch brofi amrywiaeth o newidiadau fel hyn, fel y dangosir yma.

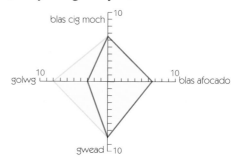

Proffil priodoleddau ar gyfer brechdan cig moch ac afocado ar fara gwyn o'i gymharu â phroffil brechdan cig moch ac afocado ar fara brown

Pan ddefnyddir bara gwyn yn lle bara brown, mae'r sgôr isel ar gyfer golwg y frechdan a'r newid, o ganlyniad, yn siâp y proffil, yn dangos bod y cynnyrch yn llai deniadol. Felly, nid yw hi'n werth gwneud y newid hwn.

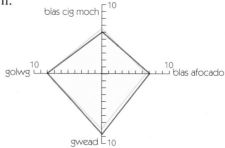

Proffil priodoleddau ar gyfer brechdan cig moch ac afocado ar fara brown, a llai o gig moch, o'i gymharu â phroffil brechdan cig moch ac afocado ar fara brown

Drwy leihau faint o gig moch sydd yn y frechdan gallwch leihau cost y frechdan. Roedd ymatebion y blaswyr yn rhoi proffil priodoleddau oedd bron yn union yr un siâp â'r gwreiddiol. Felly mae hi'n werth gwneud y newid hwn.

## Dylunio cynnyrch

Ym myd busnes a diwydiant, yr unig ffordd o droi cynigion dylunio yn gynhyrchion i'w gwerthu yw trwy gyflwyno neu gyfleu'r cynigion yn effeithiol. Rhaid i ddylunwyr allu cyfleu eu syniadau i gleientiaid ac i gynhyrchwyr, fel y gwelir isod.

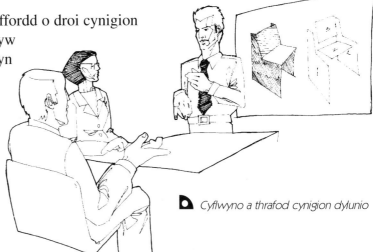

▶ *Cyflwyno a thrafod cynigion dylunio*

### Y dylunydd
Rydw i'n gweithio i gwmni mawr sy'n cynhyrchu dodrefn. Rydw i'n rhan o'r tîm dylunio mewnol sy'n datblygu cynnyrch newydd. Y cleient sy'n penderfynu a fydd y dyluniad yn cael ei gynhyrchu ai peidio. Felly mae'n bwysig i ni gyflwyno ein syniadau mor effeithiol â phosibl.

### Y cleient
Fi yw rheolwr y cwmni dodrefn. Rydw i a gweddill y tîm rheoli bob amser yn awyddus i gynyddu ein dewis o gynhyrchion. Rydym yn cyflogi tîm o ddylunwyr mewnol. Rhaid i ni fod yn siwr bod y cynhyrchion newydd sy'n cael eu hawgrymu i ni gan y tîm yn bethau y bydd pobl am eu prynu.

### Y gwneuthurwr
Pan fydd cynnyrch newydd yn cael ei gynnig mae'n rhaid i mi fod yn rhan o'r drafodaeth ar y dechrau er mwyn cynllunio'r broses weithgynhyrchu. Rhaid i mi fod yn siwr y gall y ffatri wneud y cynnyrch yn gyflym ac effeithlon ac i'r safon angenrheidiol.

Yn eich gwaith chi, chi fydd y dylunydd a'r gwneuthurwr. Gallwch hyd yn oed fod yn gleient hefyd. Ond peidiwch â meddwl nad oes angen i chi gyfleu eich syniadau gan eich bod chi'n gwybod yn union beth rydych chi'n ei wneud! Mae'n rhaid i chi gyfleu eich syniadau fel y gall pobl eraill eu deall. Os na wnewch hyn, efallai y gwelwch nad ydych wedi meddwl am yr holl fanylion sydd eu hangen i droi eich syniad am ddyluniad yn gynnyrch go iawn sy'n gweithio'n dda, yn edrych yn dda, ac yn hawdd i'w ddefnyddio. Gallwch ddefnyddio'r technegau yn yr uned hon i'ch helpu i gyflwyno'ch syniadau.

# Rendro

Er mwyn gwneud lluniadau yn fwy realistig a thrawiadol i'r llygad bydd dylunydd yn aml yn eu **rendro**. Mae'r term hwn yn cyfeirio at unrhyw broses sy'n gwneud i luniad edrych yn 3D ac sy'n dangos gweadau'r arwyneb. Gallwch ddefnyddio amrywiaeth eang o gyfryngau i wneud hyn.

## Metel a phlastig

### Arlliwio (tywyllu) â llinellau

Gan ddefnyddio pen neu bensil du tynnwch gyfres o linellau paralel ar arwynebau eich lluniad. Gellir gwneud y bylchau rhwng y llinellau yn fwy neu yn llai i roi argraff o oleuni neu o dywyllwch. Byddwn fel arfer yn gwneud arwynebau sy'n wynebu at i fyny yn oleuach na'r lleill.

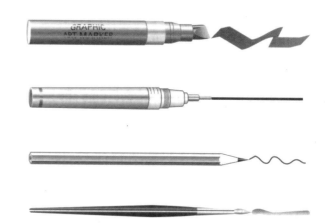

Mae'r dechneg hon yn rhoi argraff o arwyneb metel neu acrylig sy'n llyfn a gwastad eu gwead

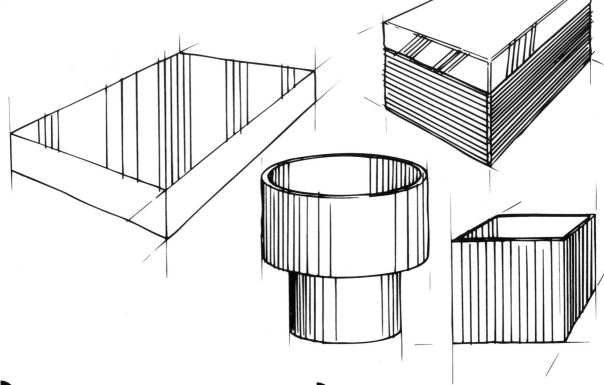

Mae arlliwio â llinellau hefyd yn effeithiol ar gyfer dangos ffurf gwrthrych. Mae'r arlliwio yn dangos mai gwrthrychau gwag yw'r rhain

Defnyddiwch linellau fertigol yn hytrach na llinellau sy'n dilyn ymylon y gwrthrych i ddangos bod arwyneb yn sgleiniog neu'n adlewyrchol

## Gweadau pren

Mae'r lluniad o'r car tegan yn dangos y gwahanol batrymau graen a gewch pan dorrwch siâp arbennig o ddarn o bren. Mae graen y pennau a'r ochrau yn fwy agos na graen yr wyneb, sy'n lletach a llawer mwy deniadol.

Defnyddiwyd pensiliau lliw i wneud y lluniad hwn. Mae lliw cefndir wedi cael ei roi'n ysgafn yn gyntaf cyn ychwanegu'r patrwm graen tywyllach. Cymharwch hyn ag effaith pensil a phen.

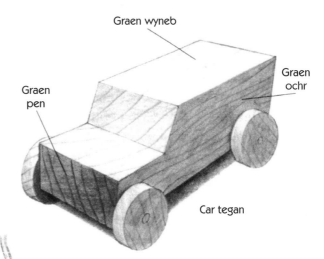

Graen wyneb

Graen ochr

Graen pen

Car tegan

Tlws crog

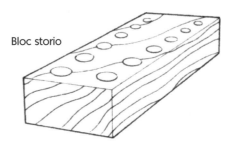

Bloc storio

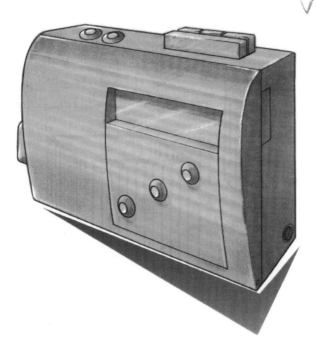

## Rendro â marcwyr blaen ffelt

I ddefnyddio marcwyr blaen ffelt yn dda bydd yn rhaid i chi ymarfer cyn gweithio ar ddarn arbennig o waith. Dyma gyngor i'ch helpu.

- Gweithiwch yn gyflym ac yn llyfn – peidiwch â gorffwys y marciwr ar y papur.
- Peidiwch â phoeni am liwio dros ymylon eich lluniad – gweler y pwynt nesaf.
- Torrwch eich lluniad gorffenedig allan a'i ail-fowntio er mwyn cael amlinellau clir.
- Defnyddiwch bensiliau lliw i ychwanegu manylion a phensil gwyn ar gyfer adlewyrchiadau.
- Defnyddiwch baent gwyn i oleubwyntio.
- Defnyddiwch nifer cyfyngedig o liwiau yn unig neu wahanol raddau o'r un lliw.

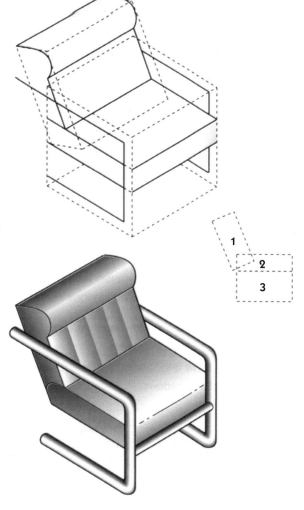

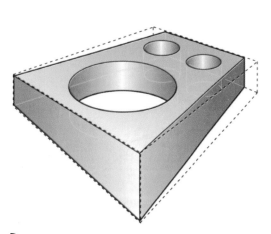

## Cawellu

Mae'r dechneg hon yn eich helpu i luniadu gwrthrychau sy'n edrych yn rhai cymhleth ar yr olwg gyntaf. Mae'n rhaid i chi ddychmygu bod y gwrthrych wedi ei bacio'n dynn mewn blwch neu gawell. Yn gyntaf rydych chi'n llunio'r blwch yn y safle a'r cyfraneddau cywir. Yna rydych chi'n ei addasu ac yn ychwanegu manylion fel bod y siâp 'y tu mewn' i'r blwch yn edrych fel y gwrthrych.

Gallwch ddefnyddio'r dechneg hon gyda gwrthrych o unrhyw faint er bod angen rhannu'r gwrthrych yn nifer o siapiau blwch neu giwbiau weithiau.

Mae'r gadair a ddangosir yma yn edrych braidd yn gymhleth. Ond os edrychwch arni fel dau flwch ar wahân ar ben ei gilydd gyda blwch arall ar ongl y tu ôl iddi, fe fydd hi'n llawer haws i chi dynnu'r llun.

Sylwer bod modd defnyddio'r dechneg hon gyda'r rhan fwyaf o systemau lluniadu. Tynnir llun y gadair fel tafluniad isomedrig, ond mae'r gemwaith isod yn defnyddio gwahanol olygon persbectif.

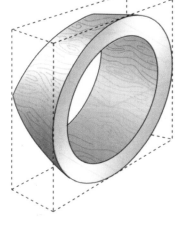

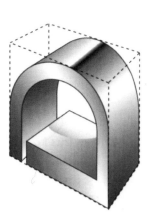

Defnyddio cawellu wrth ddylunio gemwaith

# Cysgodion

Mae cysgodion yn rhoi cliwiau gweledol i ni am y siapiau a'r ffurfiau rydym yn edrych arnynt. Pan fydd dylunydd yn cyflwyno syniadau i gleient mae ychwanegu cysgodion wedi'u taflu yn gwneud y lluniadau yn fwy dealladwy a realistig.

Mae tri ffactor yn rhoi siâp a lleoliad cysgod wedi'i daflu.

1   Lleoliad ffynhonnell y golau.
2   Siâp y gwrthrych.
3   Ffurf yr arwyneb y mae'r cysgod yn syrthio arno.

Mae cysgodion yn rhoi llawer o wybodaeth.

## Llunio cysgodion wedi'u taflu

Gallwch ddefnyddio camau 1 i 5 i'ch helpu i lunio cysgodion wedi'u taflu.

1   Lluniadwch y blwch.

2   Ychwanegwch ffynhonnell y golau a phwynt diflannu'r cysgod. Bydd y pwynt hwn yn union o dan ffynhonnell y golau ar yr arwyneb mae'r gwrthrych yn sefyll arno.

3   Tynnwch linellau o ffynhonnell y golau trwy'r corneli a fydd yn taflu cysgodion.

4   Tynnwch linellau o bwynt diflannu'r cysgod trwy'r pwyntiau ar y llawr sy'n union o dan y corneli sy'n taflu'r cysgodion.

5   Arlliwiwch arwynebedd y cysgod.

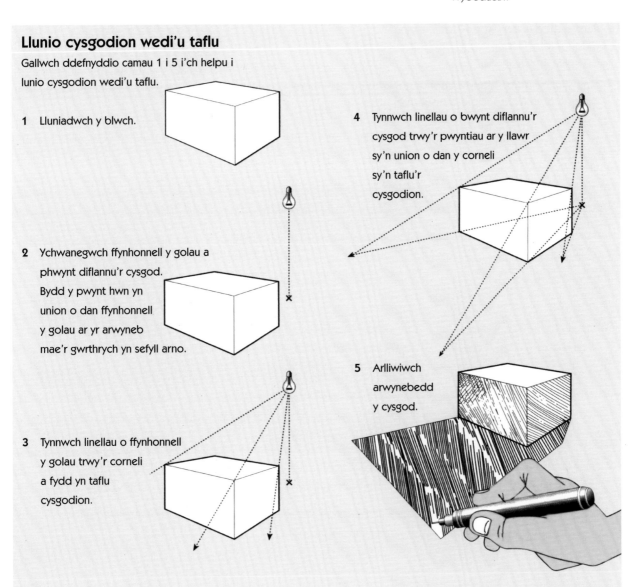

# Lluniadu persbectif

Lluniadu persbectif sy'n dangos gwrthrych yn fwyaf realistig. Mae hyn oherwydd ei fod yn cymryd i ystyriaeth fod rhywun, wrth edrych ar rywbeth, yn gweld rhai llinellau fel petaent yn cydgyfarfod mewn pwynt diflannu.

Dangosir y tri math mwyaf cyffredin o luniadu persbectif yma.

- Mae persbectif **un-pwynt** yn ddefnyddiol pan fyddwch am luniadu tu mewn adeilad.
- Persbectif **dau-bwynt** yw'r dull mwyaf defnyddiol yn aml gan y gallwch ddangos tair ochr gwrthrych yn glir.
- Mae persbectif **tri-phwynt** yn rhoi golwg o'r awyr ac argraff o'r raddfa bensaernïol.

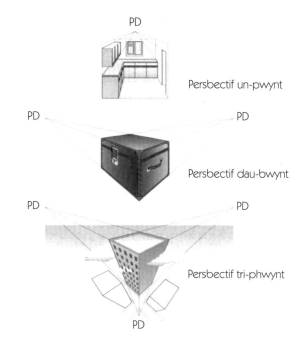

Persbectif un-pwynt

Persbectif dau-bwynt

Persbectif tri-phwynt

## Persbectif dau-bwynt gam wrth gam

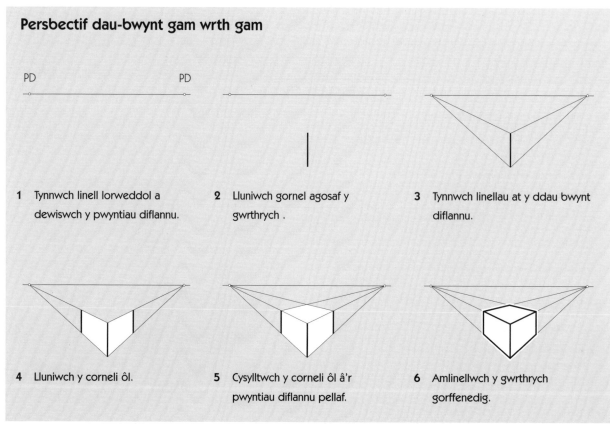

1 Tynnwch linell lorweddol a dewiswch y pwyntiau diflannu.

2 Lluniwch gornel agosaf y gwrthrych .

3 Tynnwch linellau at y ddau bwynt diflannu.

4 Lluniwch y corneli ôl.

5 Cysylltwch y corneli ôl â'r pwyntiau diflannu pellaf.

6 Amlinellwch y gwrthrych gorffenedig.

Gallwch gynhyrchu lluniad isomedrig trwy ddilyn y camau canlynol gan ddefnyddio sgwaryn 60/30.

**1** Tynnwch linell sylfaen a lluniwch gornel agosaf y gwrthrych ar ongl o 30° i'r llinell sylfaen.

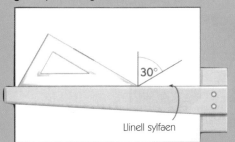

**2** Lluniwch y gawell trwy dynnu llinellau yn baralel i'r tair llinell gornel.

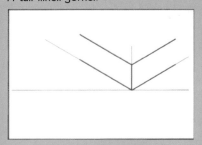

**3** Defnyddiwch bren mesur i farcio'r mesuriadau cywir ar gyfer gwneud eich lluniad.

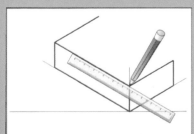

**4** Ychwanegwch y manylion terfynol.

# Lluniadu isomedrig

Mae **isomedrig** yn golygu 'mesur hafal'. Wrth luniadu gwrthrych mewn lluniad isomedrig, mae llinellau o'r un maint ar hyd echelinau'r gwrthrych yn ymddangos felly yn y lluniad. Mae'r dull hwn o luniadu yn addas ar gyfer dylunio trwy gymorth cyfrifiadur (CAD), pan fydd lluniadau'n cael eu mewnbynnu i'r cyfrifiadur ar ffurf cyfres o rifau neu fesuriadau.

# Costio defnyddiau a chydrannau

Mae'n bwysig dangos cost y defnyddiau a'r cydrannau sydd eu hangen ar gyfer eich cynigion dylunio. Gallwch ddefnyddio siart gostio fel yr un isod i wneud hyn.

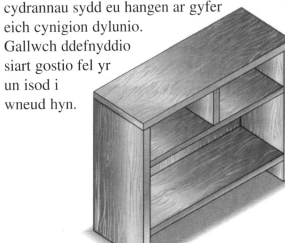

| | Defnydd | Dimensiynau | Nifer | Pris yn fras | Cost |
|---|---|---|---|---|---|
| 1 | Bwrdd sglodion argaen | 870 x 600 | 1 | £10 y m² | 5.20 |
| 2 | Bwrdd sglodion argaen | 900 x 200 | 1 | £10 y m² | 1.80 |
| 3 | Bwrdd sglodion argaen | 870 x 185 | 2 | £10 y m² | 3.20 |
| 4 | Bwrdd sglodion argaen | 600 x 200 | 2 | £10 y m² | 2.40 |
| 5 | Bwrdd sglodion argaen | 270 x 185 | 1 | £10 y m² | .50 |
| 6 | Blociau hunangydosod | | 18 | 8c yr un | 1.44 |
| 7 | Sgriwiau bwrdd sglodion | 25 x 8 | 60 | £4 y 100 | 2.50 |
| 8 | Ymyl argaen i'w wreslynu | 4200mm | 1 | 48c y metr | 2.00 |
| 9 | Farnais | | 1 | £4.20 y 250ml | 4.20 |
| | | | | CYFANSWM | £23.24 |

# Taflunio orthograffig

Dylech ddefnyddio'r system ddylunio a alwn yn daflunio orthograffig i wneud lluniadau wrth raddfa cywir o'ch syniadau dylunio. Galwn y lluniadau hyn yn **lluniadau gweithio** ac maent wedi'u seilio ar weld gwrthrych ar ongl sgwâr o sawl cyfeiriad. Fel y gwelwch, gallech lunio chwe golwg o'r fath o gamera.

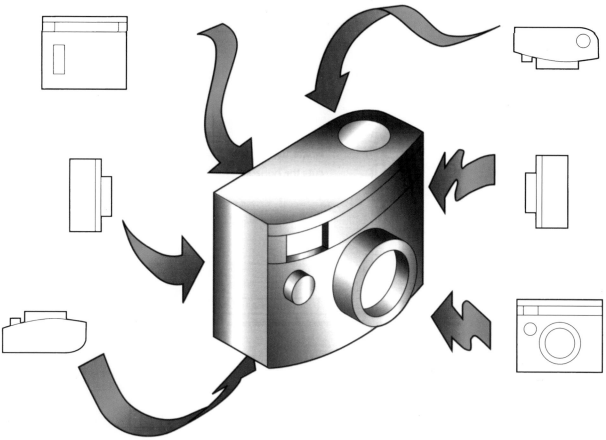

Fel rheol bydd tynnu tri golwg yn unig yn rhoi digon o fanylion am eich dyluniad.

Mae dwy ffordd o drefnu'r golygon hyn. Yr enwau a roddir arnynt yw **tafluniad ongl gyntaf** a **thafluniad trydedd ongl**. Mae gan y ddau eu symbolau eu hunain. Rhaid i chi ddangos a yw'ch cynlluniau yn dafluniadau ongl gyntaf neu drydedd ongl bob tro.

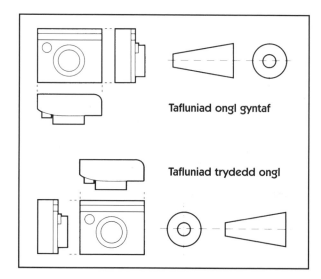

Tafluniad ongl gyntaf

Tafluniad trydedd ongl

## Llunio tafluniad ongl gyntaf

Bydd angen bwrdd lluniadu arnoch gyda naill ai sgwâr T neu fudiant paralel ar gyfer tynnu llinellau paralel. Hefyd bydd angen sgwarynnau, cwmpasau a chwmpasau mesur yn ogystal â phensil miniog.

Dyma gyfarwyddiadau cam wrth gam ar gyfer gwneud tafluniad orthograffig ongl gyntaf o fraced a ddefnyddir i ddal modur mewn awtomaton.

1  Lluniwch y blaenolwg ar linell sylfaen.

2  Tynnwch linellau tafluniad fertigol a llorweddol o nodweddion pwysig.

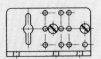

3  Lluniwch yr uwcholwg.

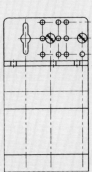

4  Tynnwch linellau tafluniad llorweddol o'r nodweddion pwysig a llinell ar ongl o 45° o'r blaenolwg ar draws y llinellau tafluniad llorweddol o'r uwcholwg.

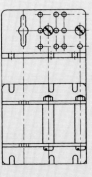

5  Tynnwch linellau tafluniad fertigol o'r pwyntiau lle mae'r llinell 45° yn torri'r llinellau tafluniad llorweddol.

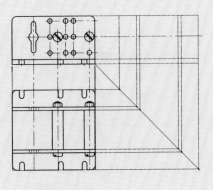

6  Defnyddiwch bwyntiau croesi'r llinellau tafluniad fertigol a llorweddol hyn o'r blaenolwg i lunio'r ochrolwg.

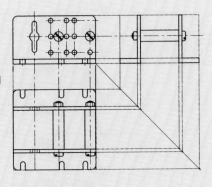

7  Labelwch y lluniad.

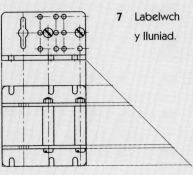

BRACED MODUR
R3
Ø6  10  5
Ø3
M3 X 0.5
32 O HYD
30
53
50
BLAENOLWG    OCHROLWG
UWCHOLWG

# Defnyddio confensiynau Safonau Prydeinig

Mae'n annhebyg, ym myd diwydiant, mai'r sawl sy'n gwneud y cynnyrch yw'r un a wnaeth y dyluniadau, felly mae'n bwysig bod syniadau'r dylunydd yn cael eu cyfleu yn eglur yn ei luniadau. Gelwir y lluniadau hyn yn **lluniadau gweithio** a dylent gael eu gosod mewn ffordd glir a threfnus. Mae gan y Sefydliad Safonau Prydeinig (BSI) gyfres o reolau (confensiynau) ar gyfer lluniadau o'r fath.

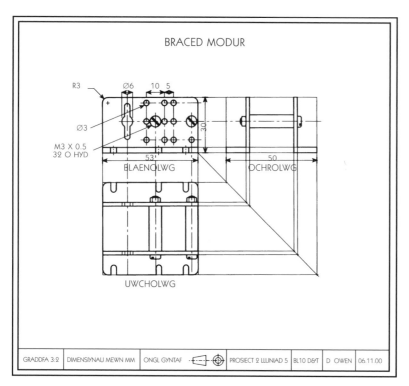

| Rhai byrfoddau cyffredin | |
|---|---|
| ∅ | Diamedr |
| R | Radiws |
| mm | Milimetr |
| cm | Centimetr |
| m | Metr |

Mae'r byfyrdodau isod yn gyffredin ar luniadau gweithio Saesneg

| | |
|---|---|
| CSK | Countersunk |
| O/D | Outside diameter |
| I/D | Inside diameter |
| RDHD | Roundhead |
| DRG | Drawing |
| Matl | Material |

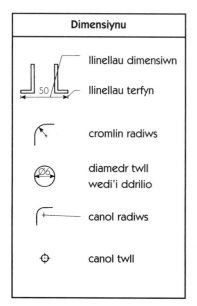

**Dimensiynu**

llinellau dimensiwn

llinellau terfyn

cromlin radiws

diamedr twll wedi'i ddrilio

canol radiws

canol twll

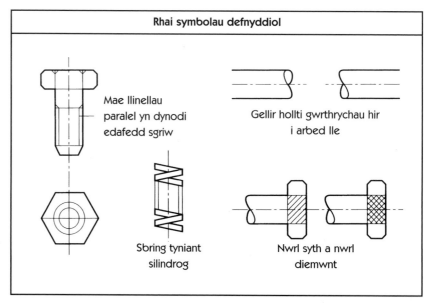

**Rhai symbolau defnyddiol**

Mae llinellau paralel yn dynodi edafedd sgriw

Gellir hollti gwrthrychau hir i arbed lle

Sbring tyniant silindrog

Nwrl syth a nwrl diemwnt

# Golygon trychiadol

Weithiau mae'n bwysig i luniadau ddangos tu mewn cynhyrchion. Gallwch ddefnyddio golygon trychiadol i wneud hyn. Rydych yn gwneud toriad dychmygol trwy'r gwrthrych, yn tynnu un hanner, ac yna'n gwneud llun o'r hyn y gallwch ei weld.

Fel rheol caiff yr arwynebau sydd wedi'u 'torri' eu lliniogi â llinellau rheolaidd ar ongl o 45°. Mae'r llinellau hyn yn newid cyfeiriad o un darn i'r darn nesaf.

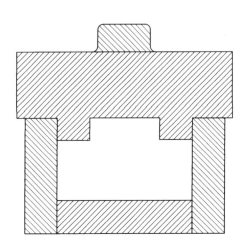

◗ *Trychu i ddangos tu mewn gwrthrych*

**Plân trychu wedi'i ddynodi gan A – - – A**

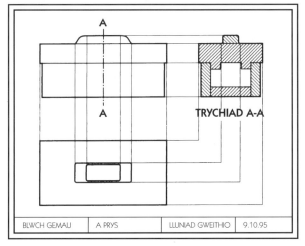

A

A

TRYCHIAD A-A

| BLWCH GEMAU | A PRYS | LLUNIAD GWEITHIO | 9.10.95 |

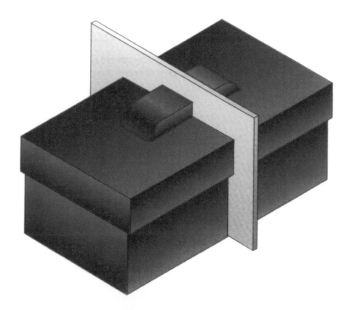

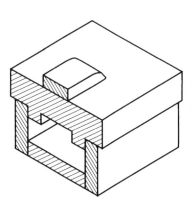

## Lluniadau cydosod

Gallwch ddefnyddio lluniad cydosod i ddangos sut mae gwahanol rannau cynnyrch yn cael eu rhoi wrth ei gilydd. Enw arall ar y math hwn o luniad yw **golwg taenedig**. Mae'n arbennig o ddefnyddiol ar gyfer cynhyrchion sydd â nifer mawr o rannau, fel watsh.

Dyma gyngor i'ch helpu i wneud lluniadau cydosod llwyddiannus:

- Defnyddiwch bapur grid isomedrig i hwyluso'r lluniadu.
- Cadwch y rhannau ar yr un echelin (yn yr un llinell â'i gilydd) ar ôl eu taenu.
- Dangoswch bob rhan ar wahân hyd y bo modd.
- Peidiwch â gorgyffwrdd.
- Cadwch yr holl rannau taenedig ar hyd echelin yn eu safleoedd perthynol cywir.
- Brasluniwch gynllun o'ch lluniad cyn mynd ati i wneud unrhyw waith manwl. (Mae'n hawdd mynd yn brin o le gyda'r math hwn o luniad.)

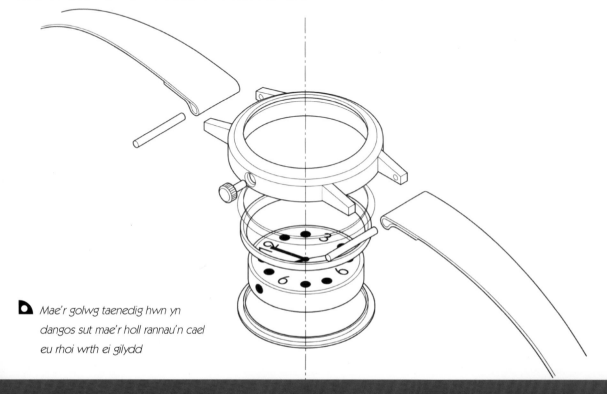

*Mae'r golwg taenedig hwn yn dangos sut mae'r holl rannau'n cael eu rhoi wrth ei gilydd*

# Pa fath o luniad?

Ni fydd un system luniadu yn unig yn debygol o fod yn ddigon i gyfleu'r holl wybodaeth y bydd dylunydd am ei chyfleu i'r gwneuthurwr neu'r cleient. Gan amlaf bydd angen i chi ddefnyddio cyfuniad o systemau. Hyd yn oed wedyn bydd angen cael gwybodaeth ychwanegol ar adegau. Weithiau bydd yn rhaid i chi ychwanegu nodiadau ysgrifenedig yn nodi proses neu orffeniad arbennig megis sgwrio â thywod neu drocharaenu. Efallai y bydd yn rhaid i chi gynnwys lluniadau ychwanegol. Dyma rai enghreifftiau a gymerwyd o luniadau o Walkman.

Gallwch ddefnyddio'r Siart Dewis isod i'ch helpu i benderfynu pa dechneg neu system luniadu i'w defnyddio.

| Yr hyn rydych am ei gyfleu | Technegau neu systemau lluniadu i'w defnyddio |
| --- | --- |
| ymddangosiad yr arwyneb | rendro ar y lluniadau |
| ymddangosiad/cyfraneddau cyffredinol | cawellu |
| realaeth ychwanegol | cysgodion wedi'u taflu |
| golwg mewnol | persbectif un-pwynt |
| ymddangosiad realistig | persbectif dau-bwynt |
| golwg o'r awyr | persbectif tri-phwynt |
| lluniad wrth raddfa addas ar gyfer CAD | lluniad isomedrig |
| cost defnyddiau a chydrannau | siart gostio |
| manylion ar gyfer gwneud | tafluniad orthograffig |
| manylion mewnol | golygon trychiadol |
| sut mae rhannau'n cael eu rhoi wrth ei gilydd | golygon taenedig |
| nodweddion arbennig | manylion cudd, animeiddio ar gyfer rhannau symudol, manylion wedi'u helaethu |

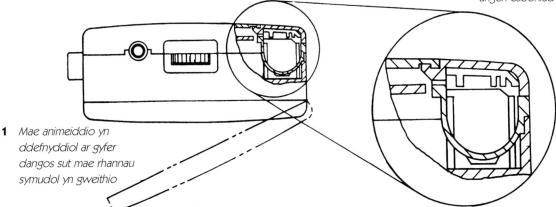

**2**  *Gellir defnyddio llinell doredig denau i egluro manylion cudd*

**3**  *Gellir defnyddio manylion wedi eu helaethu i dynnu sylw at nodweddion sydd angen esboniad pellach*

**1**  *Mae animeiddio yn ddefnyddiol ar gyfer dangos sut mae rhannau symudol yn gweithio*

# I bwy?

Cyn gallu troi cynigion dylunio ar gyfer cynhyrchion newydd neu gynhyrchion gwell yn eitemau y gellir eu gwerthu, rhaid i'r tîm dylunio gyfleu neu gyfathrebu ei gynigion yn effeithiol i gleientiaid, gweithgynhyrchwyr a defnyddwyr. Cadwyni uwchfarchnad mawr yw llawer o'r **cleientiaid**, a gall fod ganddynt eu tîm mewnol eu hunain i wneud eu gwaith dylunio. Y **defnyddwyr** yw'r bobl sy'n prynu ac yn defnyddio'r cynnyrch.

I gychwyn, bydd tîm bach o ddylunwyr yn datblygu cyfres o syniadau ar gyfer cynhyrchion newydd. Byddant yn hepgor unrhyw syniadau gwan neu anymarferol hyd nes bod ganddynt syniad y gallant weithio arno. Bydd y cynnyrch wedyn yn cael ei ddatblygu i greu prototeip ac yna'n cael ei wella trwy gyfres o sesiynau blasu ac addasiadau hyd nes bod y tîm dylunio yn fodlon y bydd eu cynnyrch yn llwyddo yn y farchnad. Dyma pryd y bydd yn rhaid i'r tîm dylunio argyhoeddi'r cleient ei bod yn bosibl swmp-gynhyrchu'r cynnyrch a'i werthu am elw. Os bydd treialon rhanbarthol yn llwyddiannus yna gellir lansio'r cynnyrch yn genedlaethol, gan ei werthu mewn uwchfarchnadoedd ar hyd a lled y wlad. Bydd y gweithgynhyrchwyr yn amrywio o ran maint o gwmnïau mawr sy'n cynhyrchu miloedd o gynhyrchion bob dydd i fusnesau bach sy'n cynhyrchu ychydig gannoedd yn unig. Yn y pen draw, ymateb y defnyddiwr sy'n penderfynu a yw cynnyrch yn llwyddo neu'n methu.

Yn y broses hon ceir tair agwedd bwysig ar gyfathrebu:

1 Cyfathrebu â'r cleient ynghylch natur y cynnyrch bwyd arfaethedig. Os nad yw'r cleient wedi ei argyhoeddi y bydd y cynnyrch yn llwyddo ni chaiff ei gynhyrchu.

2 Cyfathrebu â'r gweithgynhyrchydd ynghylch sut y caiff y bwyd ei gynhyrchu. Os yw'r cyfathrebu hwn yn aneffeithiol yna bydd ansawdd y cynnyrch yn isel neu'n anghyson ac ni fydd yn gwerthu'n dda.

3 Cyfathrebu â'r cwsmer tra'n cynhyrchu'r pecyn a hysbysebu'r cynnyrch. Os nad yw hyn yn llwyddiannus ni fydd y cynnyrch yn gwerthu.

Mae pob un o'r uchod yn gofyn am dechnegau cyfathrebu arbennig sy'n cael eu disgrifio yn yr uned hon.

🔵 *Ni fyddai'r cynhyrchion hyn ar werth ar silffoedd uwchfarchnadoedd oni bai am gyfathrebu effeithiol*

# Cyflwyno'r cynnyrch i'r cleient

## Sut mae'n edrych

Mae'n anodd cael bwyd i edrych fel bai 'newydd ei weini' mewn cyflwyniad. Un ffordd o ddatrys y broblem hon yw trwy gynhyrchu cyfres o sleidiau sy'n dangos y bwyd ar ei orau fel rhagarweiniad i sesiwn flasu. Bydd y canllawiau canlynol yn eich helpu i gynhyrchu set o sleidiau a phrintiau i'w dangos i'r cleient.

1 Rhaid cael digon o le i'r ffotograffydd, yn agos at y man lle caiff y bwyd ei baratoi.

2 Paratowch y cefndir ar gyfer y lluniau cyn paratoi'r bwyd. Dylai'r cefndir fod mor blaen â phosibl fel nad yw'n tynnu sylw oddi ar y bwyd. Ni ddylai llawer o fanylion y cefndir fod yn y golwg.

Bydd gwaith paratoi yn sicrhau canlyniadau da

Cyfleu eich cynigion dylunio: Technoleg bwyd

*Pa fwyd sy'n apelio fwyaf atoch?*

3  Os yw'r cynnyrch yn cael ei arddangos ar blât neu ddysgl, dewiswch liw sy'n gwrthgyferbynnu â phrif liwiau'r cynnyrch bwyd. Mae llestri sydd heb fod yn grwn – rhai hirgrwn neu wythonglog – yn ei wneud yn fwy diddorol.

4  Gwnewch yn siŵr fod y llestri'n gwbl lân a bod y bwyd wedi'i osod arnynt yn ofalus, heb adael ôl ar ymyl y llestr.

5  Os cyflwynwch y bwyd fel rhan o osodiad bwrdd, gwnewch yn siŵr fod yr holl elfennau yn berffaith lân ac nad ydynt yn tynnu sylw oddi ar y bwyd.

6  Pan fyddwch yn goleuo'r olygfa gofalwch nad nad yw'r golau'n gwneud i'r bwyd, y llestri, y gwydrau a'r cyllyll a ffyrc edrych yn arw neu'n galed.

7  Bydd angen torri trwy rai cynhyrchion bwyd i ddangos y tu mewn. Byddwch yn ofalus wrth wneud hyn.

8  Pan fydd y cefndir yn barod, ewch ati i baratoi'r cynnyrch bwyd. Rhowch y bwyd yn ei le o fewn y cefndir a thynnwch nifer o luniau ohono'n gyflym yn ei gyflwr 'newydd ei weini'.

9  Gallwch hoelio sylw'r gynulleidfa trwy dynnu cyfres o luniau sy'n dechrau mor agos at y cynnyrch fel nad yw'n amlwg beth ydyw ac yn symud yn ôl yn raddol hyd nes y daw'n gyfan gwbl i'r golwg.

10 Cynhyrchwch sleidiau ar gyfer cyflwyniadau a phrintiau ar gyfer albwm lluniau y gall y cleient ei astudio.

Fe all fod gan eich cyflwyniad ddau bwrpas:

- argyhoeddi'r cleient bod y cynhyrchion yn werth eu cynhyrchu;
- helpu'r cleient i ddewis pa un o sawl amrywiad ar y cynnyrch y dylid ei gynhyrchu.

Pan fyddwch wedi paratoi cyfres o sleidiau sy'n dangos sut mae eich cynnyrch yn edrych, bydd angen i chi ysgrifennu sgript i gyd-fynd â'ch dilyniant o sleidiau. Dylech wneud un neu ddau o bwyntiau allweddol am y cynnyrch i gyd-fynd â phob sleid. Gallwch gyfeirio at y cynhwysion, y lliwiau, y dull a ddefnyddir i weithgynhyrchu'r cynnyrch, a'r math o gwsmer y bydd y cynnyrch yn apelio ato. Mae'n bwysig bod y dilyniant yn helpu'r cleient i wneud penderfyniadau.

## Pa fath o flas sydd ar y cynnyrch

Mae cyflwyno blas y bwyd i'r cleientiaid yn rhan bwysig o'r gwaith o'u hargyhoeddi bod y cynnyrch yn werth ei gynhyrchu. Bydd angen i chi gynnig amryw o brofiadau blasu i'w helpu i benderfynu pa rai o blith sawl cynnyrch posibl y dylid eu cynhyrchu. Mae hi yr un mor bwysig bod gennych sgript i gyd-fynd â'r blasu ag ydyw i baratoi sgript wrth ddangos sleidiau o'r cynnyrch. Felly ar gyfer pob sampl dylai fod gennych restr o bwyntiau rydych am eu pwysleisio ynghylch y blas a'r ansawdd.

Nod y sgript a'r sesiwn flasu yw helpu'r cleient i wneud penderfyniadau. Mae'n bwysig bod y samplau wedi'u trefnu'n ddeniadol a'u rhannu'n gyfrannau bach (gyda llwyau blasu os oes eu hangen) gyda gwydrau o ddŵr i olchi'r dafod yn lân rhwng pob prawf blasu. Dylech labelu pob sampl rhag i'r blaswyr ddrysu rhyngddynt, a gallech hyd yn oed ychwanegu disgrifiad o brif nodweddion pob un neu broffil priodoleddau.

Trefnu cyflwyniad blasu

### Barn pobl eraill am y blas

Mae'n bwysig dangos i'r cleient y bydd blas ac ymddangosiad y cynnyrch yn apelio at y farchnad sy'n cael ei thargedu. Gellir dangos hyn trwy ymchwil marchnata a bydd angen i chi gyflwyno'r canlyniadau mewn ffordd eglur, gryno a deniadol. Bydd y canlyniadau 'crai' ar ffurf colofnau o ffigurau, a all fod yn anodd i'w dadansoddi'n gyflym ac yn ddigon i godi braw ar rywun. Dylech geisio trosi'r canlyniadau hyn i ffurf graffeg sy'n cyfleu'r wybodaeth yn effeithiol. Dangosir rhai enghreifftiau yma.

Y ffordd hwylusaf o arddangos eich canlyniadau i'ch cleient yw gydag uwchdaflunydd. Pan fyddwch wedi cynhyrchu fersiwn wreiddiol o ansawdd dda o'ch graffeg gallwch ei llungopïo ar len asetad. Os ydych wedi defnyddio cyfrifiadur i gynhyrchu'ch graffeg gallwch ddefnyddio argraffydd laser i argraffu'n uniongyrchol ar len asetad.
Os nad oes gennych argraffydd lliw, gallwch ddefnyddio pennau uwchdaflunydd i ychwanegu lliw at eich tryloywderau. Efallai bod sgrin arddangosiad grisial hylif (LCD) ar gael. Os felly, gallwch roi hon ar uwchdaflunydd, yr un fath â llen asetad, a thaflunio delweddau a gynhyrchir gan gyfrifiadur. Mae hyn yn gadael i chi gynnwys sain ac animeiddio yn eich cyflwyniad.

Mae'n werth cynhyrchu eich gwybodaeth ar ffurf llyfryn bach a rhoi copïau o hwn i'r cleientiaid i ysgrifennu nodiadau ynddo yn ystod eich cyflwyniad.

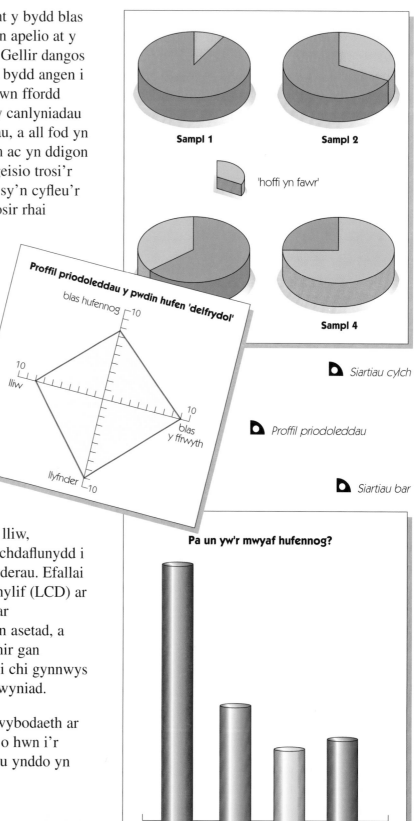

Sampl 1  Sampl 2

'hoffi yn fawr'

Sampl 4

◗ Siartiau cylch

**Proffil priodoleddau y pwdin hufen 'delfrydol'**

blas hufennog — 10

10
lliw

10
blas
y ffrwyth

llyfnder — 10

◗ Proffil priodoleddau

◗ Siartiau bar

**Pa un yw'r mwyaf hufennog?**

Sampl 1  Sampl 2  Sampl 3  Sampl 4

# Cyfathrebu trwy'r pecyn

Mae pecyn cynnyrch bwyd yn bwysig am bedwar rheswm:

1 Diogelu'r cynnyrch rhag difrod – does neb am gael bisgedi wedi'u malu.

2 Atal y cynnyrch rhag dirywio – does neb am fwyta bisgedi sy'n soeglyd neu wedi sychu.

3 Hyrwyddo'r cynnyrch ar y silff – does neb am dreulio amser hir yn chwilio am y cynnyrch.

4 Cadw'r cynnyrch yn lân ac yn ddiogel i'w fwyta.

Un o brif bwrpasau'r pecyn yw cyfleu natur a safon y cynnyrch i brynwyr posibl. Wrth benderfynu ar y pecyn ar gyfer eich cynnyrch bwyd bydd angen i chi ystyried yr holl ffactorau hyn.

## Mathau o becynnau

Mae amrywiaeth eang o becynnau ar gael, fel y gwelwch yn y tabl isod.

| Math o becyn | Enghraifft | |
|---|---|---|
| poteli gwydr gyda chapiau sgriwio | saws soy | 1 |
| poteli plastig gyda chapiau sgriwio | diodydd ysgafn byrlymog | 2 |
| poteli plastig i'w gwasgu gyda chapiau fflip | saws tomato | 3 |
| tybiau plastig gyda chaead ffoil sy'n pilio i ffwrdd | yogurt | 4 |
| jariau gwydr gyda chaeadau sgriwio | picls | 5 |
| blychau gyda fflapiau | grawnfwydydd brecwast | 6 |
| bagiau wedi'u selio | creision | 7 |
| blychau wedi'u selio | sudd ffrwythau | 8 |
| tiwbiau gyda chaeadau gwthio-i-mewn | Smarties | 9 |
| pecynnau wedi'u selio | barrau byrbryd | 10 |
| caniau ag agorwyr gwthio-i-mewn | diodydd ysgafn byrlymog | 11 |
| tuniau ag agorwyr tynnu-i-ffwrdd | sardîns | 12 |
| cynhwysydd plastig i goginio bwyd gyda chaead ffilm | prydau parod | 13 |
| ffoil a phapur | KitKat | 14 |
| cwdyn ffoil | diodydd chwaraeon | 15 |
| aerosol gyda falfiau | hufen wedi'i chwipio | 16 |

## Sut mae'n edrych ar y silff

Pa fath bynnag o becyn a ddewiswch ar gyfer eich cynnyrch bwyd, bydd yn rhaid i chi sicrhau ei fod yn hyrwyddo'r cynnyrch yn effeithiol. Mae sawl agwedd i'w hystyried.

### Yr arddull gyffredinol

Dyma'r penderfyniad dylunio mwyaf allweddol. Mae'n ymwneud â'r math o gynnyrch a'r math o gwsmer a fydd, yn eich barn chi, yn prynu'r cynnyrch. Er enghraifft, os melysion ag apêl eang yw eich cynnyrch, mae'n bwysig bod arddull y pecyn yn adlewyrchu hyn ac nad yw'n denu cyfran fach o gwsmeriaid yn unig. Dangosodd cyfres o hysbysebion Mars amrywiaeth eang o bobl, o blant i bobl hŷn, yn bwyta'r cynnyrch, sy'n awgrymu apêl eang. Ond os yw'r cynnyrch yn cael ei anelu at grŵp penodol, fel yn achos Pepsi Max, yna dylai arddull y pecyn adlewyrchu hyn.

### Enw a brand y cynnyrch

Mae gan sawl cynnyrch bwyd enw brand yn ogystal ag enw cynnyrch – 'Uncle Ben's quick cook rice', 'Kellogg's cornflakes', 'Wall's sausages', 'Cadbury's chocolate'. Mae gan rai o'r cynhyrchion bwyd a werthir mewn uwchfarchnadoedd a siopau mawr labeli y siopau hynny – 'Sainsbury's tomato ketchup', 'Tesco's beefburgers', 'Marks and Spencer's Indian meal for one', 'Boot's low-calorie dishes'.

I helpu sefydlu hunaniaeth brand *(creision ŷd Kellogg's yw'r creision ŷd hyn)* a theyrngarwch i'r brand *(mae'n well gen i greision ŷd Kellogg's na brandiau eraill)* bydd enw brand cwmni arbennig fel arfer yn edrych yr un fath yn union ar ei holl gynhyrchion. Felly, mae'r gair 'Cadbury's' yn edrych yr un fath bob amser – yr un ffont, yr un arddull, ac yn y blaen – ar bob un o gynhyrchion y cwmni. Penderfyniad mawr a chostus i gwmni yw newid arddull ei enw brand, a rhaid bod rhesymau marchnata da dros wneud hynny.

### Llun o'r cynnyrch

Os yw'r pecyn yn dryloyw nid oes angen llun o'r cynnyrch oherwydd y gall pawb ei weld. Weithiau mae angen lluniau ar becynnau didraidd i ddangos sut mae'r cynnyrch yn edrych. Mae'r rhain yn aml yn dangos y cynnyrch yn cael ei weini ac mae'r geiriau 'Awgrym gweini yn unig' yn pwysleisio bod angen cynhwysion eraill ac amser paratoi yn ogystal. Mae rhai cynhyrchion mor gyfarwydd a chanddynt hunaniaeth mor gryf fel nad oes angen llun o gwbl ar y defnydd pacio er na allwch weld y cynnyrch. Mae hyn yn wir am nifer o felysion – mae Mars yn enghraifft dda, er bod Smarties ac M&Ms yn dangos llun o'r cynnyrch ar y pecyn.

### Adnabod y cynnyrch

Beth bynnag yw arddull a dyluniad y pecyn a gynhyrchwch, rhaid i chi sicrhau ei fod yn hawdd i'w adnabod, ei fod yn cyfleu natur y cynnyrch yn effeithiol, a'i fod yn sefyll allan ar y silff lle mae'n cystadlu â chynhyrchion tebyg gan gwmnïau eraill am sylw'r cwsmer.

### Gofynion cyfreithiol

Rhaid i becynnau gwrdd â gofynion cyfreithiol arbennig hefyd.

## Cynhyrchu brasfodelau

Gallwch ddangos i gleient sut bydd y cynnyrch yn edrych ar y silff trwy gynhyrchu brasfodel o'r pecyn. Dyma rai canllawiau:

- Papurau lapio tenau (ar gyfer melysion, er enghraifft): gwnewch lungopïau o'r dyluniadau lliw gwreiddiol.

- Blychau bach a llewys cerdyn: lluniwch rwydweithiau (gyda thabiau) naill ai â llaw neu â meddalwedd CAD. Argraffwch y dyluniad ar gerdyn lliw yn hytrach na cheisio lliwio'r cerdyn â llaw.

- Blychau mawr: agorwch flychau gwag allan yn ofalus a'u gosod yn fflat, yna ychwanegwch eich dyluniadau eich hunan ar y tu mewn a rhowch y blwch at ei gilydd y tu chwith allan.

- Tuniau, poteli a jariau: golchwch yr hen labeli i ffwrdd cyn gosod eich rhai chi yn eu lle.

- Testun, borderi a delweddau syml: defnyddiwch feddalwedd bwrddgyhoeddi a darlunio i'w hargraffu ac yna gludiwch hwy ar y brasfodel.

- Darluniau o gynhyrchion: defnyddiwch lungopïau o ffotograffau lliw; gludiwch y rhain ar brasfodel.

- Dull arall yw sganio ffotograffau lliw i'r cyfrifiadur, eu hargraffu a'u gludio ar y brasfodel.

Cynhyrchion tebyg, papurau lapio tebyg, ond maen nhw i gyd yn wahanol

## Gwerthuso eich pecyn

I farnu effeithiolrwydd eich pecyn gallwch ei gymharu â phecynnau ar gyfer cynhyrchion tebyg a gynhyrchir gan gwmnïau masnachol. I wneud hyn, casglwch amrywiaeth o becynnau masnachol. Trefnwch yr holl becynnau ar fwrdd delweddau sy'n cynnwys eich dyluniad chi. Gofynnwch y cwestiynau canlynol i chi eich hun:

- A yw'n edrych yn glyfar a phroffesiynol? Os 'na' yw'r ateb gofynnwch i chi eich hun sut y gallech ei wella.

- A yw'n edrych yn debyg i becynnau eraill? Os 'na' yw'r ateb yna mae'n rhaid i chi ofyn i chi eich hun a yw eich arddull yn addas ar gyfer y math hwn o gynnyrch.

- A yw'n sefyll allan? Os 'na' yw'r ateb yna mae'n rhaid i chi ofyn i chi eich hun sut y gallwch ei wneud yn fwy trawiadol heb golli hunaniaeth y cynnyrch.

**4**

# Cyfathrebu â'r gwneuthurwr

Mae'n bwysig bod y dull o gynhyrchu'r cynnyrch bwyd yn cael ei gyfathrebu'n eglur a diamwys. Mae hyn yn gofyn am gyfarwyddiadau gofalus. Bydd manylder y cyfarwyddiadau yn dibynnu ar y raddfa gynhyrchu.

## Ryseitiau graddfa fach ar gyfer y cartref

Mae ryseitiau bob amser yn cynnwys y wybodaeth ganlynol:

- rhestr o'r cynhwysion;
- faint o bob cynhwysyn sydd ei angen ar gyfer nifer penodol o'r cynnyrch bwyd;
- cyfarwyddiadau cam wrth gam sy'n manylu ar y gwaith paratoi a'r amser y dylai ei gymryd, y broses goginio ac amserau eto, ac awgrymiadau ar gyfer gweini'r bwyd.

Bydd ryseitiau yn aml yn cynnwys llun o'r cynnyrch gorffenedig, ac weithiau llun o'r cynhwysion. Cynhwysir lluniau weithiau i gyd-fynd â'r cyfarwyddiadau cam wrth gam.

**Dull**

1  Gogrwch y blawd a'r powdr codi gyda'i gilydd. Rhowch y siwgr i mewn a'i droi.

2  Curwch yr wy, y llefrith a'r margarin tawdd gyda'i gilydd; ychwanegwch y cymysgedd at y cynhwysion sych.

3  Cymysgwch yr afalau wedi'u gratio â'r sinamon, nytmeg a chroen lemon.

4  Trowch y rhain yn y cymysgedd myffins.

5  Rhowch y cymysgedd mewn tun myffins wedi ei iro'n dda.

6  Pobwch mewn ffwrn boeth ar 220°C neu farc nwy 8 am 20-25 munud hyd nes iddynt droi'n lliw brown euraid.

## Ryseitiau graddfa fawr ar gyfer y diwydiant gweithgynhyrchu – Swp-gynhyrchu

Rhaid addasu'r rysáit graddfa fach ar gyfer myffins afal gan ei fod yn cymryd rhai camau yn ganiataol. Rydych yn cyrraedd pwynt 2 heb doddi'r margarin a phwynt 6 heb gynnau'r ffwrn!

Dyma gynllun cynhyrchu lle mae popeth wedi'i restru yn y drefn gywir. Mae hyn yn sicrhau bod y broses yn effeithlon.

<table>
<tr><td colspan="2">CYNLLUN CYNHYRCHU AR GYFER MYFFINS AFAL SBEISLYD</td></tr>
<tr>
<td>

**CYNHWYSION**
200g blawd plaen
2 lwy de powdr codi
75g siwgr
1 wy
250ml llefrith
50g margarin
175g o afalau coginio wedi'u gratio
pinsiad o sinamon
½ llwy de croen lemon wedi'i gratio
</td>
<td>

**CYFARPAR**

clorian          llwy de, fforc,
powlen gymysgu   llwy bren
powlen fach      pliciwr, cyllell finiog
gogr             bwrdd malu
platiau ar gyfer grater
   cynhwysion tun myffins
jwg mesur
</td>
</tr>
</table>

| DULL | SICRHAU ANSAWDD |
|---|---|
| **Paratoi**<br>Iro'r tun myffins<br>Cynnau'r ffwrn: 220˚C, marc nwy 8<br>Casglu'r offer ynghyd<br>Golchi'r cynhwysion | *Mae angen bod yn fanwl gywir* |
| **Gwneud** | |
| 1   Gogru'r siwgr a'r powdr codi i bowlen gymysgu. Rhoi'r siwgr i mewn a'i droi. | |
| 2   Plicio a thynnu craidd yr afalau. Gratio'r afalau a'r lemon. Cymysgu'r cyfan gyda'r sbeisiau. | *Gratio croen melyn y lemon yn unig, nid y bywyn gwyn. Cymysgu'n dda i wasgaru'r sbeis.* |
| 3   Toddi'r margarin. | *Peidio â'i gynhesu gormod, digon i'w doddi'n unig.* |
| 4   Rhoi'r llefrith a'r wy mewn powlen, curo'r margarin tawdd i mewn. Ychwanegu at y cynhwysion sych. | *Curo'n dda rhag i lympiau ffurfio. Dylai'r cymysgedd fod yn llyfn.* |
| 5   Rhoi'r afalau wedi'u gratio i mewn a'u troi. | *Sicrhau eu bod wedi'u cymysgu'n dda.* |
| 6   Rhoi cyfrannau o gymysgedd o'r un maint yn y tun myffins. | *Sicrhau eu bod i gyd yr un maint.* |
| 7   Eu rhoi yn y ffwrn. | *Fymryn yn uwch na chanol y ffwrn.* |
| 8   Eu pobi am 20-25 munud. | *Edrych arnynt ar ôl 20 munud, dylent fod wedi codi a throi'n frown.* |

### Cynhyrchu di-dor

Bydd y diwydiant bwyd yn defnyddio llinellau cynhyrchu di-dor i gynhyrchu llawer iawn o'r un cynnyrch. Mae'r gwaith o baratoi'r cynhwysion, eu casglu ynghyd a'u coginio yn cael ei wneud gan beiriannau awtomataidd a reolir gan ficrobrosesyddion. Bydd y cynllun cynhyrchu yn rhoi cyfarwyddiadau ar gyfer rhaglennu'r microbrosesyddion sy'n addas i'r cynnyrch sy'n cael ei wneud. Mae'r siart llif isod yn dangos y broses ar gyfer cynhyrchu quiches wedi'u llenwi.

Gan amlaf bydd y wybodaeth ar gyfer cynhwysion y crwst a'r llenwad yn cael ei rhoi ar ffurf canrannau fel y dangosir yn y tablau. Gellir troi'r rhain yn hawdd yn symiau gwirioneddol. Sylwer ar nodweddion canlynol y broses:

- mae'r goddefiannau ar gyfer cynhwysion sy'n cael eu pwyso o fewn +/– 3g;

- mae HACCP (Dadansoddi Peryglon Pwyntiau Rheoli Critigol - *Hazard Analysis of Critical Control*) wedi'i ymgorffori yn y cynllun cynhyrchu mewn perthynas â storio, tymereddau pobi a thymereddau oeri;

- mae tair adran dymheredd yn y ffwrn a ddefnyddir i goginio'r quiche gyda'i lenwad, gan ddechrau gyda thymheredd uchel o 200°C yn Adran 1 cyn gostwng i 190°C yn Adran 2 ac yna i 180°C yn Adran 3;

- mae cyflymder y cludfelt yn cael ei reoli fel bod y cynnyrch yn treulio'r amser priodol ym mhob un o'r tair adran;

- mae'r cynnyrch wedyn yn cael ei drosglwyddo'n gyflym i chwyth-oerydd sy'n sicrhau ei fod yn cael ei oeri'n gyflym i dymheredd sy'n atal twf micro-organebau.

**Siart llif:**

- Pwyso cynhwysion y crwst
- Cymysgu cynhwysion y crwst
- Gwasgu'r toes i gynwysyddion ffoil
- Pobi'r casys crwst
- Llenwi'r casys crwst ← Cymysgu'r llenwad a'i gadw fel cymysgyedd hylifol oer
- Pobi'r casys wedi'u llenwi yn Adran 1 ar 200°C
- Pobi'r casys wedi'u llenwi yn Adran 2 ar 190°C
- Pobi'r casys wedi'u llenwi yn Adran 3 ar 180°C
- Chwyth-oeri'r quiches wedi'u coginio yn is na 5°C
- Pacio'r quiches oer

| Crwst y quiches | |
|---|---|
| blawd | 60% |
| braster | 30% |
| dŵr | 10% |

| Llenwad y quiches | |
|---|---|
| llefrith | 30% |
| wy cyflawn hylifol | 18% |
| caws | 18% |
| nionod | 10% |
| tomato | 10% |
| Spersatex | 5.5% |
| Ultratex | 5.5% |
| halen | 1% |
| pupur | 1% |
| mwstard | 1% |

# Egluro sut i ddefnyddio'r cynnyrch

Yn ogystal â dweud wrth y defnyddiwr am natur y cynnyrch a chynnig gwybodaeth am ei gynnwys maethol a sut i'w storio, efallai y bydd angen i'r pecyn gynnwys gwybodaeth am y gwaith paratoi y mae ei angen cyn bwyta'r cynnyrch. Mae'n bwysig bod y cyfarwyddiadau hyn yn gwbl eglur. Dyma enghreifftiau o wybodaeth arall y gallech ei darganfod ar y pecyn:

- cyfarwyddiadau coginio ar gyfer ffyrnau confensiynol a microdon;
- a yw'r cynnyrch yn addas ar gyfer ei rewi ai peidio;
- cyfarwyddiadau ar gyfer ei ddadrewi neu ei goginio'n syth o'r rhewgell;
- rysáit y gellir defnyddio'r cynnyrch ynddi.

Bydd rhai cynhyrchion yn cael eu hyrwyddo trwy werthu llyfrau ryseitiau sy'n dangos sut i ddefnyddio'r cynnyrch i wneud prydau arbennig. Mae'r wybodaeth hon yn cynyddu apêl y cynnyrch i'r defnyddiwr.

Dangosir enghreifftiau o'r gwahanol fathau o gymorth sydd ar gael i'r defnyddiwr yn y panel isod. Gallech ddatblygu cymorth tebyg fel rhan o'ch gwaith dylunio a gwneud ym maes technoleg bwyd.

*Enghreifftiau o'r cymorth sydd ar gael i'r defnyddiwr*

Ym myd busnes, yr unig ffordd o droi syniadau yn gynhyrchion wedi'u gweithgynhyrchu yw trwy gyflwyno neu gyfleu cynigion dylunio yn effeithiol. Rhaid i ddylunwyr graffig allu cyfleu eu syniadau i gleientiaid ac i gynhyrchwyr, ac i ni fel defnyddwyr.

### Y dylunydd

Rydw i'n rhedeg fy stiwdio dylunio graffig fy hun ac yn cyflogi tîm bach o ddylunwyr. Mae cyfathrebu eglur gyda'r cleient yn hanfodol yn ystod pob cam o'r broses ddylunio. Mae'n bwysig ein bod yn gwybod beth yn union sydd ei angen, a bod y cleient yn deall ein cynigion a'i fod yn hapus gyda nhw.

### Y gwneuthurwr

Pan fydd dylunydd yn dod â gwaith ataf i'w argraffu, mae'n rhaid i mi gael gwybodaeth a manylion eglur am y gwaith dylunio. Wedyn fe fyddaf yn gwybod yn union pa ddefnyddiau a phrosesau cynhyrchu i'w defnyddio i greu cynnyrch llwyddiannus.

### Y cleient

Rydw i'n gweithio yn y diwydiant cerddoriaeth ac yn rheolwraig ar gwmni recordio. Rydw i'n dibynnu ar waith dylunwyr graffig i hyrwyddo cerddorion yn ogystal â hysbysebu a phecynnu cerddoriaeth newydd. Mae'n rhaid i mi fod yn siwr y bydd y dyluniadau maen nhw'n eu creu yn cyflwyno'r ddelwedd iawn i'r cyhoedd ac yn helpu i werthu ein cerddoriaeth.

### Y defnyddiwr

Pan fyddaf i'n prynu CD newydd rydw i'n meddwl bod y graffigwaith ar y clawr yn bwysig. Rydw i'n hoffi darllen am y grŵp a geiriau eu caneuon. Mae arddull y delweddau a'r lluniau hefyd yn rhoi 'teimlad' o sut mae'r gerddoriaeth yn debygol o swnio. Rydw i hyd yn oed wedi prynu cerddoriaeth grŵp a oedd yn ddieithr i mi gan fy mod i'n meddwl bod clawr y CD yn edrych mor ddiddorol.

Yn eich gwaith chi, mae'n bosibl mai chi fydd y dylunydd a'r gwneuthurwr. Gallwch hyd yn oed fod yn gleient hefyd. Ond peidiwch â meddwl nad oes angen i chi gyfleu eich syniadau gan eich bod chi'n gwybod yn union beth rydych chi'n ei wneud! Mae'n rhaid i chi gyfleu eich syniadau fel y gall pobl eraill eu deall. Yna gallwch ofyn iddynt am eu cyngor a'u barn am eich cynigion. Byddwch hefyd yn gallu barnu'n well a yw eich dyluniad yn union beth sydd ei angen ai peidio, cyn mynd ati i'w wneud. Gallwch ddefnyddio'r technegau yn y bennod hon i'ch helpu i gyflwyno'ch syniadau.

4

## Brasluniau

Mae'n debyg na fydd y brasluniau bawd cyntaf o'ch syniadau yn gwneud fawr o synnwyr i neb ond chi eich hun. Cyn mynd ati i egluro eich syniadau wrth gleient, bydd angen i chi lunio brasluniau mwy eglur. Yr enw a roddir ar y rhain yn aml yw **sgampiau**. Maent yn parhau i fod yn lluniadau bras, ond maent yn rhoi gwell syniad o'r cynnyrch gorffenedig. Gan amlaf bydd brasluniau yn cael eu tynnu ar bapur tenau gyda phensil neu ben ffelt. Bydd safon y brasluniau yn dibynnu ar y math o berson yr ydych yn delio ag ef. Os yw'r cleient yn gyfarwydd â'r ffordd mae dylunwyr yn gweithio, nid oes angen i'r brasluniau fod yn arbennig o daclus. Ond efallai y bydd angen i rywun anghyfarwydd weld brasluniau lliw mwy manwl.

### Pwyntiau allweddol

- Ni ddylech dreulio treulio gormod o amser yn gwneud brasluniau. Defnyddiwch ddull llunio sy'n gyflym a hawdd.
- Penderfynwch ar y lefel o fanylder y bydd ei angen arnoch i allu rhoi argraff deg o'ch syniad.
- Defnyddiwch nodiadau a saethau i egluro eich syniadau yn fwy manwl.
- Peidiwch â defnyddio lliw os nad yw'n rhan bwysig o'ch dyluniad.
- Dylai eich brasluniau fod yn ddigon eglur i alluogi pobl eraill i ddeall eich cynigion.

🔲 *Gosodiadau tudalen ar gyfer cylchgrawn*

🔲 *Brasluniau ar gyfer delwedd gorfforaethol cwmni gwerthu blodau*

Cyfleu eich cynigion dylunio: Graffeg

## *Modelau sydyn*

Mae'r rhain yn fersiynau tri dimensiwn o fraslun neu ddiagram. Maent yn ddefnyddiol wrth gynllunio lle neu gyfraneddau, megis mewn dylunio mewnol, neu ar gyfer dangos sut mae rhywbeth yn gweithio, er enghraifft, mecanwaith cerdyn neidio-i-fyny. Yn achos y math hwn o ddyluniad, bydd model sydyn yn rhoi gwell amcan i'r cleient o'ch syniad na lluniad dau ddimensiwn.

### Pwyntiau allweddol
● Dylai modelau sydyn fod yn syml iawn ac yn hawdd a chyflym i'w gwneud. Nid oes rhaid iddynt ddangos llawer o fanylion ond dylent dynnu sylw at eich syniadau cyntaf a rhoi cyfle i'w trafod.
● Defnyddiwch ddefnyddiau hawdd i'w trin y gellir eu newid a'u haddasu'n sydyn. Gallwch ddefnyddio tâp dwyochrog, ffasneri papur a styffylau i wneud model sydyn o bapur, cerdyn, polystyren a defnyddiau eraill sydd wrth law.

## Brasfodelau syml

Os ydych yn dylunio cynnyrch tri dimensiwn megis pecyn neu stand arddangos, mae'n syniad da dangos brasfodel o'ch syniad i'r cleient. Model 3D bras maint llawn yw hwn sy'n dangos y graffigwaith a gaiff ei ddefnyddio ar y cynnyrch gorffenedig.

Bydd brasfodel 3D yn eich galluogi chi a'r cleient i weld y dyluniad o bob ochr ac i farnu a yw'r lliw, y raddfa, y cyfraneddau a'r graffigwaith yn edrych yn iawn. Efallai y byddwch chi'n penderfynu newid rhai agweddau ar eich dyluniad ar yr adeg hon, gan fod syniadau yn aml yn edrych yn wahanol iawn mewn tri dimensiwn.

## Canllawiau ar gyfer gwneud brasfodelau

- Dewiswch ddefnyddiau sy'n hawdd eu trin, er enghraifft cerdyn ar gyfer pecynnau neu standiau arddangos. Gallwch gerflunio modelau bloc o ddarnau o bolystyren.
- Dylech allu rhoi syniad da o'r cynnyrch gorffenedig, ond nid oes angen i chi gynnwys gormod o fanylion. Dylai brasfodelau syml roi mwy o wybodaeth na modelau sydyn gan fod eich syniadau wedi'u datblygu ymhellach erbyn hyn.

## Dymi

Lluniad manwl gywir neu fodel tri dimensiwn o'r dyluniad terfynol yw dymi. Dylai fod yr un maint ac edrych yr un fath yn union â'r cynnyrch terfynol.

Gallwch ddefnyddio dymi:

- i ddangos copi manwl o'r cynnyrch i'r cleient. Os nad yw'r cleient yn hapus gyda'ch dyluniad, nid yw'n rhy hwyr i'w newid cyn ei gynhyrchu. Ond os yw'n hapus, gall y cleient ddefnyddio'r dymi i hysbysebu'r cynnyrch newydd.
- i'w ddangos i'r argraffydd neu'r gwneuthurwr i'w helpu i benderfynu ar y dulliau cynhyrchu ac i gostio eich dyluniad.

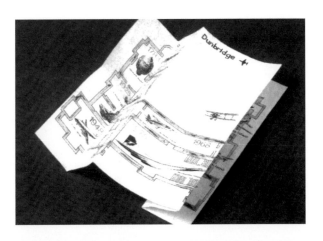

Cyfleu eich cynigion dylunio: Graffeg

## Lluniadau gweithio

Pan fydd cynnyrch tri dimensiwn yn barod i'w wneud, bydd y dylunydd yn rhoi lluniad gweithio i'r sawl fydd yn gwneud y model neu i'r gwneuthurwr. Mae'r lluniadau hyn yn cynnwys yr holl gyfarwyddiadau sydd eu hangen ar gyfer gwneud y cynnyrch. Rhaid i luniad gweithio gynnwys:

- dimensiynau mawl gywir pob un o'r rhannau;
- manylion y defnyddiau a'r lliwiau neu'r gorffeniadau y bydd eu hangen;
- cyfarwyddiadau ar gyfer y gwaith adeiladu a chydosod.

Mae lluniadau gweithio yn defnyddio confensiynau'r Sefydliad Safonau Prydeinig (BSI) i ddangos gwybodaeth. Mae hyn yn golygu defnyddio iaith weledol safonol sy'n cael ei chydnabod gan bawb sy'n gweithio ym myd diwydiant. Mae'r panel a'r lluniadau isod yn dangos enghreifftiau o rai o gonfensiynau defnyddiol y BSI ar gyfer lluniadu. Am wybodaeth bellach cyfeiriwch at BSI 308 neu PD 7308 (*Engineering Drawing Practice for Schools and Colleges*).

## Tafluniad orthograffig mesuredig

Lluniadau wrth raddfa manwl gywir yw'r rhain sy'n dangos golygon o wahanol ochrau'r cynnyrch. Dylent roi'r holl wybodaeth angenrheidiol am adeiladwaith y dyluniad. Gan amlaf defnyddir tri golwg i ddangos yr holl fanylion: uwcholwg, blaenolwg ac ochrolwg. Bydd y lluniad yn cael ei osod mewn ffordd eglur a threfnus fel y dangosir yn y **tafluniad ongl gyntaf** isod.

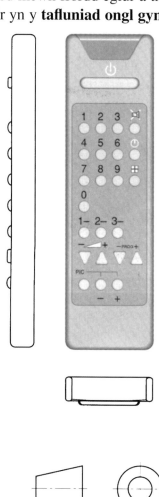

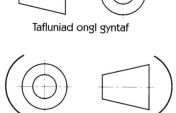

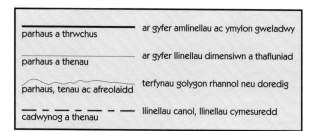

terfyniad (yn dangos tarddbwynt cyffredin)

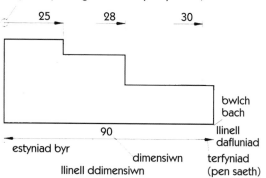

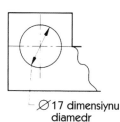

Tafluniad ongl gyntaf

Tafluniad trydedd ongl

## Modelau cyflwyno

Un ffordd drawiadol o ddangos effaith gyffredinol eich dyluniad terfynol yw trwy wneud model cyflwyno. Mae'r rhain yn fodelau tri dimensiwn manwl gywir sydd wedi'u gwneud wrth raddfa neu i'r maint iawn. Maent yn rhoi syniad da o le a chyfrannedd yn ogystal â helpu'r cleient i ddychmygu sut y caiff dyluniad ei ddefnyddio. Gallwch ddefnyddio unrhyw ddefnydd sy'n hawdd ei drin i wneud modelau cyflwyno cyn belled â bod y canlyniadau yn realistig.

▶ Mewn model lliw caiff y patrymau a'r gweadau eu pwysleisio

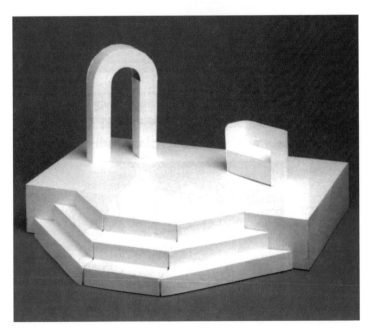

▶ Mae'r model cwbl wyn uchod o lwyfan theatr yn tynnu sylw at y ffurfiau a'r siapiau yn y dyluniad

▶ Defnyddiwyd paent chwistrell i wneud i'r model jelwtong uchod edrych fel plastig. Mae manylder y botymau, y graffigwaith a'r symbolau a llythrennu yn creu effaith realistig iawn

## Arlunwaith ar gyfer argraffu

Pan fyddwch yn dylunio graffigwaith ar gyfer ei argraffu bydd angen i chi baratoi arlunwaith manwl sy'n dangos yr holl wybodaeth y bydd ei hangen ar yr argraffydd. Gallwch ddefnyddio meddalwedd gyfrifiadurol i greu arlunwaith neu gallwch ei wneud â llaw.

## Canllawiau ar gyfer gwneud arlunwaith â llaw

- Gwnewch yr arlunwaith mewn du a gwyn ar **fwrdd llinell**. Yna gallwch ludio'r testun a'r lluniau yn eu lle.

- Ni ddylech ludio ffotograffau yn eu lle. Dylech farcio eu lleoliad yn eglur ar y bwrdd a'u cynnwys ar wahân.

- Lluniadwch y dyluniad yn faint llawn neu'n ddwywaith neu deirgwaith yn fwy. Bydd eich lluniad yn edrych yn fwy cywir ar ôl ei leihau.

- Gall yr argraffydd ychwanegu lliw ato wrth ei argraffu. Mae'n rhaid i chi nodi'r union liw, gyda'i rif cyfeirnod, o siart samplau yr argraffydd.

- Defnyddiwch dâp i lynu dalen o bapur tenau fel **troshaen** dros eich gwaith i'w amddiffyn.

- Ysgrifennwch gyfarwyddiadau manwl i'r argraffydd ar y droshaen. Rhowch wybodaeth am y lliw, y cefndiroedd, borderi, maint a lleoliad ffotograffau, ymylon torri a phlygion.

Os oes mwy nag un lliw yn eich dyluniad efallai y bydd yr argraffydd yn gofyn i chi wneud **arlunwaith gwahanliw**.

## Sut mae gwneud arlunwaith gwahanliw

- Glynwch droshaen blastig (maent i'w cael mewn siopau celf) ar hyd ymyl uchaf y bwrdd sylfaen.

- Lliwiwch yr ail liw. Gallwch ddefnyddio marciwr i ddangos y lliw. Bydd angen troshaen arnoch ar gyfer pob lliw ychwanegol.

- Defnyddiwch **farciau cofrestru** i sicrhau bod y troshaenau yn alinio â'r bwrdd sylfaen.

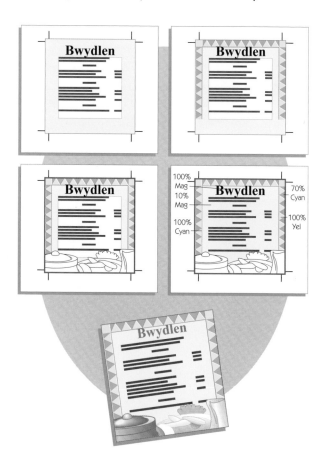

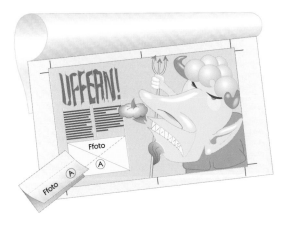

## Lluniadu wrth raddfa

Cynllun manwl gywir gyda golygon (ochrolygon) a thrychiadau (trawstoriadau) yw lluniad wrth raddfa. Yn aml bydd tu mewn ystafell yn cael ei lunio wrth raddfa fawr o 1:50, gydag un centimetr yn cynrychioli hanner metr. Mae hyn yn caniatáu ichi ddangos manylion dodrefn a ffitiadau.

## Uwcholwg

Mae uwcholwg o'r llawr fel rheol yn dangos trawstoriad trwy'r ystafell o uchder sy'n uwch na lefel y llawr fel y gallwch ddangos lleoliad y dodrefn a'r ffenestri. Defnyddir symbolau i gynrychioli drysau a ffenestri. Bydd angen i chi ddyfeisio eich symbolau syml eich hun ar gyfer y dodrefn.

Cysgodlenni fertigol       Awyrellau       Platwydr barugog

## Ochrolwg

Mae hwn yn dangos golygon 'fflat' o'r waliau yn yr ystafell ac yn aml bydd yn cynnwys y dodrefn a'r ffitiadau a gaiff eu gosod ar y waliau neu o'u blaen. Fel arfer dangosir yr ochrolygon gyda'r uwcholwg o'r llawr a dylent gael eu llunio wrth yr un raddfa.

Mae'r darlun ar y dde yn dangos gwahanol fathau o luniadau: lluniad wrth raddfa, lluniad dylunio a lluniad gweithio. Defnyddir lluniad dylunio i ddangos i'r cleient sut y bydd y tu mewn yn edrych. Mae'r lluniad gweithio yn rhoi gwybodaeth ar adeiladwaith i'r gwneuthurwr.

## Awgrymiadau ar gyfer gwneud lluniad wrth raddfa llwyddiannus

- Dylai'r lluniad fod yn drefnus ac wedi'i osod allan yn dda. Dylai'r llythrennau fod yn daclus a llorweddol. Gellir ysgrifennu dimensiynau yn fertigol os ydynt yn rhedeg ar hyd llinell uchder.

- Dewiswch raddfa a fydd yn eich galluogi i ddangos y manylion pwysig. Dylech nodi'r raddfa yng nghornel dde isaf y lluniad.

- Os yw'r uwcholwg, yr ochrolygon a'r trychiadau i gyd ar un ddalen o bapur, dylai'r uwcholwg fod yn y gwaelod, gyda'r ochrolygon uwch ei ben a'r trychiadau i'r dde.

- Defnyddiwch yr uwcholwg yn ganllaw i daflunio llinellau ar gyfer eich ochrolygon.

- Ar yr uwcholwg, marciwch o ba ochrau rydych chi'n edrych ar yr ochrolygon.

- Defnyddiwch greon pensil neu farciwr i ychwanegu lliw neu wead.

- Gall papur grid fod yn ganllaw defnyddiol. Marciwch yr amlinellau mewn pensil i sicrhau y bydd popeth yn ffitio ar y dudalen. Yna rhowch bapur dargopïo drosti a defnyddiwch ben i farcio'r llinellau yn daclus. Defnyddiwch linellau o drwch gwahanol i wneud eich lluniad yn haws i'w ddeall.

- Gallwch ddangos lleoliad goleuadau nenfwd trwy ddefnyddio papur dargopïo i wneud troshaen sy'n adlewyrchiad o'r uwcholwg o'r llawr.

# Cymorth i'r defnyddiwr

Mae llawer o gynhyrchion yn cynnwys gwybodaeth i helpu'r sawl fydd yn eu defnyddio. Gall y cymorth gynnwys y canlynol:

- gwybodaeth am gydosod y cynnyrch;
- gwybodaeth am ei ddefnyddio'n ddiogel;
- gwybodaeth am ei gynnal a'i atgyweirio;
- gwybodaeth am yswiriant;
- gwybodaeth am nwyddau cysylltiedig;
- sut mae derbyn gwybodaeth bellach.

Mae'r dalennau gwybodaeth hyn eu hunain yn gynhyrchion graffig. Mae'r panel isod yn dangos amryw o ddeunyddiau sy'n rhoi cymorth i ddefnyddwyr.

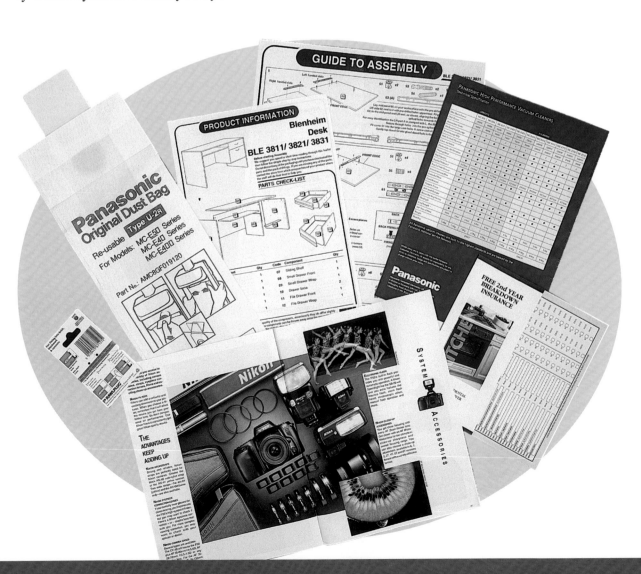

## I bwy?

Yr unig ffordd o droi cynigion dylunio ar gyfer tecstilau newydd, neu decstilau gwell, yn eitemau y gellir eu gwerthu yw drwy gyflwyno'r cynigion hyn yn effeithiol i gleientiaid, gwneuthurwyr a defnyddwyr. Fe allai'r cleientiaid fod yn siopau cadwyn mawr sy'n gwerthu i fath arbennig o ddefnyddiwr, yn wneuthurwyr nwyddau arbenigol fel offer chwaraeon neu wersylla, neu yn gwmni theatr, teledu neu ffilm sydd am greu gwisgoedd a setiau ar gyfer gwahanol gyfnodau yn y gorffennol, y presennol neu'r dyfodol.

## Sut?

I ddechrau, bydd angen i'r dylunydd, neu'r tîm a fydd yn cynnwys dylunwyr graffig, ffabrig a chynnyrch, wybod yn union beth yw gofynion y cleient. Yna bydd ef neu hi yn datblygu ffolder dylunio sy'n seiliedig ar dueddiadau ffasiwn, lliw a ffabrig cyfoes neu hanesyddol yn ôl anghenion y cleient. Bydd y ffolder yn cynnwys brasluniau o'r dyluniadau gydag amrywiadau, a lluniadau diagramatig i ddangos yr union ddyluniadau ynghyd â samplau o ffabrig.

Dyma'r adeg y bydd yn rhaid ymgynghori â'r cleient i weld a oes angen addasu'r gofynion mewn unrhyw ffordd. Cyfrifoldeb y dylunydd fydd argyhoeddi'r cleient fod y costio yn gywir, bod yr eitem yn addas i'w masgynhyrchu, ac y bydd yn apelio at y defnyddwyr.

◗ *Cleientiaid ar gyfer cynhyrchion tecstil*

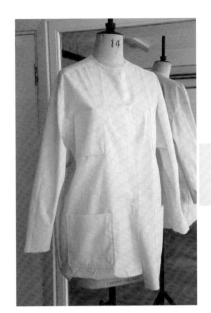

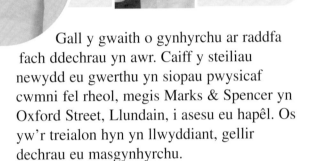

Y cam nesaf yw cynhyrchu prototeip. Yn y diwydiant ffasiwn, er enghraifft, caiff hyn ei wneud trwy wneud **toile** (sef fersiwn o'r eitem wedi ei wneud o galico). Bydd y dylunydd yn gweithio ar hwn nes cael yr olwg a'r ffit mae'n chwilio amdano.

Yna caiff 'bloc' cerdyn ei wneud. Patrwm/siâp y corff ar ffurf fflat yw hwn. Caiff ei ddefnyddio i wneud dilledyn sampl maint 12 yn y ffabrig priodol. Bydd y gwaith yn cael ei adolygu am yr ail dro ar yr adeg hon er mwyn cael sêl bendith y cleient i ddechrau cynhyrchu. Ni ellir dechrau cynhyrchu heb wneud hyn.

Mae'r gwneuthurwr yn derbyn y prototeip, y bloc maint 12, a'r samplau o ffabrig. Bydd y tîm yn yr ystafell datblygu patrymau yn archwilio'r dilledyn sampl ac yn ymchwilio i'r dull cynhyrchu gorau a mwyaf economaidd. Cynhyrchir llawlyfr cydosod at ddefnydd y ffatri. Defnyddir CAD i raddio'r meintiau sydd eu hangen ar y cleient, i lunio'r gosodiad mwyaf economaidd ar gyfer y meintiau hynny, ac yna i lunio'r marciau ar gyfer torri'r patrwm.

Gall y gwaith o gynhyrchu ar raddfa fach ddechrau yn awr. Caiff y steiliau newydd eu gwerthu yn siopau pwysicaf cwmni fel rheol, megis Marks & Spencer yn Oxford Street, Llundain, i asesu eu hapêl. Os yw'r treialon hyn yn llwyddiant, gellir dechrau eu masgynhyrchu.

Mae dylunio ar gyfer ystafelloedd, y theatr a siopau arbenigol yn cael ei wneud mewn ffordd debyg, er bod gofynion y cleient, y ffabrigau a ddefnyddir, a'r dulliau o ymchwilio, cynhyrchu a threialu yn gallu amrywio.

Felly, fe welwch fod tair agwedd bwysig ar gyflwyno neu gyfathrebu.

1 Cyfathrebu â'r cleient ynglŷn â natur y cynnyrch tecstil. Rhaid bod y cleient yn deall y dyluniadau yn llwyr cyn y bydd yn barod i'w derbyn.

2 Cyfathrebu â'r gwneuthurwr. Os nad yw'r cyfarwyddiadau yn fanwl gywir, gall camgymeriadau costus iawn ddigwydd a allai ddod â'r broses gynhyrchu i ben.

3 Cyfathrebu â'r cwsmer. I apelio at gwsmeriaid, mae'n rhaid i'r cynnyrch gael ei hysbysebu a'i becynnu yn effeithiol, ac edrych yn dda. Os nad yw'r pethau hyn yn gweithio, ni fydd y cynnyrch yn gwerthu.

Mae pob un o'r uchod yn gofyn am dechnegau cyfathrebu arbennig, technegau a ddisgrifir yng ngweddill yr uned hon.

# Cyflwyno data

Defnyddir ffeithiau a ffigurau manwl gywir mewn diwydiant i astudio gwerthiant, cynhyrchu, elw, tueddiadau, ac ati. Mae modd cyflwyno gwybodaeth o'r fath yn gliriach yn aml drwy ddulliau graffig. Mae'r panel isod yn dangos enghreifftiau o dechnegau graffig sy'n ddefnyddiol wrth gyflwyno data. Gallwch ddefnyddio meddalwedd gyfrifiadurol i gynhyrchu gwaith graffig tebyg. Gall gymryd tipyn o amser i feistroli'r grefft ond unwaith y byddwch wedi llwyddo byddwch yn gallu gwneud gwaith graffig deniadol a manwl mewn dim o dro.

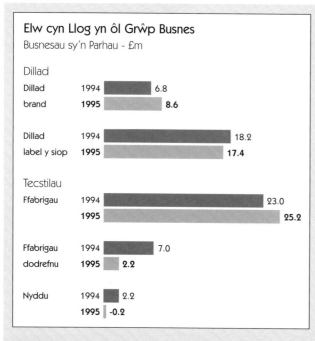

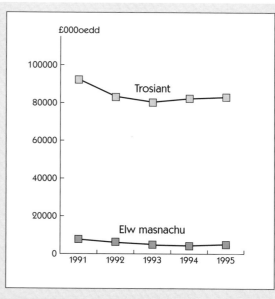

**Siartiau bar**

Yn ddefnyddiol ar gyfer dangos cymariaethau. Mae'r enghraifft a ddangosir yma yn dangos yr elw a wnaed gan decstilau Courtaulds yn 1994 ac 1995 drwy werthu tecstilau a dillad.

**Graffiau llinell**

Yn ddefnyddiol ar gyfer dangos newidiadau dros gyfnod o amser, fel ffigurau gwerthiant neu gostau cynhyrchu. Mae'r enghraifft hon yn dangos y newidiadau yn nhrosiant ac elw masnachu Liberty, cwmni sy'n arbenigo mewn nwyddau tecstil, dros gyfnod o bum mlynedd.

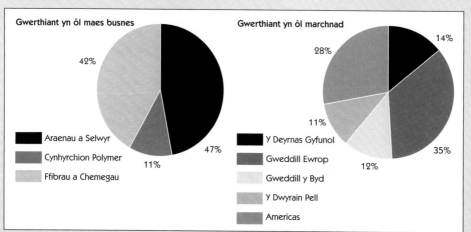

**Siartiau cylch**

Yn ddefnyddiol ar gyfer dangos maint y rhannau sy'n ffurfio'r darlun cyfan. Mae'r enghraifft hon yn cymharu ffigurau gwerthiant Courtaulds - cwmni rhyngwladol sy'n cynhyrchu araenau a selwyr, cynhyrchion polymer, ffibrau a chemegau.

# Cyflwyno lliw

## Cyfiawnhau eich dewis o liwiau

Mae lliw yn bwysig mewn tecstilau gan ei fod yn dylanwadu ar ein dewis, ein hwyliau a'n hemosiynau. Mae dylunwyr yn sylweddoli hyn ac yn defnyddio lliw i hyrwyddo eu cynhyrchion. Mae angen i ddylunwyr ddisgrifio a diffinio'r lliwiau sydd yn eu dyluniad a chyfiawnhau eu dewis i'r cleient. Mae olwyn liwiau yn gymorth i ddiffinio a disgrifio lliwiau a gwawriau sylfaenol. Trwy gyflwyno'r syniadau o arddwysedd (cryfder neu burdeb y lliw) ac ysgafnder (gloywder neu ddisgleirdeb y lliw), gall dylunwyr greu palet o liwiau i ddewis o'u plith.

Gallwch ddefnyddio'r pwyntiau canlynol i gyfiawnhau eich dewis o liw ar gyfer dillad:

- mae lliwiau tywyll yn teneuo'r corff, nid yw lliwiau golau yn gwneud;
- lliwiau cynnes yw coch ac oren;
- lliw siriol yw melyn;
- lliw sy'n llonyddu yw gwyrdd;
- lliw oeraidd yw glas.

Bydd y lliwiau cyffredinol mewn ystafell yn effeithio ar ein hymateb neu ein hwyliau. Rydym yn cysylltu du â marwolaeth, gall llwyd ein gwneud yn drist, a gall coch ein gwneud yn aflonydd ar ôl tipyn. Mae lliwiau sy'n cydweddu yn creu cytgord ac yn llonyddu. Yn y theatr, fodd bynnag, mae du yn cael ei gysylltu â drygioni, gwyn â diniweidrwydd, a defnyddir lliwiau llachar i'n cyffroi neu i dynnu ein sylw.

## Byrddau hwyliau

Gallwch ddangos effaith y lliw rydych wedi ei ddewis drwy gyflwyno bwrdd hwyliau. Y cyfan yw hwn yw casgliad o liwiau a siapiau wedi eu gwneud o bapur, cerdyn a ffabrig sy'n ennyn ymateb emosiynol. Bydd yn eich helpu i ddewis y lliwiau cywir ac i argyhoeddi pobl eraill o'ch dewis.

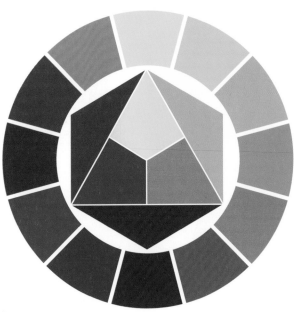

🔹 Olwyn liwiau Itten

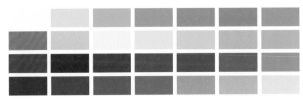

🔹 Trwy amrywio arddwysedd ac ysgafnder gellir cael amrywiaeth eang o liwiau

🔹 Egni a chyffro, ond ar gyfer pa fath o gynnyrch?

# 4

## *Apelio at y farchnad*

Wrth gyflwyno gwybodaeth i gleient mae fel arfer yn bwysig ichi ddangos eich bod yn deall y farchnad y bydd y cynnyrch yn cael ei werthu ynddi. Dyma pryd y gall bwrdd thema eich helpu i ddangos y bydd y dyluniadau yn apelio at farchnad benodol neu sector o'r farchnad. Mae byrddau thema yn ddefnyddiol iawn o safbwynt dangos i gleient sut y bydd newid yn nelwedd y cynnyrch yn cynyddu'r gwerthiant mewn marchnadoedd hen a newydd. Dangosir dwy enghraifft isod.

Pa fath o gynnyrch fyddech chi'n eu cysylltu â'r byrddau thema hyn?

# Cyflwyno ystafelloedd

Mae ystafelloedd yn adlewyrchu personoliaeth yn y cartref a delwedd gorfforaethol ym myd busnes a diwydiant.

Wrth gyflwyno ystafell ni fydd yn bosibl i'ch cyflwyniad ddangos pob manylyn, ond mae'n rhaid iddo ddangos yr holl nodweddion pwysig a fydd yn debygol o apelio at y defnyddiwr. Dylai eich darlun gyfleu'r canlynol:

- maint;
- siâp;
- cyfeiriadaeth;
- ffyrdd i mewn ac allan;
- goleuo, gan gynnwys goleuo naturiol a chysgodion;
- canolbwynt yr ystafell;
- agweddau diddorol eraill;
- lleoliad y dodrefn;
- defnydd o linellau fertigol a llorweddol i greu diddordeb ac argraff o le;
- y cynllun lliw cyffredinol ynghyd â'r gweadau;
- manylion patrwm, gwead a chyfresi lliw defnyddiau dodrefnu arbennig.

Gellir defnyddio cyfuniad o uwcholygon, golygon anghyflawn a golygon persbectif i ddisgrifio'r nodweddion hyn. Dyma enghraifft. Gallwch ddefnyddio meddalwedd gyfrifiadurol i gynhyrchu graffigwaith fel hyn. Mae'n cymryd amser i ddysgu sut i wneud hyn ond unwaith y byddwch wedi llwyddo byddwch chi'n gallu gwneud gwaith graffig deniadol a manwl yn gyflym iawn.

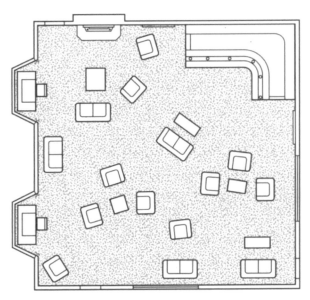

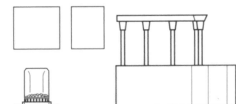

# Hysbysu'r gwneuthurwr

Mae cynhyrchu unrhyw eitem decstil yn golygu torri allan ac uno darnau o ffabrig. Mae hyn yn wir am fasgynhyrchu diwydiannol, swpgynhyrchu dillad ar gyfer y corws mewn theatr, neu wnïo dilledyn gartref.

Mae'n bwysig bod y dylunydd yn nodi pa fath o ffabrig, edafedd a ffasnin sydd i gael eu defnyddio i wneud y dilledyn. Bydd y dyluniad gorau, wedi ei dorri allan a'i gydosod yn berffaith, yn dal i fod yn fethiant os defnyddir y ffabrig anghywir!

Mae'n rhaid cael patrwm y gellir torri'r darnau allan ohono. Mewn sefyllfa ddiwydiannol daw'r wybodaeth hon at y gwneuthurwr ar ffurf patrwm maint 12. Defnyddir CAD i'w raddio'n wahanol feintiau, fel y gellir cynhyrchu'r darnau sy'n angenrheidiol ar gyfer pob maint.

Mae'r ffordd mae'r darnau patrwm yn cael eu gosod allan ar y ffabrig yn bwysig am ddau reswm. Yn gyntaf, er mwyn sicrhau bod y darnau ar yr ongl gywir i'r ystof a'r anwe. Yn ail, er mwyn defnyddio'r ffabrig yn y ffordd fwyaf economaidd.

Defnyddir meddalwedd gyfrifiadurol i gael y trefniant gorau ar gyfer y darnau patrwm. Galwn hyn yn gynllunio gosodiad ac mae'r defnydd hwn o feddalwedd yn enghraifft bwysig o CAD/CAM (dylunio a chynhyrchu trwy gymorth cyfrifiadur).

Rhoddir y wybodaeth ar gyfer cydosod y darnau mewn llawlyfr cynhyrchu sy'n crynhoi'r wybodaeth ganlynol:

- enwau'r holl ddarnau;
- y darnau sydd i gael eu huno a'i gilydd;
- ble mae pob un i gael ei uno;
- y math o bwythau fydd eu hangen i uno'r gwahanol ddarnau;
- y math o sêm fydd ei hangen i uno'r gwahanol ddarnau.

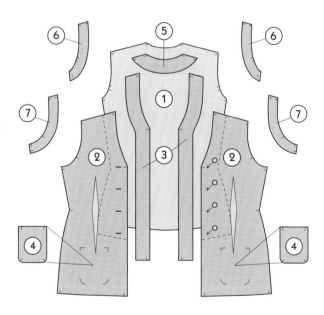

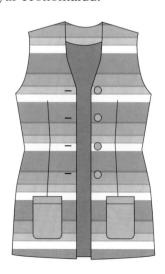

① cefn
② blaen (2)
③ wynebynnau blaen (2) a'r wyneb cudd
④ pocedi clwt
⑤ wynebyn gwddf cefn
⑥ wynebyn twll llawes cefn (2)
⑦ wynebyn twll llawes blaen (2)

# Lluniadau ffasiwn

Pan fydd dyluniadau yn cael eu cyflwyno i gleientiaid mae'n bwysig cyfleu steil y dilledyn cyfan, fel y bydd yn edrych wrth gael ei wisgo. Mae hyn yn golygu gwneud lluniadau o bobl yn ogystal â'r cynnyrch.

## Darlunio pobl

Bydd dylunwyr ffasiwn yn fwriadol yn aflunio a gorbwysleisio eu lluniadau er mwyn rhoi argraff o'r cynnyrch yn cael ei wisgo neu ei ddefnyddio. Dyma enghraifft.

Sylwer ar y canlynol.

- Mae'r corff ffasiwn 8-8.5 gwaith yn hirach na'r pen; mae corff normal 7-7.5 gwaith yn hirach na'r pen; mae hyd y goes bob amser yn cael ei orbwysleisio.
- Mae llinellau'r dilledyn yn cael eu gorbwysleisio er mwyn gwneud y steil yn amlwg ar yr edrychiad cyntaf.
- Defnyddir effaith 3D i ddangos sut y bydd y dilledyn yn ffitio.
- Gosodir y corff mewn ystum, neu i roi argraff o symudiad, gan ddynwared corff go-iawn - yn gwbl wahanol i ddymi teiliwr.

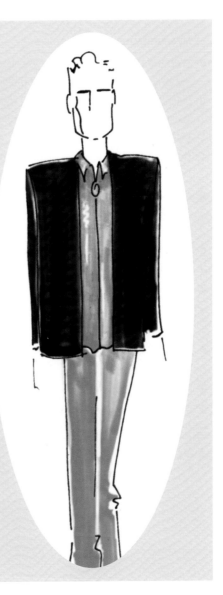

**b** *Mae lluniadau ffasiwn yn cyfleu hanfod dyluniad*

### Darlunio ffabrig

Wrth wneud lluniad o'r cynnyrch, mae'n bwysig cyfleu natur y ffabrig. Mae nifer o wahanol gyfryngau graffig ar gael a bydd angen i chi ddewis y rhai mwyaf addas ar gyfer eich dyluniad. Dylai'r offer sylfaenol canlynol fod gennych:

- paentiau dyfrlliw - mae'r rhain yn dda ar gyfer golchliwiau;

- creonau cwyr - yn ddefnyddiol ar gyfer gwaith gwrthydd *(resist)* syml;

- gouache neu baent acrylig - yn dda ar gyfer lliwiau fflat cryf;

- creonau pensil - yn dda ar gyfer lledawgrymu manylion a gwead ar ben golchliwiau;

- pasteli - yn rhoi effaith feddal a mat, yn enwedig os defnyddir gwlân cotwm i'w rhwbio ar y papur;

- pennau brwsh - yn rhoi amlinell lifeiriol a chryf i ddillad;

- marcwyr blaen ffelt - ar gyfer dyluniadau ac addurniadau ffabrig os oes dewis da o liwiau gennych;

- pensiliau led - ar gyfer amlinellu ysgafn ac ychwanegu manylion;

- siarcol - i roi golwg arw;

- pennau llinell-fain - ar gyfer amlinellu ac ychwanegu manylion;

- amrywiaeth o bapurau arlliwedig a gweadog - i gael cefndir diddorol ac anghyffredin;

- dewis o frwshys;

- chwistrell sefydlogi.

Gallwch weld effaith defnyddio'r gwahanol gyfryngau yn y lluniadau hyn.

*Cyfleu golwg a theimlad y ffabrig*

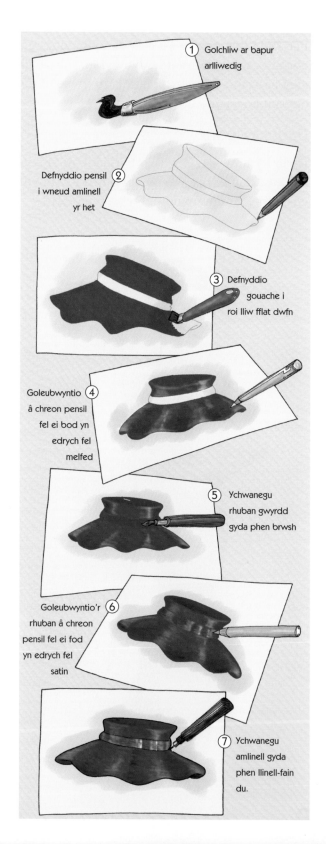

1. Golchliw ar bapur arlliwedig

2. Defnyddio pensil i wneud amlinell yr het

3. Defnyddio gouache i roi lliw fflat dwfn

4. Goleubwyntio â chreon pensil fel ei bod yn edrych fel melfed

5. Ychwanegu rhuban gwyrdd gyda phen brwsh

6. Goleubwyntio'r rhuban â chreon pensil fel ei fod yn edrych fel satin

7. Ychwanegu amlinell gyda phen llinell-fain du.

# *Hysbysu'r defnyddiwr*

Yr ydym i gyd yn defnyddio eitemau tecstil: dillad, ffabrigau dodrefnu, cyfwisgoedd ffasiwn, dillad gwely, defnyddiau glanhau. Mae'r rhestr yn un faith. Mae'r rhan fwyaf o wneuthurwyr yn cymryd camau i sicrhau bod eu cwsmeriaid yn cael y gorau o'u cynhyrchion. Mae label wedi ei wnïo ar bob dilledyn sy'n dweud wrth y defnyddiwr sut mae gofalu am yr eitem. Gwelwch wybodaeth debyg ar lawer o gelfi.

Yn ddiweddar, mae gwneuthurwyr wedi dechrau cynhyrchu gwybodaeth ar wahân sy'n rhoi mwy o fanylion ynglŷn â'r ffordd orau o ofalu am ddillad a ffabrigau dodrefnu fel eu bod yn cadw eu golwg ac yn para'n well. Gan amlaf mae eitemau o'r fath yn rhai costus i'w prynu, ond mae'r gwneuthurwyr yn dadlau bod y pris uwch yn adlewyrchu ansawdd uwch y cynnyrch, a bod y wybodaeth ychwanegol yn arwydd i'r cwsmeriaid fod hwn yn gynnyrch y mae'n werth talu mwy amdano. Dangosir enghreifftiau o'r wybodaeth a roddir gan rai gwneuthurwyr isod.

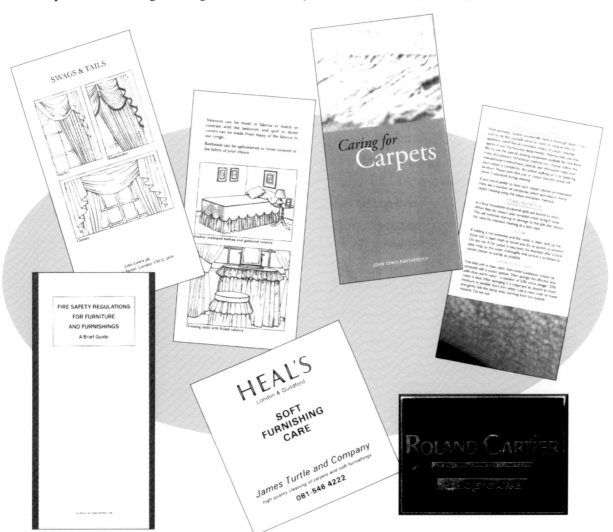

## Dylunio cynnyrch

# *Awtomata*

### *Beth yw awtomata?*

Teganau mecanyddol sy'n cyflawni cyfres o symudiadau yn awtomatig yw awtomata. Ar ôl eu cychwyn, byddant yn rhoi perfformiad a ddyluniwyd i fod yn ddiddorol neu ddifyr fel rheol. Cânt eu defnyddio yn aml i dynnu sylw mewn arddangosiadau neu wrth fannau gwerthu. Mae marchnad awtomata fel 'teganau i oedolion' yn tyfu.

Mae'r awtomaton 'dwy gath' a ddangosir isod yn enghraifft nodweddiadol. Mae'n cael ei weithio gan fodur trydan. Mae'r gath fawr yn troi dolen, gan roi'r argraff fod hyn yn gwneud i'r gath fach symud. Mae coesau, braich a phen y gath fach i gyd yn symud tra bo llygaid y gath fawr yn symud o ochr i ochr.

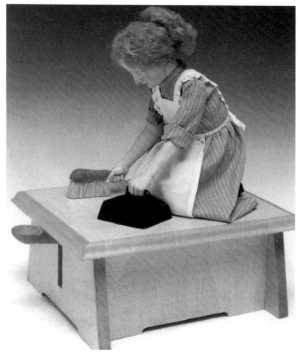

▶ *Pa fath o fecanwaith yw hwn, tybed?*

▶ *Allwch chi weld sut mae'r mecanweithiau yn gwneud i'r cathod symud?*

Yr hyn sy'n ddiddorol am y tegan yw'r ffaith eich bod yn gallu gweld y mecanweithiau sy'n achosi'r symudiadau. Mae'n ddifyr gan fod y cathod yn edrych yn ddynol bron, ac mae eu hymddygiad yn parodïo'r ffordd y bydd rhieni yn ceisio rheoli eu plant. Sylwer hefyd fod y tegan wedi ei orffen yn dda: dim ymylon garw na chrafiadau.

### *Ble y gallaf i eu gweld?*

Gallwch ddod o hyd i awtomata mewn arddangosiadau ffenestr siop, amgueddfeydd a siopau arbenigol. Weithiau bydd awtomata syml yn rhan o gynhyrchion eraill. Mae'r cadw-mi-gei 'morwyn' yn enghraifft dda. Pan fydd y lifer yn cael ei bwyso, mae'n ysgubo arian o'r llawr i mewn i'w phadell lwch ac yn disgyn i mewn i'r cadw-mi-gei.

## I bwy y mae'r awtomaton?

Mae'n bwysig i chi benderfynu i bwy yn union rydych chi'n dylunio'r awtomaton. Gallai fod ar gyfer grŵp penodol: plant ifanc, plant hŷn, pobl ifanc yn eu harddegau, neu oedolion. Neu efallai bod angen awtomaton ar rywun i ddenu sylw at rywbeth – digwyddiad, cynnyrch neu wasanaeth.

Os yw'r awtomaton ar gyfer grŵp penodol yna bydd yn rhaid i chi ystyried beth fyddai'n apelio atyn nhw. Ceir rhai enghreifftiau isod. I bwy y gallai pob un fod yn addas yn eich barn chi? Os hyrwyddo rhywbeth yw pwrpas yr awtomaton, yna bydd angen i chi sicrhau bod ei thema yn addas.

At bwy y byddai'r awtomata hyn yn apelio?

### Datblygu'r syniad

Mae'n bwysig bod symudiadau'r awtomaton yn addas. Er enghraifft, os anifail yw'r ffigur yna fe ddylai'r symudiadau fod yn seiliedig ar y ffordd y mae'r anifail hwnnw yn ymddwyn ac yn symud go-iawn. Felly yn achos ci, fe ddylai ei gynffon ysgwyd yn gyflym a'i geg agor a chau fel pe bai'n cyfarth. Gyda chath dylai ei chynffon symud yn araf o ochr i ochr ac fe ddylai ei cheg agor a chau yn fwy araf i ddynwared mewian yn hytrach na chyfarth.

Byddai'n ddefnyddiol dechrau drwy sylwi yn fanwl ar anifeiliaid a phobl fel eich bod yn gallu disgrifio'r symudiadau rydych eu heisiau. Wrth gwrs gallech wneud eich awtomata yn ddoniol drwy ddewis symudiadau sy'n fwriadol anaddas. Mae hyn yn aml yn gweithio'n dda, er enghraifft, os ydych yn gwneud i anifeiliaid ymddwyn fel pobl.

### Dylunio'r mecanwaith

Pan fydd gennych syniad clir o'r olygfa a'r symudiadau sydd eu hangen arnoch, bydd yn rhaid i chi feddwl am fecanweithiau addas. Gallwch ddefnyddio'r cwestiynau hyn i'ch helpu i ddisgrifio'r mecanweithiau sydd eu hangen.

|  | Mewnbwn | Allbwn |
|---|---|---|
| ● Pa fath o fudiant? |  |  |
| ● Mudiant i ba gyfeiriad? |  |  |
| ● Pa echelin gylchdro? |  |  |
| ● Beth fydd hyd a lled y mudiant? |  |  |
| ● Beth fydd buanedd y mudiant? |  |  |
| ● Beth fydd meintiau'r grymoedd? |  |  |

Pan fydd gennych syniad clir o beth mae'n rhaid i'r mecanweithiau ei wneud yna gallwch ddefnyddio'r Siart Dewis Mecanweithiau i ddarganfod y gwahanol fecanweithiau sydd eu hangen arnoch.

## Cynnal y mecanweithiau a'r ffigur

Bydd yn rhaid i'ch awtomaton sefyll ar ffrâm neu flwch o ryw fath. Bydd gan y ffrâm neu flwch ddau bwrpas.

Yn gyntaf, dyma lle caiff y mecanwaith ei osod, felly bydd yn rhaid ystyried ei faint yn ofalus. Bydd yn rhaid ystyried hefyd lle bydd unrhyw echelau a sbringiau yn cael eu dal yn eu lle, a lle bydd unrhyw rodenni gwthio a gwifrau yn mynd drwy'r gwaelod ac yn cysylltu â'r awtomaton. Mae aliniad cywir yn bwysig dros ben a bydd angen cynllunio'n ofalus i sicrhau hyn. Gallai fod yn werth gwneud eich mecanwaith yn un y gellir ei addasu, fel bod modd gwneud newidiadau bach iddo pan fydd wedi'i gydosod er mwyn cael y perfformiad gorau posibl.

Yn ail, gall y ffrâm ddangos neu guddio'r mecanwaith. Rhaid i chi benderfynu a ydych am gadw'r mecanwaith yn gudd neu a ydych am rannu ei gyfrinachau â'r sawl sy'n ei ddefnyddio.

Cofiwch y bydd y bobl sy'n defnyddio'r awtomaton yn gallu gweld y ffrâm, felly gwnewch yn siwr ei bod wedi'i gorffennu'n dda ac yn ddeniadol.

## Gwneud iddo weithio

Mae llawer o awtomata modern yn cael eu gweithio â llaw. Fel hyn, gall y defnyddiwr reoli cyflymder y symudiad a bod yn rhan o symudiad y peiriant ei hun. Mae moduron clocwaith yn caniatáu i'r defnyddiwr gymryd rhan yn y broses (weindio'r modur) a chamu'n ôl a gwylio'r hyn sy'n digwydd. Gallwch ddefnyddio moduron trydan sy'n rhedeg ar fatrïau a rheoli'r moduron â switshis. Gallwch hefyd ddefnyddio trydan i gynhyrchu golau a sain, e.e. llygaid yn fflachio ac anifeiliaid yn rhuo! Mae ambell

ddylunydd wedi defnyddio dŵr yn rhedeg neu aer poeth yn codi i droi tyrbinau sy'n gyrru'r mecanwaith.

Gallwch ddefnyddio'r cwestiynau hyn i'ch helpu i benderfynu pa ddull gweithio sydd orau ar gyfer eich awtomaton chi:

- Sut y byddwch chi'n sicrhau bod y dull a ddefnyddiwch yn ddigon grymus?
- Sut y byddwch chi'n sicrhau na fydd yn torri'n hawdd?
- Beth fyddai'r defnyddiwr yn hoffi ei ddefnyddio i wneud i'r awtomaton weithio – lifer i'w dynnu, dolen i'w throi, switsh i'w droi, ei bwyso neu ei glicio, allwedd i'w weindio?
- Sut y bydd y defnyddiwr yn gwybod beth i'w wneud?

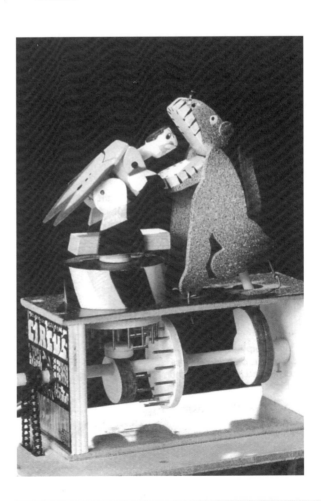

5

# Storio

## Pam storio?

Mae pobl yn storio pethau am un neu ragor o'r rhesymau canlynol:

- cadw pethau'n ddiogel;
- cadw pethau rhag iddynt fynd ar goll;
- cadw pethau mewn trefn;
- cael pethau'n barod ar gyfer eu defnyddio;
- fel y gellir gweld bod pethau yn eu lle.

Pan fyddwch yn dylunio system storio, mae'n bwysig penderfynu pa rai o'r meini prawf hyn mae'n rhaid cwrdd â hwy.

## Dylunio system hwylus

Dylai systemau storio fod yn hawdd i'w defnyddio. Mae'r wybodaeth yn y panel ar y dde yn dangos ym mha le y dylech storio pethau, yn ôl eu pwysau, a pha mor aml maen nhw'n cael eu defnyddio.

Mae maint yr eitemau sydd i gael eu storio yn bwysig hefyd a bydd angen i chi fesur pethau yn ofalus a chaniatáu ar gyfer amrywiadau mewn maint a 'chliriad'. Mae'r panel isod yn dangos y math o fesuriadau y gall fod angen i chi eu gwneud.

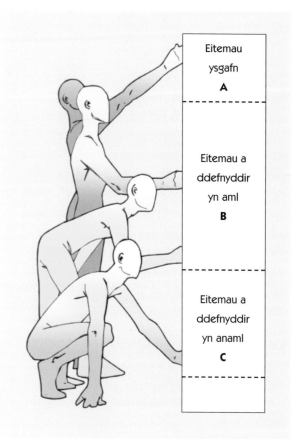

| Eitemau ysgafn **A** |
| Eitemau a ddefnyddir yn aml **B** |
| Eitemau a ddefnyddir yn anaml **C** |

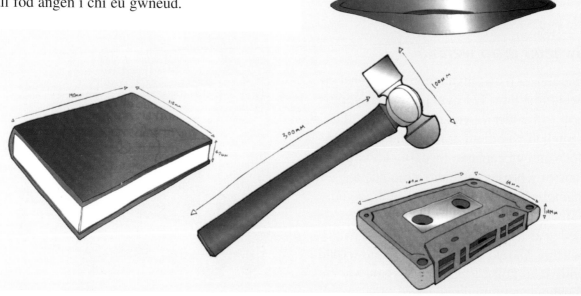

## Cyfleoedd storio yn y cartref

Mae'r panel yn dangos ystafelloedd yn y cartref lle mae angen storio pethau, a gweithgareddau sy'n gofyn am le storio. Trwy edrych ar y lleoedd hyn ac ymchwilio i'r gweithgareddau gallwch ddarganfod cyfleoedd ar gyfer dylunio systemau storio.

### Lleoedd

**Yr ystafell wely**
dillad glân, colur, gemwaith, dillad budr, llyfrau a chylchgronau wrth ymyl y gwely

**Yr ystafell ymolchi**
cymorth cyntaf, moddion, dillad budr, tywelion, defnyddiau ymolchi, defnyddiau glanhau

**Y gegin**
llestri, cyllyll a ffyrc, offer coginio, defnyddiau glanhau, bwyd a diod

**Y stydi**
llyfrau, offer a phapur ysgrifennu, ffeiliau, cyfrifiadur (bysellfwrdd, sgrin, argraffydd, sganiwr, seinyddion), ysgrifbinnau, pensiliau, rwberi, prennau mesur

**Yr ystafell fwyta**
llestri, cyllyll a ffyrc, gwydrau, pupur a halen, llieiniau bwrdd, canhwyllau a chanwyllbrennau, diodydd meddwol

### Gweithgareddau

**Golchi dillad**
dillad budr, defnyddiau golchi, haearn smwddio, bwrdd smwddio, dillad glân, dillad wedi'u smwddio

**Garddio**
bylbiau, hadau, offer, dysglau hadau, potiau blodau, gwrtaith, compost, labeli, llinyn, cansenni, polion, pibell ddyfrhau, can dyfrhau

**Cynnal a chadw**
offer llaw, offer trydan, mainc waith gludadwy, hoelion a sgriwiau, ffitiadau, adlynion a llenwyddion, papurau sgraffinio

**Addurno**
cynwysyddion paent, papurau, brwshys, rholeri, dysglau, glanhawyr, bwrdd pastio, offer a defnyddiau paratoi, offer trydan, ysgol

**Glanhau**
sugnwr llwch, padell ludw a brwsh, sgubell, bwced, mop, defnyddiau glanhau

**Adloniant**
Teledu, radio, recordydd fideo, peiriant CD, chwaraewr tapiau, cryno ddisgiau, tapiau awdio, tapiau fideo

**Diddordebau**
offer, defnyddiau, cyfeirlyfrau, man gwaith cludadwy, goleuo

### Dulliau storio

Mae'r panel isod yn dangos amrywiaeth o ddulliau storio.

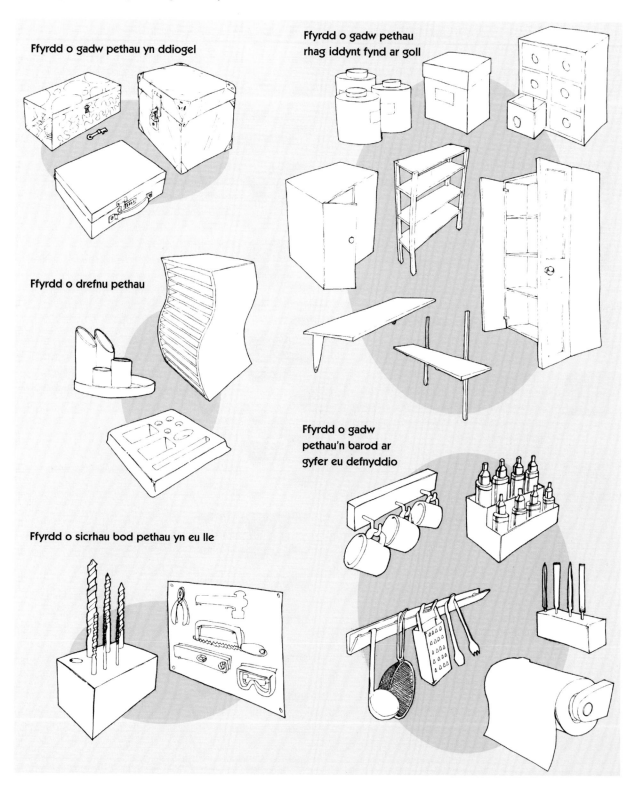

Ffyrdd o gadw pethau yn ddiogel

Ffyrdd o gadw pethau rhag iddynt fynd ar goll

Ffyrdd o drefnu pethau

Ffyrdd o gadw pethau'n barod ar gyfer eu defnyddio

Ffyrdd o sicrhau bod pethau yn eu lle

Bydd y cwestiynau hyn yn eich helpu gyda'ch gwaith dylunio:

- **Beth fydd yn cael ei storio?** Trwy feddwl am hyn gallwch benderfynu ar faint y system storio.

- **Ble y caiff ei gadw?** Trwy feddwl am hyn gallwch benderfynu sut y bydd y system storio yn edrych a'r math o orffeniad y bydd ei angen i'w gwarchod.

- **Pwy sy'n debygol o'i defnyddio fwyaf?** Os ydych yn gwybod hyn gallwch gael gwybod gan y defnyddwyr beth yw eu gofynion.

- **Pwy arall fydd yn ei defnyddio?** Os ydych yn gwybod hyn gallwch sicrhau bod eich dyluniad yn addas ar gyfer mwy nag un unigolyn.

- **A oes angen i'r system gadw'r eitemau sy'n cael eu storio yn ddiogel?** Efallai y bydd angen i chi feddwl am gliciedau, cloeon ac allweddi.

- **A oes angen i'r system sicrhau nad yw'r eitemau'n mynd ar goll?** Efallai y bydd angen i chi feddwl am ffordd o storio'r eitemau yn agos at y man lle cânt eu defnyddio.

- **A oes angen i'r system drefnu'r eitemau sy'n cael eu storio?** Efallai y bydd angen i chi ystyried gwahanol ffyrdd o drefnu'r eitemau, er enghraifft yn ôl siâp, lliw, maint a'r defnydd a wneir ohonynt.

- **A oes angen i'r system gadw eitemau'n barod ar gyfer eu defnyddio?** Efallai y bydd angen i chi ystyried sut y bydd yr eitemau sydd wedi'u storio yn cael eu defnyddio.

- **A oes angen i'r system gadarnhau bod pethau yn eu lle?** Efallai y bydd angen meddwl am system arddangos.

- **Faint y gallaf fforddio ei wario ar y system storio?** Bydd angen i chi ystyried defnyddiau, ffitiadau a gorffeniadau.

## Ffitiadau

Mae llawer o'r cydrannau ar gyfer systemau storio yn bethau y dylech eu prynu yn hytrach na'u gwneud. Fel rheol galwn y rhain yn **ffitiadau**. Dangosir rhai ohonynt yn y tabl isod.

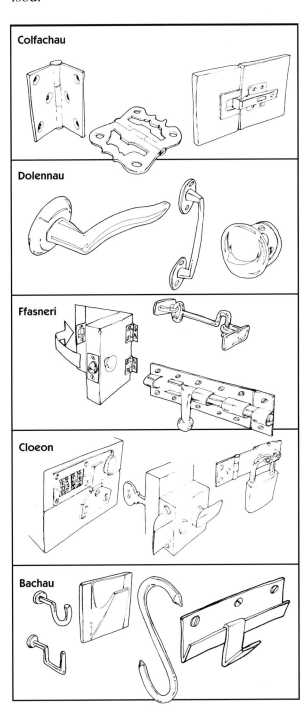

Colfachau

Dolennau

Ffasneri

Cloeon

Bachau

# Cynhyrchion bwyd i blant ifanc iawn

## Bwyd diddyfnu

### I bwy?

- Babanod o 0 i 12 mis – gan gynnwys bwydydd cyntaf (rysgiau, purée ffrwythau, ac ati) a bwydydd diddyfnu sy'n paratoi babanod ar gyfer bwydydd solid go iawn.

### Beth yw eu sefyllfa?

- Gall rhieni fod yn bryderus ynghylch yr ychwanegion a'r cadwolion mewn rhai bwydydd diddyfnu masnachol.

- Mae llawer o rieni am ddefnyddio bwydydd ffres ac am baratoi eu bwydydd diddyfnu eu hunain gartref.

### Beth sydd ar y farchnad eisoes?

### Beth yw'r ffeithiau cefndir pwysig?

- Mae plant ifanc yn dibynnu ar eu rhiant neu rieni am bopeth, gan gynnwys y bwyd maen nhw'n ei fwyta.

- Mae diet cytbwys, iach yn hynod o bwysig, hyd yn oed i blant ifanc iawn, i sicrhau bod aelodau ac organau'r corff yn tyfu'n iach a bod eu galluoedd corfforol a meddyliol yn datblygu'n iawn.

- Mae pryderon bod gormod o siwgr a halen yn gallu bod yn niweidiol i blant ifanc.

- Gellir dylanwadu ar agweddau plant at fwyd – y pethau maen nhw'n eu hoffi a ddim yn eu hoffi – pan maent yn ifanc iawn. Mae angen amrywiaeth eang a chytbwys o fwydydd arnynt.

# Beth yw anghenion maethol plant ifanc iawn?

Siart RNI (Cymeriant Maetholynnau Cyfeiriol - *Reference Nutrient Intake*) ar ffurf graffiau bar yn dangos faint o'r maetholynnau canlynol sydd ei angen ar bob grŵp oedran (oedran mewn misoedd)

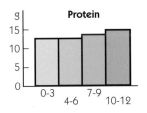
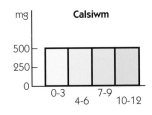
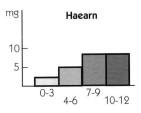

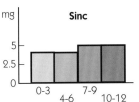
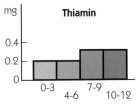
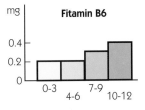

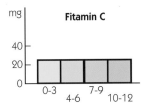
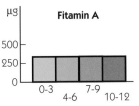
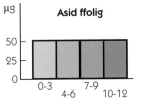

- Mae llaeth yn parhau'n bwysig fel ffynhonnell calsiwm, protein ac egni dietegol – dylai fod yn llaeth y fron neu'n bowdr llaeth (llaeth fformwla).

- Nid yw'r dietau ffibr-uchel, braster-isel a argymhellir ar gyfer oedolion yn addas ar gyfer plant, felly dylid bod yn ofalus wrth gyflwyno bwydydd sy'n cynnwys lefelau uchel o ffibr i blant.

- Mae angen i fwydydd gynnwys llawer o galorïau a maetholynnau.

- Rhaid i'r corff gael cyflenwad cytbwys o fitaminau.

## Rhestr gyfeirio adnoddau

**Gwybodaeth a dealltwriaeth o'r broblem:**

- y ddadl 'bron v potel';
- y dulliau coginio sydd ar gael i rieni gartref;
- gofynion arbennig babanod
  – lefelau isel o siwgr a halen;
- y farchnad fwydydd babanod.

**Gwybodaeth a dealltwriaeth wrth geisio ateb i'r broblem:**

- maint y cyfrannau sydd eu hangen;
- bwydydd llawn maetholynnau;
- peryglon storio/halogi;
- costio a phrisio;
- math o becyn;
- label a chyfarwyddiadau.

**Strategaethau defnyddiol:**

- corfforol, deallusol, emosiynol a chymdeithasol;
- defnyddio llyfrau a chylchgronau;
- holiadur;
- gwerthuso trwy daith defnyddiwr.

# Cynhyrchion bwyd i bobl oedrannus

## Pryd-ar-glud

### I bwy?

## Beth yw'r ffeithiau cefndir pwysig?

- Llai o adnoddau gofal cymunedol a mwy o ddibynnu ar fudiadau gwirfoddol.

- Dirywiad y 'siop gornel' a'r teulu estynedig mewn rhai cymunedau.

- Dirywiad cludiant cyhoeddus mewn llawer o ardaloedd.

- Problemau symud/gafael sy'n codi o gyflyrau meddygol a gysylltir ag oedran (arthritis, y gwynegon ac ati).

- Y posibilrwydd o straen emosiynol sy'n deillio o alar, salwch, unigrwydd.

- Y posibilrwydd o incwm isel.

- Arlwyo i'r henoed ar raddfa fawr – cynhyrchu canolog a chanolfannau dosbarthu.

## Beth yw eu sefyllfa?

- Amodau byw: efallai'n weddw, efallai'n byw ar eu pennau eu hunain mewn tŷ neu lety mae'n anodd gofalu amdano.

- Pryderu am golli eu hannibyniaeth.

- Pryderu am golli eu galluoedd corfforol.

- Prinder cyfleusterau coginio a storio.

- Problemau symud yn arwain at broblemau gyda siopa.

## *Beth sydd ar y farchnad eisoes?*

### Rhestr gyfeirio adnoddau

**Gwybodaeth a dealltwriaeth o'r broblem:**

- gwasanaeth pryd-ar-glud lleol;
- rhan y prif bryd yn y diet;
- arwyddocâd y gwasanaeth.

**Gwybodaeth a dealltwriaeth wrth geisio ateb i'r broblem:**

- systemau cynhyrchu;
- maint y cyfrannau sydd eu hangen;
- bwydydd llawn maetholynnau;
- peryglon storio/halogi;
- costio a phrisio.

**Strategaethau defnyddiol:**

- byrddau delweddau;
- cyfweliadau;
- gwerthuso trwy daith defnyddiwr;
- gwerthuso trwy brofion hoffter.

## *Beth yw anghenion maethol pobl oedrannus?*

- Yn gyffredinol mae'r henoed yn llai bywiog yn gorfforol felly mae eu harchwaeth bwyd yn llai ac maent yn bwyta llai.

- Gall eu gofynion egni leihau, ond nid yw'r angen am fitaminau a mwynau yn newid – gall hyd yn oed gynyddu.

Siart bar EAR
(Gofynion Cyfartalog Amcangyfrifiedig - *Estimated Average Requirements*)
ar gyfer grwpiau oedran hŷn

G - gwrywod    B - benywod

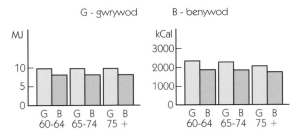

Siart bar RNI
(Cymeriant Maetholynnau Cyfeiriol - *Reference Nutrient Intake*)
ar gyfer y grŵp oedran 50+ oed

G - gwrywod    B - benywod

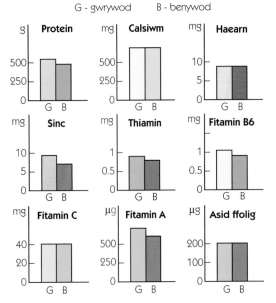

5

# Cynhyrchion bwyd i bobl mewn amgylchiadau anodd

## Myfyrwyr

### I bwy?

## Rhestr gyfeirio adnoddau

**Gwybodaeth a dealltwriaeth o'r broblem:**

- yr arian sydd ar gael;
- rhan gwahanol brydau yn y diet;
- arwyddocâd bwyta pan ydych ar eich pen eich hun;
- yr offer a'r sgiliau sydd ar gael.

**Gwybodaeth a dealltwriaeth wrth geisio ateb i'r broblem:**

- bwydydd llawn maetholynnau;
- ffynonellau protein rhad;
- pecyn, label a chyfarwyddiadau;
- peryglon storio/halogi;
- costio a phrisio.

**Strategaethau defnyddiol:**

- byrddau delweddau;
- dadansoddi priodoleddau;
- cyfweliadau;
- gwerthuso trwy daith defnyddiwr;
- gwerthuso trwy brofion hoffter;
- gwerthuso trwy broffil priodoleddau.

## Beth yw'r ffeithiau cefndir pwysig?

- Grantiau myfyrwyr yn gostwng, bwrsarïau a benthyciadau.
- Yn byw oddi cartref yn aml, felly'n colli cefnogaeth y teulu.
- Bywyd myfyriwr yn aml yn un aml-ddiwylliannol.
- Nid yw bob amser yn bosibl ychwanegu at incwm.

## Beth yw eu sefyllfa?

- Mae incwm yn debygol o fod yn isel.

- Patrymau bwyta amrywiol o bosibl; prydau'n cael eu bwyta ar wahanol adegau ac yn hwyr yn y nos.

- Safonau llety yn amrywio.

- Adnoddau coginio annigonol.

- Byw bywyd egnïol iawn o bosibl – chwaraeon, dawnsio, teithio.

## Beth sydd ar y farchnad eisoes?

## Beth yw eu hanghenion maethol?

- Dylid cwtogi ar frasterau a siwgr i osgoi ennill pwysau.

- Dylid cynnal neu gynyddu protein, fitaminau a mwynau yn y diet i hybu iechyd.

Bar siart EAR
(Gofynion Cyfartalog Amcangyfrifiedig - *Estimated Average Requirements*)
ar gyfer pobl rhwng 19 a 50 oed

G - gwrywod      B - benywod

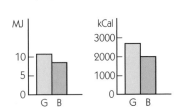

Siart bar RNI
(Cymeriant Maetholynnau Cyfeiriol - *Reference Nutrient Intake*)
ar gyfer y grŵp oedran rhwng 19 a 50 oed

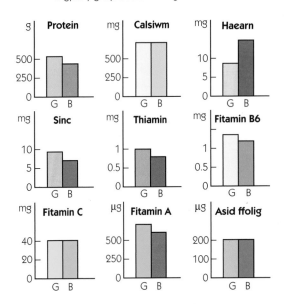

## Pobl mae daeargryn wedi effeithio arnynt
### I bwy?

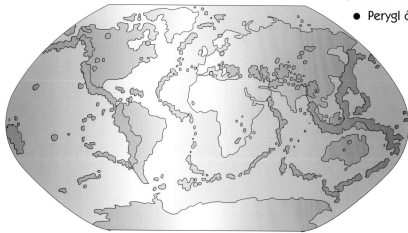

### Beth yw'r ffeithiau cefndir pwysig?

- Rhannau o'r byd lle mae daeargrynfeydd yn digwydd.
- Effeithiau daeargrynfeydd ar drafnidiaeth, gwasanaethau, adeiladau, pobl, tai, tir a'r boblogaeth.
- Ôl-gryniadau.

### Beth yw eu sefyllfa?

- Yn dioddef o sioc.
- Wedi eu hanafu o bosibl, yn ddifrifol efallai.
- Byw yn yr awyr agored, perygl oddi wrth oerfel.
- Ychydig neu ddim bwyd ar gael.
- Cyflenwadau dŵr wedi'u halogi.
- Problemau cyfathrebu a thrafnidiaeth.
- Cyfleusterau coginio yn brin.
  - Perygl ôl-gryniadau.

## *Beth sydd ar y farchnad eisoes?*

- Bwydydd dadhydredig a diodydd llawn egni fel y rhai a ddefnyddir gan y gwasanaethau arfog a rhai sy'n mwynhau gweithgareddau awyr agored.

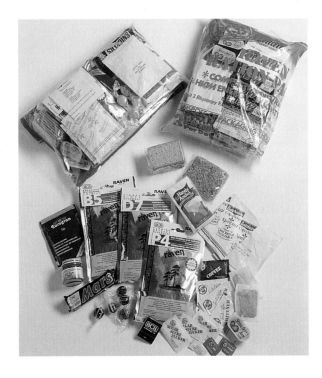

## *Beth yw eu hanghenion maethol?*

- Cyflenwad o ddŵr glân.
- Bwydydd yn cynnwys llawer o galorïau.
- Mae bwyd a diod poeth yn cysuro ac yn atal gwenwyn bwyd.
- Bwydydd yn cynnwys llawer o brotein i helpu pobl i wella o'u hanafiadau.
- Cael bwyd llawn fitaminau a mwynau i hybu iechyd da.
- Dylai bwyd a diod fod yn llawn egni, ac yn hawdd i'w bwyta a'u treulio.
- Diodydd a dŵr croyw, glân.
- Diet cytbwys, amrywiaeth dda o fwydydd.

---

### Rhestr gyfeirio adnoddau

**Gwybodaeth a dealltwriaeth o'r broblem:**

- effeithiau oerfel;
- amodau lleol, yn arbennig defnyddiau sydd ar gael ar gyfer adeiladu llochesi a choed sych ar gyfer tanwydd.

**Gwybodaeth a dealltwriaeth wrth geisio ateb i'r broblem:**

- ysgrifennu cyfarwyddiadau sy'n hawdd eu dilyn;
- bwydydd llawn maetholynnau;
- dadhydradu a thechnegau cadw eraill;
- technegau a chyfarwyddiadau pecynnu;
- peryglon storio/halogi.

**Strategaethau defnyddiol:**

- dadansoddi priodoleddau;
- gwerthuso trwy daith defnyddiwr;
- gwerthuso trwy broffil priodoleddau;
- gwerthuso trwy asesu priodoldeb.

# Arddangosfeydd man talu

Fel mae'r enw yn ei awgrymu, defnyddir arddangosfeydd man talu mewn siopau ac mewn mannau lle caiff nwyddau eu gwerthu'n uniongyrchol i'r cyhoedd. Cânt eu dylunio i dynnu sylw'r cyhoedd at gynnyrch, gwasanaeth neu ddigwyddiad penodol ac i bwysleisio ei nodweddion cadarnhaol.

Bydd ateb y cwestiynau canlynol yn eich helpu i ddylunio eich arddangosfa.

- Beth mae'r arddangosfa'n yn ei hyrwyddo?

  Rhaid cael manylion y cynnyrch neu ddigwyddiad cyn penderfynu faint o wybodaeth i'w harddangos.

- At bwy mae wedi'i hanelu?

  Nodwch y grŵp targed a'r hyn sy'n apelio atynt.

- Ble y caiff ei defnyddio?

  A fydd yn sefyll ar gownter siop, ar y llawr neu'n crogi o nenfwd, ffenestr neu wal? Gall y wybodaeth hon eich helpu i benderfynu ar faint addas hefyd.

- A fydd yr arddangosfa'n dal unrhyw beth?

  Efallai y bydd yn dal taflenni neu samplau o'r cynnyrch. Bydd angen gwybodaeth arnoch am faint, pwysau a nifer yr eitemau.

- Pwy fydd yn cydosod yr arddangosfa?

  Caiff yr arddangosfeydd hyn eu cludo ar ffurf pecynnau fflat. A fyddant yn cael eu cydosod gan gynorthwy-ydd siop neu gan y gwerthwr?

- A oes gan y client unrhyw ofynion arbennig?

  Efallai y bydd yn rhaid i'ch dyluniad gyd-fynd â delwedd y cwmni neu ymgyrch hysbysebu sydd ar y gweill.

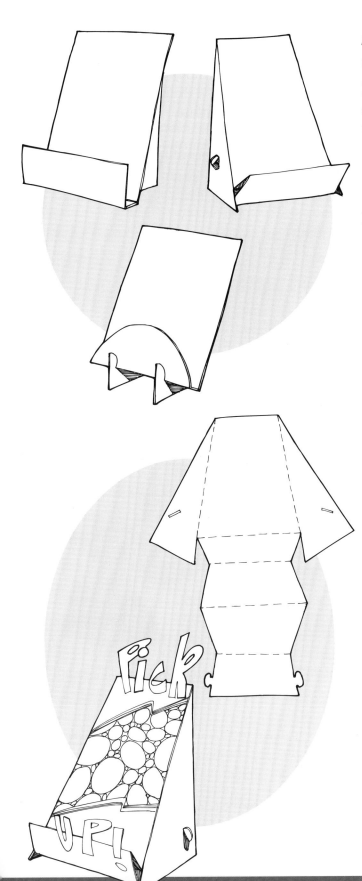

## Dylunio sut mae'r arddangosfa'n edrych

Dylai'r arddangosfa fod yn drawiadol i dynnu sylw'r cyhoedd. Gallwch gyflawni hyn trwy:

- ddefnyddio lliwiau yn gyffrous;
- delweddau neu siapiau deniadol neu annisgwyl;
- neges wedi'i geirio'n glyfar.

Dylai'r arddull graffig ddangos y cynnyrch ar ei orau a gwneud iddo edrych fel rhywbeth mae'n rhaid ei gael. Gwnewch yn siwr fod y testun yn eglur ac yn rhwydd i'w ddarllen a'ch bod yn dewis llythrennu sy'n gweddu i arddull yr arddangosfa. Edrychwch ar yr arddangosfeydd ar y dudalen flaenorol ac ystyriwch sut maen nhw'n cwrdd â'r gofynion hyn.

## Dylunio sut i'w hadeiladu

Pan fydd gennych syniad ar gyfer delwedd a siâp yr arddangosfa bydd angen i chi benderfynu sut mae mynd ati i'w hadeiladu.

Gallwch ddefnyddio'r cwestiynau canlynol fel rhestr gyfeirio ar gyfer ei dylunio:

- Sut y byddwch chi'n ei gwneud yn sefydlog?
- Sut y byddwch chi'n sicrhau na all blygu a chwympo?
- Sut y byddwch chi'n sicrhau y bydd yn para trwy gydol y cyfnod hyrwyddo?
- Sut y byddwch chi'n sicrhau ei bod yn hawdd i'w chydosod?
- Sut y byddwch chi'n ei gwneud yn economaidd ac addas ar gyfer ei masgynhyrchu?

Yn aml bydd arddangosfeydd man talu yn cael eu datblygu o un llen o gardbord a chânt eu cydosod trwy blygu a slotio rhannau o'r siâp.

# Llyfrau a chardiau neidio-i-fyny

Mae delweddau neidio-i-fyny clyfar yn dod â graffigwaith yn fyw ac yn rhoi elfen annisgwyl iddo. Er mwyn i ddyluniad neidio-i-fyny lwyddo mae'n rhaid i'r ddelwedd, y neges a'r mecanwaith i gyd weithio gyda'i gilydd yn effeithiol.

Bydd ateb y cwestiynau canlynol yn eich helpu i gael y cydbwysedd cywir.

## I bwy mae'r cynnyrch?

Mae llawer o gardiau a llyfrau neidio-i-fyny wedi'u hanelu at blant a phobl ifanc, ond gall delwedd neidio-i-fyny fod yn ffordd effeithiol o gyfleu gwybodaeth i oedolion.

Rhaid i chi gael syniad clir o'r math o bobl rydych chi'n dylunio ar eu cyfer. Bydd deall beth sy'n apelio atynt ac yn gwneud iddynt wenu yn eich helpu i benderfynu ar arddull a thema ar gyfer eich dyluniad.

## Sut y bydd yn edrych?

Mae tuedd i orddefnyddio rhai delweddau. Er enghraifft, byddai llun o robin goch ar ben coeden Nadolig yn syniad braidd yn rhy amlwg ar gyfer cerdyn Nadolig. I'ch helpu i feddwl am syniad gwreiddiol ar gyfer dyluniad neidio-i-fyny, mae'n bwysig ymchwilio i'r thema a defnyddio ymarferion saethu syniadau i ddarganfod ffynhonnell fwy cyfoethog o ddelweddau.

Ystyriwch yn ofalus arddull addurnol eich dyluniad a'r effaith rydych am ei chreu. Gallai llyfr stori neidio-i-fyny ddefnyddio lliwiau llachar ac arddull gartŵn ddigrif sy'n annog plant i ddarllen, ond dylai cerdyn 'Brysiwch Wella' ar gyfer rhywun oedrannus ddefnyddio arddull fwy tyner a siriol.

Cofiwch fod gormod o addurn yn gallu tynnu sylw oddi ar y ddelwedd tri dimensiwn. Gall dyluniad neidio-i-fyny weddol blaen edrych yn drawiadol iawn.

Bydd angen i chi ystyried golwg y neges neu'r testun. Dylai'r llythrennu a'r gosodiad fod yn ddeniadol, ond dylai hefyd weddu i ddelwedd y dyluniad neidio-i-fyny.

## Sut y bydd yn gweithio?

Mae sawl math o fecanwaith ar gael. Mae rhai yn gymhleth iawn ond gall hyd yn oed y rhai mwyaf syml fod yn drawiadol. Byddai'n werth i chi astudio llyfrau a chardiau neidio-i-fyny i weld sut maen nhw wedi'u dylunio. Gallech addasu mecanwaith ar gyfer eich dyluniad eich hun.

Canllawiau dylunio: Graffeg

# Gwybodaeth

Mae gwybodaeth yn cael ei saethu atom o bob cyfeiriad bob dydd. Mae peth ohoni'n hawdd i'w deall a'i defnyddio, mae peth yn aneglur ac anodd. I sicrhau bod gwybodaeth yn apelio at bobl ac yn hawdd i'w deall, bydd angen i chi gymryd tri pheth i ystyriaeth.

## 1 Y dulliau rydych yn eu defnyddio i gyfleu'r wybodaeth

Bydd dewis o ddulliau ar gael bob amser:

- delweddau;
- rhifau;
- geiriau;
- symbolau.

Bydd y cyfuniad mwyaf priodol o ddulliau yn dibynnu ar union natur y wybodaeth.

*Gwahanol ddulliau o gyfleu gwybodaeth*

## 2 Bwriad y wybodaeth

Mae llawer o bosibiliadau. Dyma rai ohonynt.

- Darparu gwybodaeth sy'n arwain at ymwybyddiaeth, megis erthyglau materion cyfoes mewn papurau newydd.
- Darparu gwybodaeth sy'n arwain at ddealltwriaeth, megis gwerslyfrau.
- Darparu gwybodaeth sy'n arwain at benderfyniad, megis bwydlen mewn siop bwyd parod.
- Darparu gwybodaeth sy'n arwain at weithred ymarferol, megis cyfarwyddiadau ar sut i gydosod dodrefn.
- Gwneud i bobl feddwl a ffurfio barn, megis erthygl olygyddol mewn papur newydd.
- Perswadio, megis hysbyseb mewn cylchgrawn.
- Difyrru, megis cartŵn mewn papur newydd.
- Ennyn chwilfrydedd, megis llun wedi'i dynnu o ongl anghyfarwydd.
- Ennyn teimladau cryf, megis poster ar gymorth i'r newynog.

Weithiau caiff un bwriad ei ddefnyddio fel rhan o fwriad arall mwy cyffredinol.

## 3 Y gynulleidfa

Y gynulleidfa fydd yn penderfynu pa mor soffistigedig a chymhleth y bydd y dulliau y gallwch eu defnyddio a'r bwriadau. At ei gilydd dylai gwybodaeth ar gyfer cynulleidfa ifanc gael ei chyflwyno mewn ffordd lai soffistigedig a chymhleth. Ond, mae'n bwysig cadw mewn cof wybodaeth arbenigol debygol y gynulleidfa. Mae'n gamgymeriad cymryd yn ganiataol y bydd cynulleidfa o bobl ifanc yn un naïf bob amser. Mae gan rai plant ysgol gynradd wybodaeth helaeth am eu diddordebau a byddai gwybodaeth sydd wedi'i chyflwyno mewn ffordd nawddoglyd yn sarhad arnynt.

Dyma rai enghreifftiau o wybodaeth i chi eu hystyried.

Astudiwch bob un ac yna gofynnwch y cwestiynau canlynol i chi eich hun:

- Pa ddulliau sy'n cael eu defnyddio?
- Beth yw bwriadau'r wybodaeth?
- Beth yw'r gynulleidfa fwyaf tebygol?

Dyma rai enghreifftiau o wybodaeth i chi eu hystyried. Astudiwch bob un ac yna gofynnwch y cwestiynau canlynol i chi eich hun:

- Pa ddulliau sy'n cael eu defnyddio?
- Beth yw bwriadau'r wybodaeth?
- Beth yw'r gynulleidfa fwyaf tebygol?

# Bagiau a chariwyr

## Pethau y mae angen eu cario a ffyrdd o'u cario

Mae'r panel isod yn rhestru gwahanol bethau y mae angen eu cario. Mae hefyd yn dangos yr amrywiaeth o gariwyr y defnyddir tecstilau yn bennaf i'w gwneud. Gallwch ddefnyddio'r wybodaeth yn y panel i'ch helpu i feddwl am y pethau y mae angen i chi a phobl eraill eu cario a'r ffyrdd o wneud hynny. Drwy wneud hyn gallwch ddarganfod cyfleoedd ar gyfer dylunio bagiau a chariwyr.

### Pethau y mae angen eu cario

**Siopa**

bwyd, dodrefn, dillad, nwyddau eraill

**Bwyd a diod**

cinio ysgafn, cinio picnic

**Eiddo personol**

allweddi, pennau a phensiliau, arian, cardiau credyd, colur, defnyddiau ymolchi, moddion

**Creaduriaid byw**

babanod, plant bach, anifeiliaid anwes, blodau

**Offer**

ffôn symudol, gliniadur, camera, offer addurno tai, offer cynnal a chadw, offer garddio, offer gwersylla

**Nwyddau drwy'r post a *courier***

llythyrau, parseli, llawysgrifau

### Dulliau o'u cario

**Rhaffau a chortynnau**

**Bagiau teithio**

gyda dolenni
gyda strapiau
gydag olwynion

**Rhwydi**

**Cydau**

ar wregysau
ar strapiau

**Slingiau a strapiau**

ar y tu blaen
ar y cefn
ar yr ochr

**Bagiau dogfennau**

heb strapiau
gyda strapiau

**Bagiau**

gyda dolenni
gyda strapiau
ar fframiau
ar fframiau ag olwynion

**Rholiau ac amlapiau**

heb bocedi
gyda phocedi

### Cwestiynau i helpu eich gwaith dylunio

- Pwy fydd yn gwneud y cario?
  Bydd meddwl am hyn yn eich helpu i benderfynu ar y dull mwyaf addas o gario a hefyd sut y bydd y cariwr yn edrych.

- Beth sy'n cael ei gario?
  Bydd meddwl am hyn yn eich helpu i benderfynu ar faint a ffabrig addas. Cofiwch fod babanod, plant bach ac anifeiliaid anwes yn gofyn am sylw arbennig am eu bod yn arbennig o werthfawr.

- Sut y mae'n cael ei gario?
  Bydd meddwl am hyn yn eich helpu i benderfynu lle mae grymoedd yn gweithredu ar y corff a lle mae angen cynhaliaeth ychwanegol a phadin.

- Ble bydd y cariwr yn cael ei ddefnyddio? Bydd meddwl am hyn yn eich helpu i benderfynu ar ei olwg ac ar ddefnydd addas. Efallai y byddwch am i'r cariwr hyrwyddo rhyw siop, neu edrych yn ffasiynol. Efallai y bydd yn rhaid iddo fod yn ddigon gwydn i wrthsefyll amgylchedd diwydiannol neu lanhau cyson.

Sylwch y bydd yn rhaid i chi gadw'r pedwar cwestiwn allweddol hyn mewn cof yr un pryd gan nad ydynt yn annibynnol ar ei gilydd. Bydd bag siopa sy'n ddigon mawr i ddal y siopa i gyd, ond a fydd yn rhy drwm i'r defnyddiwr ei godi, yn ddyluniad gwael. Bydd angen i chi feddwl sut y bydd eich ateb i unrhyw un o'r cwestiynau yn effeithio ar eich atebion i'r lleill!

## *Gwahanol fathau o gariwyr*

Mae'r lluniau ar y dudalen hon a'r dudalen nesaf yn dangos amrywiaeth o gariwyr. Yn achos pob un ohonynt dylech ofyn y cwestiynau canlynol.

- Pwy sy'n debygol o ddefnyddio hwn?
- Sut maen nhw'n debygol o'i gario?
- Beth maen nhw'n debygol o'i gario ynddo?
- Ble maen nhw'n debygol o'i ddefnyddio?
- O beth mae wedi cael ei wneud?
- Pa ddarnau parod sydd wedi cael eu defnyddio?

Paciau cefn

Bagiau

Rhwydi

Cariwyr sy'n cadw
pethau mewn trefn

Cariwyr-babanod

Cariwyr sy'n amddiffyn

## Ar y stryd, o'r stryd - a stryd pwy?

Er bod y dylanwadau ar steil yn eang ac amrywiol, maen nhw'n aml yn deillio o grwpiau o bobl sydd â llawer yn gyffredin. Maen nhw'n treulio amser gyda'i gilydd yn gwneud, yn gweld ac yn gwerthfawrogi pethau tebyg. Ar y llaw arall, yn rhannol oherwydd cyflymder cyfathrebu, mae gan steil elfen ryngwladol yn aml. Mae hyn yn arbennig o wir mewn diwylliannau sy'n rhannu gwerthoedd tebyg neu mewn gwledydd lle mae gwerthoedd defnyddwyr yn weddol debyg. Dyma rai enghreifftiau o ddylanwadau ar steil y stryd.

A oedd 'grunge' yn adwaith i gyfalafiaeth yr wythdegau yng ngwledydd y Gorllewin? Ar lefel ehangach, a wnaeth 'ffasiwn grunge' dyfu o hyn?

Mae cysylltiadau rhwng y rhyfel yn Viet Nam, ymgyrch heddwch ryngwladol, caneuon Bob Dylan, mudiad yr hipis a ffasiwn y chwedegau

## Rhai steiliau stryd 'clasurol'

Mae steil y stryd - o safbwynt dillad - yn cyfeirio at steil y dillad a wisgir gan grwpiau o unigolion (pobl ifanc gan amlaf) sy'n gwneud datganiad arbennig. Mae'r datganiad hwn yn aml yn dweud rhywbeth am eu hagweddau, eu chwaeth mewn cerddoriaeth a hyd yn oed eu gwleidyddiaeth. Ar y dechrau lleiafrif o bobl sy'n gwisgo steiliau stryd. Ond dros amser maen nhw'n aml yn dod yn rhan o ffasiwn prif ffrwd. Mae steiliau stryd, fel steiliau prif ffrwd, weithiau yn hen steiliau sydd wedi cael eu hatgyfodi. Dyma rai enghreifftiau o steiliau stryd ers y 1950au cynnar. Sylwch fod rhai pobl yn dal i ddilyn rhai o'r steiliau cynnar hyn.

Ni ddaeth steiliau stryd i'r amlwg mewn gwirionedd tan ar ôl yr Ail Ryfel Byd. Tan hynny, roedd pobl ifainc yn tueddu i wisgo'n debyg i oedolion.

# Cyfwisgoedd ffasiwn

### Beth yw pwrpas cyfwisgoedd ffasiwn?

Mae'r panel isod yn dangos rhai o'r anghenion y gall cyfwisgoedd ffasiwn eu hateb.

Edrych yn smart

Cadw'n gynnes

Edrych yn anffurfiol

Cadw'n oer braf

Cadw'n gyfforddus

Gwneud datganiad

Cadw'n ddiogel

Cadw'n sych

**5**

## Amrywiaeth eang o gynhyrchion gwahanol

Mae'r panel isod yn rhoi gwybodaeth am gyfwisgoedd ffasiwn. Mae wedi ei rannu'n dair rhan. Mae Rhan 1 yn rhestru gwahanol fathau o gyfwisgoedd ffasiwn. Mae'n syndod faint ohonynt sydd. Mae Rhan 2 yn dangos ble ar y corff y caiff cyfwisgoedd ffasiwn eu gwisgo neu eu defnyddio. Mae Rhan 3 yn nodi'r math o bethau y gall fod angen i chi eu cymryd i ystyriaeth wrth ddylunio cyfwisgoedd ffasiwn.

**Rhan 1**

Cyfwisgoedd ffasiwn posibl:

hetiau  menig  sgarffiau  bandiau  esgidiau /sliperi  siolau  ambarelau /parasolau  teis

pen -wisgoedd  bagiau  hancesi  wigiau ffibr  blodau ffabrig  ffaniau ffabrig  addurniadau corff ffabrig/ffibr

**Rhan 2**

Ble mae cyfwisgoedd ffasiwn yn cael eu gwisgo:

ar y traed
ar y pen/gwallt
dros yr ysgwyddau
am y gwddf
ar y cefn
ar arddyrnau
ar y penelinoedd
ar y pengliniau
ar y tu blaen
ar y dwylo
am y canol
ar draws y frest

**Rhan 3**

Rhai pethau y gall fod angen eu hystyried:

y tywydd
pa mor egnïol yw'r gweithgarwch
yr achlysur
y math o weithgarwch
oedran y defnyddwyr tebygol
chwaeth y defnyddwyr tebygol
gofal rhwydd
y gallu i wrthsefyll traul, baw a gwlybaniaeth
y gost debygol

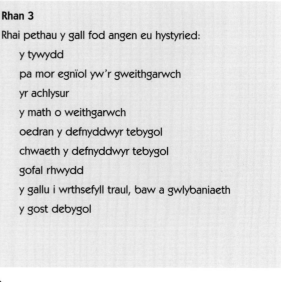

*Meddwl am gyfwisgoedd ffasiwn*

## Cwestiynau i'ch helpu wrth ddylunio

Trwy feddwl am y cwestiynau canlynol gallwch benderfynu ar fath addas o ffabrig.

- Ble, pryd a pha mor aml y caiff yr eitem ei gwisgo?
- A yw'r eitem at ddefnydd trwm neu ysgafn?
- Pa mor hir y mae'n rhesymol disgwyl iddi bara?
- Beth fydd yn digwydd i'r eitem ar ôl i'r defnyddiwr gael gwared â hi?
- Pa fath o ôl-ofal fydd ei angen ar yr eitem - dyddiol, yn awr ac yn y man, golchi, sychlanhau, ei sychu'n lân?

Trwy feddwl am y cwestiynau canlynol gallwch benderfynu ar y steil.

- Pa ddelwedd sydd gennych mewn golwg: sylfaenol, pen ucha'r farchnad, hunaniaeth grŵp neu ddiwylliannol, smart, anffurfiol, symbolaidd?
- Beth yw'r ystyriaethau esthetig?

Dylech allu dweud rhywbeth am bob un o'r canlynol:

- ffurf, graddfa a chymesuredd;
- lliw, gwead, patrwm, cyferbyniadau a harmonïau.

Trwy feddwl am y cwestiynau canlynol gallwch wneud penderfyniadau masnachol.

- Beth fydd y raddfa gynhyrchu?
- A ydych chi'n gwneud un yn unig neu rediad byr?
- Sut y byddwch chi'n rheoli'r ansawdd ym mhob cam o'r broses gynhyrchu?
- Sut a ble y bydd yr eitem yn cael ei gwerthu?
- Beth fydd pris gwerthu'r eitem?
- Beth fydd maint yr elw tebygol?
- Pa nodweddion ffibr/ffabrig y bydd eu hangen arnoch?

Mae'r panel isod yn dangos rhai o'r priodweddau y gallech fod yn chwilio amdanynt wrth ddewis tecstilau ar gyfer cyfwisgoedd ffasiwn. Gallwch ddarganfod pa decstilau sy'n meddu ar y priodweddau hyn yn y Siartiau Dewis ar dudalennau 212-15.

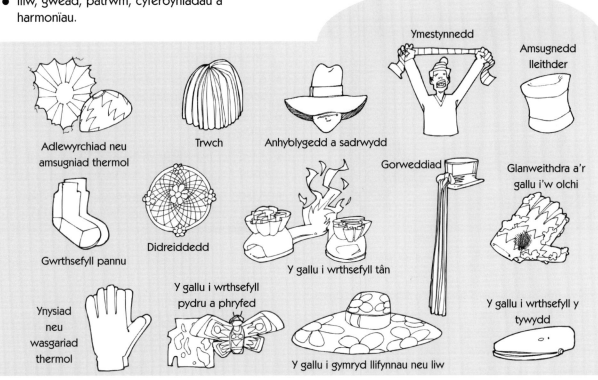

Ymestynnedd

Amsugnedd lleithder

Adlewyrchiad neu amsugniad thermol

Trwch

Anhyblygedd a sadrwydd

Gorweddiad

Glanweithdra a'r gallu i'w olchi

Gwrthsefyll pannu

Didreiddedd

Y gallu i wrthsefyll tân

Ynysiad neu wasgariad thermol

Y gallu i wrthsefyll pydru a phryfed

Y gallu i gymryd llifynnau neu liw

Y gallu i wrthsefyll y tywydd

## Ystyriaethau pwysig

Mae'n bwysig i chi feddwl yn ofalus am effaith y gyfwisg ar ymddangosiad y gwisgwr. Mae ffurf cyrff dynion, merched a phlant yn wahanol. Mae ysgwyddau dynion yn tueddu i fod yn lletach na rhai merched ac mae eu cluniau yn gulach. Mae pennau plant yn fawr o'u cymharu â maint eu cyrff, a does dim gwasg gan blant bach. Y berthynas rhwng lled yr ysgwydd a lled y glun sy'n penderfynu lleoliad y canol gweledol.

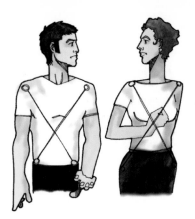

Mae canol gweledol y corff yn cael ei reoli gan y berthynas rhwng lled y glun a lled yr ysgwydd.

## Dylunio ar gyfer pawb

Pan fyddwch yn dylunio cyfwisgoedd, meddyliwch yn ofalus am y gwahanol ddefnyddwyr. Ni fydd y posibiliadau gwerthu yn fawr os anelwch at farchnad rhy gyfyng.

Yn gyffredinol, mae'r farchnad ar gyfer cyfwisgoedd yn sylweddol iawn. Ond fel eitemau unigol maen nhw hefyd yn 'arbenigol'; hynny yw, yn aml cânt eu gwerthu mewn siopau cyfwisgoedd arbenigol yn unig neu mewn rhan fach yn unig o siop ddillad gyffredinol. I sicrhau bod gan eich dyluniad gymaint o apêl â phosibl yn y farchnad gyfyngedig hon, gofynnwch y cwestiynau canlynol i chi eich hun.

- A fydd fy nghyfwisg yn un hawdd i'w defnyddio neu ei gwisgo?
- A fydd yn gweddu i gyrff amrywiaeth fawr o bobl ac felly'n apelio at nifer fawr o bobl?
- A fydd gan fy nghyfwisg apêl pan fydd yn cael ei harddangos?
- A fydd fy nghyfwisg yn hawdd i'w storio, yn anodd ei cholli, ac yn ddiogel?
- A fydd fy nghyfwisg yn gweddu i gynhyrchion eraill y mae i fod i gael ei defnyddio neu ei gwisgo gyda hwy?

Roedd brest fflat yn cael ei hystyried yn ffasiynol yn y 1920au. Mae'r sash yn pwysleisio llinell glun isel, sy'n achosi i linellau gweledol croeslinol y corff groesi'n is i lawr y corff, gan dynnu sylw oddi ar y frest

Mae'r sash ar y kimono yn codi lefel weledol y wasg. Felly mae'r pwyslais yn cael ei dynnu oddi ar lefel y glun ac mae'r llinellau croeslinol yn croesi yn yr un llinell ag ymyl y kimono

## Siartiau dewis: Dylunio cynnyrch

# *Siart Dewis Defnyddiau Modelu*

Dyma rai awgrymiadau i'ch helpu i benderfynu pa ddefnydd modelu i'w ddefnyddio ar gyfer modelu syniadau dylunio ym mhob pob trywydd diddordeb.

| Trywydd diddordeb | Technegau modelu | Model |
|---|---|---|
| Seddau | Fframiau pren | Cadair ffrâm bren |
| Storio | Model bloc ewyn | Model ewyn o dwtiwr desg |
| Goleuo | Siapiau papur a fframiau gwifren | Lamp ffrâm wifren gyda chysgodlen |
| Teganau a gemau | Siapiau cerdyn a defnyddiau hapgael | Model cerdyn o ganolfan weithgareddau gyda botymau a melysion yn lle switshis rheoli |
| Awtomata | Pecynnau adeiladu | Mecanwaith syml ar gyfer awtomaton |
| Addurniadau corff | Defnyddiau hapgael | Cadwyn wddf o ddefnyddiau hapgael |
| Profi | Prototeipio cyflym | Ffrâm brofi |

**Siartiau dewis: Dylunio cynnyrch**

# Siart Dewis Strategaethau

Mae'r Siart Dewis hwn yn rhoi gwybodaeth i chi am strategaethau:

- pryd i ddefnyddio strategaeth mewn Tasg Gallu;
- faint o amser y bydd y strategaeth yn ei gymryd;
- pa mor gymhleth yw'r strategaeth;
- a yw'n cynnwys pobl eraill.

Defnyddiwch yr allwedd i ddarganfod ystyr yr eiconau.

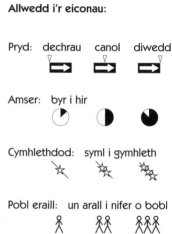

Allwedd i'r eiconau:

Pryd: dechrau  canol  diwedd

Amser: byr i hir

Cymhlethdod: syml i gymhleth

Pobl eraill: un arall i nifer o bobl

| Strategaeth | Sylwadau |
|---|---|
| **Darganfod anghenion a hoffterau** | |
| corfforol, deallusol, emosiynol a chymdeithasol | |
| gwylio pobl | |
| gofyn cwestiynau | |
| defnyddio llyfrau a chylchgronau | |
| byrddau delweddau | |
| holiaduron | |
| **Briffiau dylunio** | |
| **Manylebau** | |
| **Creu syniadau dylunio** | |
| saethu syniadau | |
| dadansoddi priodoleddau | |
| lluniadau arsylwadol | |
| lluniadau ymchwiliol | |
| **Modelu** | |
| ymddangosiad | |
| perfformiad | |
| â chyfrifiaduron | |
| **Cymhwyso gwyddoniaeth** | |
| **Meddwl yn nhermau systemau** | |
| **Cynllunio** | |
| **Gwerthuso** | |
| holi'r defnyddwyr | |
| enillwyr a chollwyr | |
| profi perfformiad | |
| priodoldeb | |

160

# Systemau mecanyddol

## Siart Dewis Gyrwyr

Gallwch ddefnyddio'r wybodaeth isod i'ch helpu i ddewis y gyrrwr gorau ar gyfer eich system fecanyddol.

| Math o yrrwr | modur c.u. | modur clocwaith | melin wynt/ tyrbin gwynt | olwyn ddŵr/ tyrbin dŵr | silindr niwmatig | solenoid | rhoden wthio |
|---|---|---|---|---|---|---|---|
| Math o symudiad | ↻ | ↻ | ↻ | ↻ | neu ⇄ | neu ⇄ | neu ⇄ |
| Ffynhonnell pŵer | batri | cyhyrau dynol, egni wedi'i storio mewn sbring | gwynt | dŵr yn symud | aer cywasgedig | batri | batri |
| Grym allbwn neu drorym | isel | isel-canolig | isel | canolig | uchel | isel | canolig |
| Buanedd allbwn | uchel | isel | isel-canolig | isel-canolig | isel-uchel | canolig-uchel | isel |
| Cost | £ | ££ | £££* | ££££* | ££££ | £££ | £££ |
| Nodweddion eraill | Gellir ei gildroi drwy gildroi'r polaredd | Mae'n rhedeg am amser byr rhwng ailweindio | Angen gwynt. Pŵer isel iawn am ei maint | Gellir ei gildroi trwy flwch gêr neu system bwli | Strôc sefydlog. Yn stopio yn y naill ben neu'r llall yn unig. Cildroi trwy sbring neu aer | Strôc sefydlog. Yn stopio yn y naill ben neu'r llall yn unig. Cildroi trwy ei ddiffodd | Strôc gyfyngedig. Gellir ei stopio ar ganol strôc. Gwrthdroi trwy gildroi'r polaredd. |

* Os wedi'i wneud gartref

**Siartiau dewis: Dylunio cynnyrch**

## Siart Dewis Mecanweithiau

| Ar gyfer y swyddogaeth fecanyddol hon: | | Gallwch ddefnyddio: |
|---|---|---|
| *Newid y math o symudiad* | | |
| | o linol i gylchdro | olwyn ac echel, rac a phiniwn, edau sgriw, rhaff a phwli, cadwyn a sbroced |
| | o gylchdro i linol | olwyn ac echel, rac a phiniwn, edau sgriw, rhaff a phwli, cadwyn a sbroced |
| | o gylchdro i gilyddol | cranc, cyswllt a llithrydd (cysylltedd 4-bar), dilynwr cam a llithrydd |
| | o gylchdro i osgiliadol | cranc, cyswllt a lifer (cysylltedd 4-bar), dilynwr cam a lifer, peg a slot |
| | o gylchdro i gylchdro ysbeidiol | olwyn Geneva (cam ynghyd â pheg a slot) |
| | o gilyddol i gylchdro | cranc, cyswllt a llithrydd (cysylltedd 4-bar) |
| | o gilyddol i osgiliadol | olwyn ac echel, rac a phiniwn, cranc a llithrydd (cysylltedd 4-bar) |
| | o osgiliadol i gylchdro | cranc, cyswllt a lifer (cysylltedd 4-bar), peg a slot |
| *Newid cyfeiriad y symudiad* | | |
| | o glocwedd i wrthglocwedd | gerau, belt a phwli |
| | o'r chwith i'r dde | liferi, liferi cysylltiedig, rhaff a phwli |
| | o lorweddol i fertigol | liferi, liferi cysylltiedig, rhaff a phwli |

162

## Siart Dewis Mecanweithiau

| Ar gyfer y swyddogaeth fecanyddol hon: | | Gallwch ddefnyddio: |
|---|---|---|
| *Newid yr echelin gylchdro* | | |
| | | gerau befel, cyplyddion hyblyg, sgriw gripian ac olwyn gêr, belt a phwli |
| *Cynyddu'r pŵer allbwn a lleihau'r buanedd* | | |
| | Gyda rhannau'n cylchdroi neu'n osgiliadu: | gerau, gerau befel, sgriw gripian ac olwyn gêr, olwyn ac echel, belt a phwli, cadwyn a sbroced |
| | Gyda rhannau'n cilyddu neu'n symud mewn llinell syth: | rhaff a phwli, liferi, liferi cysylltiedig |
| *Cynyddu'r buanedd allbwn a lleihau'r grym* | | |
| | Gyda rhannau'n cylchdroi neu'n osgiliadu: | gerau, gerau befel, olwyn ac echel, belt a phwli, cadwyn a sbroced |
| | Gyda rhannau'n cilyddu neu'n symud mewn llinell syth: | liferi, liferi cysylltiedig |
| *Rhoi a chynnal grym* | | |
| | | edau sgriw, sgriw gripian ac olwyn gêr, cam, rhaff a phwli, togl (cysylltedd 4-bar), sbring, system frecio |
| *Trawsyrru grym a symudiad* | | |
| | symudiad llinol neu gilyddol | liferi cysylltiedig, rhodenni |
| | symudiad cylchdro neu osgiliadol | belt a phwli, cadwyn a sbroced, liferi cysylltiedig, siafftiau a chyplyddion |

## *Niwmateg*  *Siart Dewis Cydrannau Niwmatig*

| Cydran | Swyddogaeth | Cymhwysiad |
|---|---|---|
| **Ar gyfer mewnbynnu – ysgogwyr (actuators)** | | |
| switsh togl | i switsio'r falfiau mewn falf 3-phorth neu 5-porth | gweithredu falfiau rheoli â'r llaw |
| gwth-fotwm | i switsio'r falfiau mewn falf 3-phorth neu 5-porth | gweithredu falfiau rheoli â'r llaw neu'r droed |
| plymiwr | i switsio'r falfiau mewn falf 3-phorth neu 5-porth | gweithredu falfiau rheoli trwy ddulliau mecanyddol (gan bedal, lifer, rhoden biston neu gam) |
| rholer tripio | i switsio'r falfiau mewn falf 3-phorth neu 5-porth | gweithredu falfiau rheoli trwy ddulliau mecanyddol (gan bedal, lifer, rhoden biston neu gam) |
| aer signal | i switsio'r falfiau mewn falf 3-phorth neu 5-porth | ar gyfer switsio o bell |
| solenoid | i switsio'r falfiau mewn falf 3-phorth neu 5-porth | gweithredu falfiau rheoli â thrydan |
| **Ar gyfer rheoli** | | |
| falf 3-phorth | i reoli llif yr aer i gysylltiad sengl mewn cydran trwy switsio'r cysylltiad o aer cywasgedig i aer gwacáu neu o aer gwacáu i aer cywasgedig | rheoli silindr gweithrediad-sengl; mae dwy falf mewn cyfres yn gwneud adwy AC; mae dwy falf mewn paralel â falf wennol yn gwneud adwy NEU; mae un falf gyda chyflenwad aer wedi ei gysylltu â phorth 3 a phorth 1 yn gweithredu fel porth gwacáu yn gwneud adwy NID |
| falf 5-porth | i reoli llif yr aer i ddau gysylltydd ar yr un pryd. Mae un cysylltydd yn cael ei switsio o aer cywasgedig i aer gwacáu wrth i'r cysylltydd arall gael ei switsio o aer gwacáu i aer cywasgedig | rheoli silindr gweithrediad-dwbl; bachu silindr gweithrediad-dwbl |

| Cydran | Swyddogaeth | Cymhwysiad |
|---|---|---|
| **Ar gyfer rheoli** | | |
| falf ddi-ddychwel | i ganiatáu i aer symud mewn un cyfeiriad yn unig | defnyddir hi mewn paralel â chyfyngydd llif i roi buanedd gwahanol i'r strôc ymlaen a'r strôc yn ôl mewn silindr gweithrediad-dwbl |
| falf wennol | i ganiatáu i aer gymryd un yn unig o'r ddwy ffordd trwy gysylltydd-T | defnyddir hi gyda falf 3-phorth i gynhyrchu adwy NEU |
| cyfyngydd llif | i reoli cyfradd y llif aer | defnyddir ef ar ei ben ei hun i reoli buanedd y piston i'r ddau gyfeiriad, gyda falf ddi-ddychwel i roi buanedd gwahanol i'r strociau ymlaen ac yn ôl, a chyda chronfa i reoli hyd yr oediad amser |
| cronfa | i gynhyrchu oediadau amser | defnyddir hi mewn cyfres gyda chyfyngydd llif i roi oediadau amser o wahanol hyd |
| **Ar gyfer synhwyro** | | |
| gwth-fotwm | i switsio'r falfiau mewn falf 3-phorth neu 5-porth | defnyddir ef i ganfod lleoliad gwrthrychau neu bistonau |
| plymiwr | i switsio'r falfiau mewn falf 3-phorth neu 5-porth | defnyddir ef i ganfod lleoliad gwrthrychau neu bistonau |
| rholer tripio | i switsio'r falfiau mewn falf 3-phorth neu 5-porth | defnyddir ef i ganfod lleoliad gwrthrychau neu bistonau |
| switsh corsen | | defnyddir ef gyda falf 3-phorth neu 5-porth a weithredir gan solenoid i ganfod lleoliad gwrthrychau neu bistonau wedi'u magneteiddio |
| microswitsh | | defnyddir ef gyda falf 3-phorth neu 5-porth a weithredir gan solenoid i ganfod lleoliad gwrthrychau neu bistonau sy'n symud |
| **Ar gyfer allbynnu** | | |
| silindr gweithrediad-sengl | mae'n cynhyrchu grym a symudiad llinol mewn **un** cyfeiriad ar hyd llinell am bellter penodol (y strôc); mae sbring dychwel yn darparu symudiad yn ôl | rhoi grym a symudiad yn allbwn y system, e.e. wedi'i reoli gan falf 3-phorth |
| silindr gweithrediad-dwbl | mae'n cynhyrchu grym a symudiad llinol mewn **dau** gyfeiriad ar hyd llinell am bellter penodol (y strôc) | rhoi grym a symudiad yn allbwn y system, e.e. wedi'i reoli gan falf 5-porth |

# *Systemau adeileddol* *Siart Dewis Elfennau Adeileddol*

Mae'r siart hwn yn disgrifio'r gwahanol elfennau adeileddol (rhannau) y gallwch eu defnyddio yn eich dyluniadau. Mae'n egluro sut mae pob un yn gweithio. Gallwch ddefnyddio'r siart i benderfynu pa elfennau i'w defnyddio yn eich dyluniad.

| Enw | Disgrifiad | Sut mae'n gweithio |
|---|---|---|
| trawst | Rhan sy'n cael ei chynnal ym mhob pen. | Mae'r trawst yn gwrthsefyll y llwyth trwy blygu. Os nad yw'r trawst yn ddigon cryf bydd y grym plygu yn gwneud i'r trawst dorri yn y canol. Mae'r trawst yn trosglwyddo pwysau'r llwyth i'r cynaliadau yn y ddau ben. Os na allant wrthsefyll y llwyth bydd yr adeiledd yn cwympo. |
| cantilifer | Trawst sy'n cael ei ddal yn gadarn yn un pen yn unig. | Mae'r trawst yn gwrthsefyll y llwyth trwy blygu. Os nad yw'r trawst yn ddigon cryf bydd y grym plygu yn gwneud i'r trawst dorri yn y cynhaliad. Mae'r trawst yn trosglwyddo pwysau'r llwyth i'r cynhaliad, gan wthio i fyny ac i lawr. Os na all y cynhaliad wrthsefyll y llwyth bydd yr adeiledd yn cwympo. |
| tynlath | Rhan o fframwaith sydd mewn tyniant. Mae'n cael ei thynnu yn y ddau ben ac mae'n dal ynghyd rannau eraill o'r adeiledd sy'n ceisio symud oddi wrth ei gilydd. | Mae'r dynlath yn gwrthsefyll y llwyth trwy dynnu i mewn yn ei erbyn. Os nad yw'r dynlath yn ddigon cryf bydd y tyniad tuag allan yn fwy nag y gall ei wrthsefyll a bydd y dynlath yn torri. Os nad yw'r dynlath yn ddigon anhyblyg bydd yn ymestyn gan aflunio'r adeiledd. |
| pwyslath | Rhan o fframwaith sydd mewn cywasgiad. Mae'n cael ei gwthio i mewn yn y ddau ben ac mae'n cadw ar wahân rannau o'r adeiledd sy'n ceisio symud tuag at ei gilydd. | Mae'r bwyslath yn gwrthsefyll y llwyth trwy wthio allan yn ei erbyn. Os nad yw'r bwyslath yn ddigon cryf bydd y tyniad tuag i mewn yn fwy nag y gall ei wrthsefyll a bydd y bwyslath yn ystumio neu'n torri. |
| siafft | Rhan o system sy'n trosglwyddo grym troi (neu drorym). Mae dirdro yn gweithredu arni. | Mae'r siafft yn gwrthsefyll y llwyth trwy droi yn ei erbyn. Os nad yw'n gryf mewn dirdro bydd yn torri. |
| blwch gwag | Ffurf giwboid 3D wedi ei gwneud o sawl llen o ddefnydd. Rhaid i'r ochrau allu gwrthsefyll tyniant a chywasgiad. | Mae ochrau blwch yn gryf mewn tyniant ond yn wan mewn cywasgiad. Mae adeiladwaith y blwch yn rhwystro'r ochrau rhag ystumio o dan y llwyth. |
| cragen | Ffurf 3D wedi ei gwneud o un llen o ddefnydd. Rhaid iddi allu gwrthsefyll tyniant a chywasgiad. | Mae'r llwyth wedi'i wasgaru ar draws y gragen gyfan. Bydd ar ei fwyaf ger tyllau â chorneli llym a lle mae'r arwyneb yn newid yn sydyn, felly dylai unrhyw ddyluniad osgoi'r rhain. |

# Systemau trydanol *Siart Dewis Moduron Trydan*

Gallwch ddefnyddio'r wybodaeth yn y tabl i'ch helpu i ddewis modur trydan sy'n addas ar gyfer eich dyluniad.

| | Gwaith ysgafn iawn dim gerau | Gwaith ysgafn gerau mewnol neilon | Gwaith canolig gerau mewnol dur |
|---|---|---|---|
| | | | |
| **Maint** (mm) | 20 x 20 x 40 | 40 x 40 x 80 | 40 x 40 x 100 |
| **Cost** | isel iawn | canolig | uchel |
| **Ffynhonnell** | Maplins | Radio Spares | Radio Spares |
| **Foltedd gweithredu** | 6 - 12V | 12V | 12V |
| **Buanedd heb lwyth** | | 70 c.y.f. | 130 c.y.f. |
| **Pŵer troi** | isel iawn | canolig | uchel |

### Siart Dewis Cydrannau Trydanol

Gallwch ddefnyddio'r siart hwn i'ch helpu i benderfynu pa gydrannau i'w defnyddio yn eich dyluniad.

**Batrïau** addas ar gyfer dyfeisiau cerrynt union foltedd isel

| sinc-carbon anailwefradwy ar gyfer cerrynt isel, defnydd anfynych e.e tortsh neu gyfrifiannell | sinc-clorid anailwefradwy ar gyfer cerrynt canolig, defnydd rheolaidd e.e. gemau cyfrifiadur a ddelir yn y llaw | alcalîaidd anailwefradwy ar gyfer cerrynt uchel, defnydd trwm e.e Walkman neu fodel wedi'i reoli gan radio | nicel-cadmiwm ailwefradwy at ddefnydd estynedig e.e gliniadur neu ffôn symudol |
|---|---|---|---|
| cost isel | cost ganolig | cost ganolig | cost uchel |

**Ceblau** addas ar gyfer gwifrau mewnol mewn offer trydanol ac electronig

| gwifren gopr aml-gainc wedi'i gorchuddio â PVC, ar gael mewn du, glas, brown, gwyrdd, llwyd, oren, pinc, coch, fioled, gwyn, melyn | cebl dwbl, ffigur 8 du, brown, llwyd, gwyn | cebl rhuban wedi'i orchuddio â PVC llwyd, neu â gwifrau côd lliw amrywiaeth eang ar gael e.e 14-ffordd, 15-ffordd, 16-ffordd, 20-ffordd ac ati |
|---|---|---|
| Sicrhewch y gall y wifren gludo'r cerrynt angenrheidiol | | |
| cost isel | cost isel | cost uchel |

**Cysylltyddion** ar gyfer cysylltu gwifrau a chydrannau

| blociau terfynell ar gyfer cysylltiadau parhaol heb sodro; sicrhewch nad yw'r gwifrau o dan straen; gall dirgrynu lacio'r cysylltiad | clipiau crocodeil ar gyfer cysylltiadau dros dro a chyflym, addas ar gyfer cylchedau prawf yn unig | sodr ar gyfer cysylltiadau parhaol; sicrhewch nad yw'r gwifrau o dan straen |
|---|---|---|
| cost isel | cost ganolig | cost isel |

**Dyfeisiau sicrhau ceblau** ar gyfer cadw gwifrau'n daclus

| clymau | gafaelion | cwndidau |
|---|---|---|
| cost isel | cost isel | cost ganolig |

**Lampau** ar gyfer goleuo —⊗—

Gwnewch yn siŵr fod y lamp yn cyd-fynd â'r ffynhonnell pŵer i osgoi ei losgi allan. Defnyddiwch y ffitiad priodol

| ffilament | twngsten halogen |
|---|---|
| cost isel | cost ganolig |

**Gwrthyddion** ar gyfer rheoli maint cerrynt trydanol a gwahaniaeth potensial

| gwrthyddion sefydlog —☐— | gwrthyddion newidiol —▱— |
|---|---|
| mae'r côd lliw yn dangos y gwerthoedd:<br>du 0 brown 1<br>coch 2 oren 3<br>melyn 4 gwyrdd 5<br>glas 6 fioled 7<br>llwyd 8 gwyn 9 | gellir defnyddio tyrnsgriw i newid y gwerthoedd a ragosodwyd<br>gellir newid y potensiomedrau â'r bysedd |
| Gwnewch yn siŵr fod y cyfraddiad pŵer yn gywir i osgoi gorboethi | |
| ar gael mewn amrywiaeth o werthoedd safonol o 10 Ω i 10 MΩ | ar gael mewn amrywiaeth o werthoedd safonol o 100 Ω i 1 MΩ |
| cost isel | cost ganolig |

## Siart Dewis Cydrannau Trydanol

**Deuodau allyrru golau** (LED) ar gyfer rhoi signalau bach gweladwy

| | |
|---|---|
| ddim yn fflachio | yn fflachio |
| safonol, tanbeidrwydd uchel a llachar dros ben, mewn coch, melyn a gwyrdd | safonol a llachar dros ben, mewn coch |
| ar gael fel siapiau △ a ○ | ar gael fel siâp ○ yn unig |
| angen gwrthydd amddiffynnol | dim angen gwrthydd amddiffynnol |
| rhaid ei gysylltu'r ffordd gywir | rhaid ei gysylltu'r ffordd gywir |
| cost isel | cost ganolig |

**Moduron** —(M)—

| | | |
|---|---|---|
| gwaith ysgafn iawn<br>dim gerau mewnol<br>cymwysiadau pwysau ysgafn<br>e.e. teganau sy'n symud | gwaith ysgafn<br>gyda gerau mewnol neilon<br>cymwysiadau pwysau canolig<br>e.e awtomata, arwyddion sy'n cylchdroi, mannau talu | gwaith canolig<br>gyda gerau mewnol dur<br>cymwysiadau pwysau canolig, at ddefnydd hirfaith<br>e.e. cyfarpar profi, pympiau |
| cost isel | cost ganolig | cost uchel |

**Cydrannau gwneud sŵn**

| | |
|---|---|
| sϋyddion | clychau |
| rhaid eu cysylltu'r ffordd gywir | gellir eu cysylltu unrhyw ffordd |
| rhaid iddynt gyd-fynd â'r ffynhonnell pŵer i osgoi llosgi allan | |
| cost isel | cost ganolig |

**Switshis (cyffredinol)**

ar gael fel gwth-fotwm, switsh llithro, switsh togl a switsh siglo

| i gadw rhywbeth ymlaen neu wedi'i ddiffodd | i wneud i rywbeth ddod ymlaen neu ddiffodd | i droi un peth ymlaen a diffodd rhywbeth arall | i gildroi cyfeiriad |
|---|---|---|---|
| gwthio-i-gau/<br>gwthio-i-agor | pôl sengl/<br>tafliad sengl | pôl sengl/<br>tafliad dwbl | pôl dwbl/<br>tafliad dwbl |
| cost isel | cost isel | cost ganolig | cost ganolig |

**Switshis (arbenigol)**

| microswitshis | ar gael fel botwm, rholer neu lifer | cost ganolig |
|---|---|---|
| switsh gogwyddo | wedi'i weithredu gan ddirgryniad neu newid mewn safle | cost isel |
| switsh corsen | wedi'i weithredu gan fagnet | cost isel |

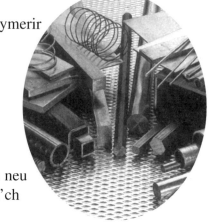

# Gwybodaeth am ddefnyddiau

## Siart Dewis Metelau

Mae'r rhan fwyaf o fetelau'n cael eu gwneud o ddefnyddiau a gymerir o gramen y Ddaear. Mae ganddynt briodweddau defnyddiol:

- maen nhw'n gryf, yn anhyblyg ac yn wydn;
- maen nhw'n ddwys;
- maen nhw'n dargludo trydan a gwres yn dda;
- gallwch eu llathru i ddangos gloywedd metelig.

Caiff y rhan fwyaf o fetelau pur eu haddasu trwy eu cymysgu â metelau eraill i wella eu priodweddau. Mae gan wahanol fetelau neu aloiau wahanol briodweddau. Defnyddiwch y Siart Dewis isod i'ch helpu i ddewis y metel gorau ar gyfer eich dyluniad.

| Metel | aloi alwminiwm | copr | pres | arian | dur meddal | dur carbon |
|---|---|---|---|---|---|---|
| Lliw | arian gwyn | pinc-frown | melyn | arian llachar | llwyd arian | llwyd tywyll |
| Math | anfferrus | | | | fferrus | |
| Cyfansoddiad | alwminiwm + mymryn o gopr, magnesiwm, manganîs i'w galedu | bron yn gopr pur | aloi o gopr a 35% sinc (metel euro 15% sinc) | arian + 7.5% copr i'w galedu (arian sterling) | haearn + 0.15-0.35% carbon | haearn + 0.35-1.15% carbon |
| Ffynhonnell | bocsit wedi'i fwyngloddio yn Affrica, UDA ac Awstralia | copr, sinc a mwynau wedi'u mwyngloddio yng Ngogledd a De America, Affrica a Rwsia | | wedi'i fwyngloddio yng Ngogledd a De America | mwyn haearn wedi'i fwyngloddio yn Sweden, UDA a Rwsia | |
| Echdynnu a phrosesu | electrolysis alwminiwm ocsid a gynhyrchir o focsit | mwyndoddi'r mwyn ac electrolysis | | mwyndoddi | caiff haearn wedi'i gynhyrchu mewn ffwrnais chwyth ei droi'n ddur mewn ffwrnais ocsigen fasig neu ffwrnais arc drydan | |
| Defnydd masnachol | castinau peiriant car a fframiau ffenestr allwthiol | gwaith plymio a gwifrau trydanol | cloeon a thapiau dŵr | gemwaith a gwifrau trydanol | cyrff ceir ac adeileddau mawr | offer |
| Gwaredu | AM | AM + ADd | AM | AM + ADd | AM + ADd | AM |
| Gwydnwch | tarneisio'n gyflym, cyrydu'n araf | tarneisio'n raddol, cyrydu'n araf iawn | tarneisio'n raddol, cyrydu'n araf iawn | tarneisio'n raddol, cyrydu'n araf iawn | tarneisio'n gyflym, cyrydu'n gyflym | tarneisio'n gyflym, cyrydu'n araf |

Allwedd: AM = ailgylchu masnachol; ADd = yn debygol o fod ar gael mewn ffurf sy'n addas i'w hailddefnyddio yn yr ysgol.

| Metel | aloi alwminiwm | copr | pres | arian | dur meddal | dur carbon |
|---|---|---|---|---|---|---|
| Ymdoddbwynt/ °C | 700-750 | 1080 | 950-1000 | 960 | 1300-1500 | 1200-1400 |
| Pris cymharol/£ | ● x 1.5 | ● x 10 | ● x 9 ▲ | ● x 500 ▲▲ | ● | ● x 2 |
| Pa mor hawdd i'w gael | ●●●● | ●●● | ●● | ● | ●●●●● | ●●● |
| Caledwch (pa mor anodd ydyw i'w grafu) | ● | ●● | ●●● | ●● | ●●● | ●●●●● |
| Cryfder (pa mor anodd ydyw i'w dorri) | ● | ●● | ●●● | ●● | ●●●● | ●●●● |
| Dwysedd (pa mor drwm ydyw) | ● | ●●●● | ●●●● | ●●●●● | ●●●●● | ●●●●● |
| Modwlws elastigedd (pa mor anodd ydyw i'w estyn) | ● | ●●● | ●● | ●●● | ●●●●● | ●●●●● |
| Hydrinedd (pa mor hawdd ydyw i'w siapio) | ●● | ●●● | ●●● | ●●●●● | ● | ● |
| Dargludedd trydanol | ●●●● | ●●●● | ●●● | ●●●●● | ● | ● |
| Defnydd yn yr ysgol | 🖼 | 🖼 | 🖼🖼 | 🖼 | 🖼🖼🖼 | 🖼 |
| Hawdd i'w weithio â llaw | ○○○○○ | ○○○○ | ○○○ | ○○○○ | ○○ | ○ |
| Hawdd i'w beiriannu | ○○○ | ○○○ | ○○○ | ○○ | ○ | Dd/b |

Allwedd: ● = po fwyaf ohonynt, mwyaf y briodwedd; ▲ = defnyddir metel euro (15% sinc ac 85% copr) yn aml i wneud gemwaith (£oedd × 12); ▲▲ = gellir defnyddio arian nicel (18% nicel, 62% copr a 20% sinc), sy'n llawer rhatach, yn lle arian sterling (£oedd × 16); ○ = po fwyaf ohonynt, hawsaf yw'r defnydd i'w ddefnyddio; Dd/b = ddim yn berthnasol.

Siartiau dewis: Dylunio cynnyrch

## Siart Dewis Plastigion

Caiff plastigion eu cynhyrchu o olew crai, glo a nwy naturiol. Cyfeiriwn atynt yn aml fel **polymerau**. Mae llawer ohonynt yn hawdd i'w gweithio i wahanol siapiau a ffurfiau ac maent ar gael mewn amrywiaeth eang o liwiau a gorffeniadau arwyneb. Mae plastigion yn gallu gwrthsefyll pydru a chyrydu. Ar y cyfan maent yn gryfach na phren ond yn wannach na metelau, ac yn llai anhyblyg na metelau a phren.

Mae dau brif fath o blastig:

- Bydd **thermoplastigion** yn meddalu wrth gael eu cynhesu a gellir eu siapio a'u mowldio mewn dau a thri dimensiwn.
- Nid yw **plastigion thermosodol** yn meddalu wrth gael eu cynhesu. Mae rhai ar gael ar ffurf llenni, eraill fel resinau hylifol y gellir eu caledu.

Gallwch atgyfnerthu plastigion thermosodol â ffibrau megis gwydr neu garbon i greu defnyddiau sy'n gryfach ac yn fwy anhyblyg. Galwn y rhain yn blastigion **cyfansawdd**. Gellir addasu plastigion solid i wneud ewynnau, sy'n cael eu galw'n blastigion **'wedi'u hehangu'** yn aml.

Mae angen gofal mawr wrth drin plastigion wedi eu haddasu a resinau hylifol gan fod llwch a mygdarthau peryglus yn cael eu cynhyrchu'n aml. Mae'r rhan fwyaf o blastigion yn ddiogel os na chânt eu llosgi (sy'n creu mygdarthau gwenwynig) na'u sych-sandio (sy'n creu llwch niweidiol).

Mae gan wahanol blastigion wahanol briodweddau. Defnyddiwch y Siart Dewis isod i'ch helpu i ddewis y plastig gorau ar gyfer eich dyluniad.

| Plastig | acrylig | PVC | neilon | polystyren | ewynnau plastig | resinau hylifol | fformica |
|---|---|---|---|---|---|---|---|
| Enw | polymethyl methacrylad | polyfinyl clorid | polyamid | polystyren | polystyren wedi'i ehangu, ewyn polywrethan, ewyn polyester | resin polyester, resin epocsi | melamin fformaldehyd |
| Talfyriad | PMMA | PVC/UPVC | PA | PS | | PR, ER | MF |
| Math | thermoplastig | | | | plastig wedi'i addasu | thermosodol | |
| Defnydd masnachol | arwyddion | ynysyddion trydanol, ffitiadau plymio | ffabrigau, cribau, berynnau | paneli drysau oergelloedd | pacio, padio, ynysu | cyrff llongau | wynebau gweithio |
| Gwaredu | ADd | AM | AM | AM | | | ADd |

Allwedd: AM = ailgylchu masnachol; ADd = yn debygol o fod ar gael mewn ffurf sy'n addas i'w hailddefnyddio yn yr ysgol.

## Siart Dewis Plastigion

| Plastig | acrylig | PVC | neilon | polystyren | ewynnau | resinau hylifol | fformica |
|---|---|---|---|---|---|---|---|
| Gwydnwch | ●●●● | ●●●● | ●●●●● | ●●●●● | ●● | ●●●● | ●●●●● |
| Meddalbwynt/°C | 85-115 | 70-80 | 230 | 80-105 | Dd/b | Dd/b | Dd/b |
| Pris cymharol/£ | ●●● | ●● | ●● | ●● | ● | ●●●● | ●● |
| Pa mor hawdd i'w gael | ●●●● | ●●●● | ●● | ●●●● | ●●● | ●●● | ●●●● |
| Caledwch (pa mor anodd ydyw i'w grafu) | ●●●● | ●● | ●●● | ●● | ● | ●●●●● | ●●●●● |
| Cryfder (pa mor anodd ydyw i'w dorri) | ●●● | ●●●● | ●●●●● | ●●●● | ● | ▲ | ●● |
| Dwysedd (pa mor drwm ydyw) | ●●● | ●● | ●●● | ●● | ● | ●●●●● | ●●●●● |
| Modwlws elastigedd (pa mor anodd ydyw i'w estyn) | ●● | ●●● | ● | ● | ▲▲ | ▲ | ●●●●● |
| Defnydd yn yr ysgol | | | | | | | |
| Hawdd i'w weithio â llaw | ○○○ | ○○○○ | ○○○ | ○○○○○ | ○○○○ | ○○ | ○○○ |
| Hawdd i'w brosesu | ○○○○○ | ○○○○○ | ○○○ | ○○○○○ | ○○○○ | ○○ | ○○○ |
| Prosesau addas | plygu ar hyd llinell | ffurfio â gwactod | turnio | ffurfio â gwactod | torri â gwifren boeth | castio, mowldio | laminiadu |

Allwedd: ● = po fwyaf ohonynt, mwyaf y briodwedd; ▲ = yn dibynnu ar y defnydd atgyfnerthu; ▲▲ = mae ewyn polyester yn hawdd iawn i'w estyn; ○ = po fwyaf ohonynt, hawsaf yw'r defnydd i'w ddefnyddio; Dd/b = ddim yn berthnasol.

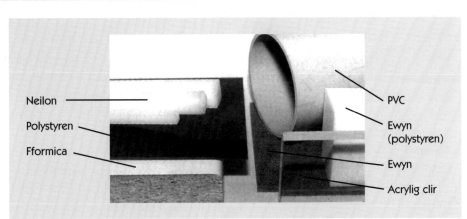

Neilon
Polystyren
Fformica
PVC
Ewyn (polystyren)
Ewyn
Acrylig clir

## Siart Dewis Pren

I gynhyrchu pren, caiff coed eu torri i lawr, eu llifio'n blanciau ac yna eu **sychu**. I sychu pren rhaid ei storio'n ofalus am fisoedd lawer, er y gellir ei sychu'n gyflym mewn odyn hefyd.

Mae dau fath o bren: pren caled a phren meddal. Daw pren caled o goed sydd â dail llydan a hadau mewn ffrwythau neu gnau. Daw pren meddal o goed sydd â dail cul a hadau mewn conau. Nid yw'r dosbarthiad hwn yn dweud dim wrthym am briodweddau'r pren – mae pren balsa yn bren caled ond mae'n llawer ysgafnach a meddalach na phren y binwydden sy'n bren meddal.

Mae pren yn ddefnydd adeiladu da ond nid yw mor gryf, anhyblyg na gwydn â metel. Mae'n llawer llai dwys na metel ond mae ganddo batrwm graen y gellir tynnu sylw ato trwy lathru. Mae'r graen yn mynd i gyfeiriad arbennig ac mae pren yn llawer mwy cryf ac anhyblyg ar hyd y graen nag ar ei draws.

Rhaid trin neu orffennu pren i'w rwystro rhag pydru ac i gadw pryfed draw. Gall grebachu, chwyddo, ystumio a chracio o dan wahanol amodau atmosfferig wrth amsugno neu golli lleithder.

Holltau
Ôl pryfed
Camlesi latecs (dim problem)
Cainc fyw (dim problem)
Cainc farw (perygl o gwympo allan)
Holltau ar hyd y graen

Mae gan wahanol goed wahanol briodweddau. Defnyddiwch y Siart Dewis isod i'ch helpu i ddewis y pren gorau ar gyfer eich dyluniad.

| Pren | pinwydden | balsa | mahogani | jelwtong | onnen | ffawydden | derwen |
|---|---|---|---|---|---|---|---|
| Math | pren meddal | prennau caled trofannol | | | prennau caled tymherus | | |
| Ffynhonnell | Canada, Llychlyn | Canolbarth a De America | Gorllewin Affrica a Chanolbarth America | De-ddwyrain Asia | America ac Ewrop | Ewrop | Gogledd America ac Ewrop |
| Defnydd masnachol | adeiladu, ffitiadau | modelu, cychod | dodrefn | gwneud modelau, patrymau | dodrefn, nwyddau chwaraeon | meinciau gwaith | dodrefn |
| Gwaredu | gellir ailddefnyddio'r rhan fwyaf o brennau, maent i gyd yn fioddiraddadwy | | | | | | |

| Pren | pinwydden | balsa | mahogani | jelwtong | onnen | ffawydden | derwen |
|---|---|---|---|---|---|---|---|
| Gwydnwch | ●● | ● | ●●● | ●● | ●●●●● | ●●●●● | ●● |
| Pris cymharol/£ | ●● | ●●●●● | ●●●● | ●●●●● | ●●● | ●●● | ●●●●● |
| Pa mor hawdd i'w gael | ●●●●● | ●●●● | ●●● | ●● | ●● | ●● | ●● |
| Caledwch (pa mor anodd ydyw i'w grafu) | ●● | ● | ●● | ●● | ●●●● | ●●●● | ●●●● |
| Cryfder (pa mor anodd ydyw i'w dorri) | ●● | ● | ●●●● | ●●●● | ●●●● | ●●●● | ●●● |
| Dwysedd (pa mor drwm ydyw) | ●● | ● | ●●● | ●● | ●●●● | ●●●● | ●●●● |
| Modwlws elastigedd (pa mor anodd ydyw i'w estyn) | ●●● | ● | ●●●● | ●● | ●●●●● | ●●●●● | ●●●● |
| Sefydlogrwydd (pa mor dda mae'n cadw'i siâp) | ●● | ●●●● | ●●●● | ●●●● | ●●● | ●●● | ●●● |
| Defnydd yn yr ysgol | 🖼️ | 🖼️ | 🖼️ | 🖼️ | 🖼️ | 🖼️ | 🖼️ |
| Hawdd i'w weithio | ○○○○ | ○○○○○ | ○○○○ | ○○○○○ | ○○○ | ○○○ | ○○ |

Allwedd: ● = po fwyaf ohonynt, mwyaf y briodwedd; ○ = po fwyaf ohonynt, hawsaf yw'r pren i'w ddefnyddio.

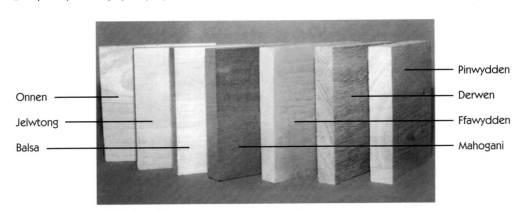

Onnen · Jelwtong · Balsa · Pinwydden · Derwen · Ffawydden · Mahogani

## Siart Dewis Pren wedi'i Addasu

Mae modd defnyddio pren solid yn fwy economaidd trwy ei droi'n gynhyrchion pren wedi'i addasu. Trwy'r broses hon gellir cynhyrchu llenni o bren sy'n fwy ac yn fwy sefydlog nag a fyddai'n bosibl fel arall. Gellir torri'r pren solid yn stribedi bach ac yn llenni tenau o'r enw **argaenau**. Gellir gludio'r rhain wrth ei gilydd i ffurfio pren haenog neu flocfwrdd. Mae modd torri'r pren solid yn sglodion hefyd a'u gwasgu a'u gludio i ffurfio bwrdd sglodion. Os caiff y pren ei falu'n ffibrau gellir ageru'r rhain a'u gwasgu i ffurfio bwrdd ffibr. Caiff y rhan fwyaf o'r llenni hyn eu gwerthu mewn maint safonol o 2440 × 1220 mm, mewn sawl trwch.

Trwy brosesu mathau mwy gwydn o bren solid a defnyddio adlynion resin synthetig diddos mae'n bosibl gwneud byrddau sy'n wydn dros ben. Defnyddir mathau allanol o bren haenog a bwrdd ffibr dwysedd canolig (mdf) yn y diwydiant adeiladu a defnyddir pren haenog morol i wneud cychod. Caiff rhai llenni o bren wedi'i addasu eu gwerthu ag argaen o bren caled neu haen blastig ar yr wynebau. Mae'r rhain yn arbennig o ddefnyddiol ar gyfer seddau neu brojectau storio. Defnyddiwch y Siart Dewis isod i'ch helpu i benderfynu pa un sydd orau ar gyfer eich dyluniad chi.

| Pren wedi'i addasu | pren haenog | pren haenog o Ddwyrain Asia | pren haenog morol | blocfwrdd | bwrdd sglodion | bwrdd ffibr dwysedd canolig | caledfwrdd |
|---|---|---|---|---|---|---|---|
| Disgrifiad | pren haenog â wyneb ffawydd wedi'i wneud i ansawdd uchel | pren haenog â chanol trwchus | pren haenog morol wedi'i wneud i ansawdd uchel | canol solid o bren gyda wyneb argaen | sglodion wedi'u gludio a'u gwasgu'n llen | ffibrau wedi'u gludio a'u gwasgu'n llen | ffibrau wedi'u hageru a'u gwasgu'n llen |
| Ffynhonnell | Llychlyn | Dwyrain Asia | Dwyrain Asia | Llychlyn a Dwyrain Asia | Canolbarth Ewrop | Prydain a Chanolbarth Ewrop | Canolbarth Ewrop |
| Defnydd masnachol | dodrefn o ansawdd uchel | paneli i'r diwydiant adeiladu | adeiladu cychod | dodrefn o ansawdd uchel | paneli llawr | dodrefn datgysylltiol | pacio, paneli ar fframweithiau |
| Gwydnwch | ●● | ●● | ●●●●● | ●●● | ●● | ●● | ● |
| Math allanol | ●●●● | ●●●● | | | | ●●●● | |
| Pris cymharol/£ | ●●●● | ●●● | ●●● | ●● | ● | ● | ● |
| Pa mor hawdd i'w gael | ●●●● | ●●●●● | ● | ●● | ●●●●● | ●●● | ●●●●● |
| Trwch sydd ar gael | 1-25 mm | 4-25 mm | 4-25 mm | 12-25 mm | 3-25 mm | 2-50 mm | 3-6 mm |
| Cryfder | ●●● | ●● | ●●● | ●●● | ●●●● | ●●●● | ●●● |
| Dwysedd | ●●●● | ●●● | ●●●●● | ●●●● | ●● | ●●● | ● |
| Defnydd yn yr ysgol | [eiconau] | paneli mawr a gwaelodion | adeiladu cychod | [eicon] | paneli mawr a gwaelodion | [eiconau] | setiau i'r llwyfan [eicon] |

## Gweithio gyda defnyddiau gwrthiannol

Pan fyddwch yn gweithio gyda defnyddiau gwrthiannol bydd angen i chi ddefnyddio sgraffinyddion, adlynion, dulliau cysylltu, ffitiadau a gorffeniadau. Mae'r dewisiadau mwyaf cyffredin wedi'u crynhoi yn y Siart Dewis isod.

| | Metelau | Plastigion | Pren a phren wedi'i addasu |
|---|---|---|---|
| **Sgraffinyddion** | Gwahanol raddau ar gael, o fras i glwt emeri mân<br>papur alwminiwm ocsid ag ychydig o olew; defnyddio carreg Ayr yn wlyb; llathrydd metel | defnyddio papur silicon carbid (papur gwlyb a sych) yn wlyb gyda dŵr; defnyddio gwlân dur 000 yn sych; llathrydd metel | papur gwydr; defnyddio papur alwminiwm ocsid yn sych gyda bloc corc; papur blawd |
| **Adlynion** | Yn achos sylweddau peryglus, darllenwch a dilynwch y cyfarwyddiadau | | |
| | resin epocsi (Araldite) syanoacrylad (Superglue) | resin epocsi (Araldite) syanoacrylad (Superglue) adlyn cyswllt (Thixofix) | resin epocsi (sba-bond ar gyfer pren) syanoacrylad (Superglue) adlyn cyswllt (Thixofix) resin synthetig (Resin W, Cascamite, Aerolite) |
| **Uno â gwres** | Dilynwch ddulliau gweithio diogel wrth uno defnyddiau â gwres | | |
| | sodr meddal<br>sodr caled a fflwcs<br>presyddu a fflwcs<br>arc-weldio<br>weldio nwy<br>weldio MIG | | |
| **Ffitiadau a dulliau cysylltu** | bollten<br>sgriw beirant neu sgriw set<br>pen gwrthsodd<br>penpan<br>sgriw hunandapio<br>rhybed<br>rhybed dall<br>nyten<br>nyten asgellog<br>wasier<br>pencosyn<br>pengrwn | | sgriw pren<br>pen gwrthsodd<br>copog<br>pengrwn<br>agen (slot)<br>Posidrive/Philips<br>hoelion a phinnau<br>hirgrwn<br>crwn/Ffrengig<br>pin panel<br>pin argaen<br>colfach<br>ffitiadau datgysylltiol |
| **Gorffeniadau** | Dilynwch ddulliau gweithio diogel. Yn achos sylweddau peryglus, darllenwch a dilynwch y cyfarwyddiadau | | |
| | llathrydd metel<br>bwffio<br>paent<br>lacr<br>trocharaenu plastig<br>enamel (ar gyfer copr)<br>anodeiddio (ar gyfer alwminiwm)<br>glasu ag olew (ar gyfer dur) | llathrydd metel<br>bwffio | paent<br>farnais<br>seliwr sandio<br>staen lliw<br>llathrydd Ffrengig<br>llathrydd cwyr |

## Dylunio cynnyrch bwyd  *Siartiau Dewis: Maeth*

Gallwch ddefnyddio'r wybodaeth yn y siartiau hyn i'ch helpu i wneud penderfyniadau dylunio sy'n cwrdd â manylebau maeth. Er enghraifft, os oes angen byrger ar weithgynhyrchydd sydd â lefelau uchel o brotein, haearn a fitamin C ond lefelau isel o fraster, gallech arbrofi gyda chymysgedd o gyw iâr, pigoglys ac oren!

| Bwyd | Carbohydrad | Protein | Ffibr dietegol | Braster |
|---|---|---|---|---|
| blawd gwyn | ●●●● | ●● | ●● | ● |
| blawd gwenith cyflawn | ●●●● | ●●● | ●●● | ● |
| pasta gwyn | ●●●● | ●●● | | ● |
| pasta gwenith cyflawn | ●●●● | ●●● | ●●● | ● |
| reis gwyn | ●●●● | | | |
| reis grawn cyflawn | ●●●● | | ●● | ● |
| llaeth cyflawn | ● | ● | | ● |
| llaeth sgim | ● | ● | | |
| yogurt naturiol | | ●● | | ● |
| caws Cheddar | | ●●●● | | ●●● |
| caws colfran | ● | ●●● | | ● |
| menyn | | | | ●●●● |
| olew blodau haul | | | | ●●●● |
| past braster-isel | | | | ●● |
| wyau | | ●●● | | ●● |
| cyw iâr | | ●●●● | | ● |
| stecen ffolen | | ●●●● | | ● |
| briwgig eidion | | ●●●● | | ●● |
| selsig | ● | ●●● | | ●●● |
| cig moch | | ●●●● | | ●●● |

**Allwedd:**

Po fwyaf o ●, mwyaf i gyd o'r maetholyn sydd yn y bwyd.

| Bwyd | Mwynau | | | Fitaminau | | | | |
|---|---|---|---|---|---|---|---|---|
| | sodiwm | calsiwm | haearn | A | B | C | D | E |
| blawd gwyn | ● | ●●● | ●●● | | ●● | | | |
| blawd gwenith cyflawn | ● | ●●● | ●●● | ● | ● | | | |
| pasta gwyn | | ● | | | ● | | | |
| pasta gwenith cyflawn | | ● | | | ● | | | |
| reis gwyn | ● | ● | | ● | ● | | | |
| reis grawn cyflawn | | | | ●●● | | | | |
| llaeth cyflawn | ● | ●●● | | ●● | ●●● | | | |
| llaeth sgim | ● | ●●● | | | ●●● | | | |
| yogurt naturiol | | ●● | | | ● | | | |
| caws Cheddar | ●●● | ●●●● | | ●●●● | | | | |
| caws colfran | ●● | ●● | | | ●●● | | | |
| menyn | ●●● | ● | | ●●● | | | | |
| olew blodau haul | | | | | | | | ●●●● |
| past braster-isel | ●●● | | | | | | ●●● | ●●● |
| wyau | ● | ●● | ●●● | ●●● | ●●●● | | ●●● | ●● |
| cyw iâr | ● | ● | ●● | | ●● | | | |
| stecen ffolen | ● | ● | ●●● | | ●●● | | | |
| briwgig eidion | ● | ● | ●●● | | ●●● | | | |
| selsig | ● | ● | ●●● | | ●●● | | | |
| cig moch | ●●●● | | ●●● | | ●●● | | | |

**Allwedd:**
Po fwyaf o ●, mwyaf i gyd o'r maetholyn sydd yn y bwyd.

| Bwyd | Carbohydrad | Protein | Ffibr dietegol | Braster |
|---|---|---|---|---|
| penfras | | ●●● | | |
| sardinau | | ●●●● | | ●● |
| corgimychiaid | | ●●●● | | ● |
| tiwna | | ●●●● | | ●● |
| Quorn® | | ●●● | ●● | ● |
| bresych | | ● | ●● | |
| brocoli | ● | ●● | ●● | |
| moron | ● | ● | ●● | |
| tatws wedi'u berwi | ●●● | ● | ● | |
| pigoglys | ● | ●● | ●● | ● |
| afal | ●● | ● | ●● | |
| afocado | ● | ●● | ●● | ●● |
| banana | ●● | ● | ●● | |
| oren | ●● | ● | ●● | |
| melon | ● | ● | ● | |
| cnau almon | ● | ●●● | ●●●● | ●●● |
| cnau mwnci hallt | ● | ●●●● | ●●● | ●●● |
| cnau ffrengig | ● | ●●● | ●●● | ●●● |
| siwgr | ●●●● | | | |

**Allwedd:**

Po fwyaf o ●, mwyaf i gyd o'r maetholyn sydd yn y bwyd.

| Bwyd | Mwynau | | | Fitaminau | | | | |
|---|---|---|---|---|---|---|---|---|
| | sodiwm | calsiwm | haearn | A | B | C | D | E |
| penfras | ● | ● | ● | | ●●● | | | |
| sardinau | ●●● | ●●●● | ●●● | | ●●●● | | ●●●● | |
| corgimychiaid | ●●●● | ●●● | ●● | | | | | |
| tiwna | ●● | ● | ●●● | | ●●● | | ●●●● | ●●●● |
| Quorn® | ●● | | ● | | ●●● | | | |
| bresych | ● | ● | ● | ●●●● | ● | ●●●● | | ● |
| brocoli | ● | ● | ● | ●●●● | ●● | ●●●● | | ●● |
| moron | ● | ●● | ● | ●●●● | | ●● | | ● |
| tatws wedi'u berwi | ● | ● | ● | | ● | ●● | ● | |
| pigoglys | ●● | ●●● | ●●● | ●●●● | ●●● | ●●●● | | ●●● |
| afal | ● | ● | | ● | ●● | ● | | |
| afocado | ● | ● | ●●● | ● | ●●● | ●●●● | | ●●● |
| banana | ● | ● | ● | ●●● | ● | ●●● | | |
| oren | ● | | ● | ●● | ● | ●●●● | | |
| melon | ● | ● | ● | ●●● | ● | ●●●● | | ● |
| cnau almon | ● | ●●● | ●●●● | | ●●● | | | ●●●● |
| cnau mwnci hallt | ●●● | ●● | ●●● | | ●●●● | | | ●●●● |
| cnau ffrengig | ● | ●● | ●●● | | ●●● | | | ● |
| siwgr | | ● | | | | | | |

**Allwedd:**

Po fwyaf o ●, mwyaf i gyd o'r maetholyn sydd yn y bwyd.

## Siart Dewis Ychwanegion (Blas ac Arogl)

Gallwch ddefnyddio'r siart hwn i'ch helpu i wneud penderfyniadau dylunio i gael y blas a'r arogl sydd eu hangen arnoch.

| Ychwanegyn | Defnydd nodweddiadol | Ystyriaethau eraill |
|---|---|---|
| **Perlysiau:**<br>basil    garlleg<br>mintys    saets<br>coriander    cwmin | cawl    stiw<br>caserôl    bara garlleg<br>cyw iâr kiev    selsig<br>stwffin    sawsiau<br>(saws mintys, pesto) | Mae perlysiau yn newid peth ar ymddangosiad y cynnyrch trwy adael darnau bach o liw. Gellir eu torri'n ddarnau mân a'u cymysgu, gwasgaru neu haenu. |
| **Sbeisiau:**<br>pupur Jamaica    clof<br>sinamon    cyri<br>chilli    saffrwn<br>fanila    cardamon<br>garam masala | Gellir eu defnyddio mewn cynhyrchion sawrus neu felys:<br>cacennau afal    topinau<br>prydau Indiaidd    chilli con carne<br>tacos    prydau reis<br>hufen iâ    melysion | Gallant newid lliw y bwyd, e.e. mae saffrwn a phowdr cyri yn rhoi lliw melyn. Gellir torri neu wasgu sbeisiau ffres i'r cynhyrchion (fel perlysiau). Defnyddir rhai yn gyfan, megis clofau, gan achosi newid mewn ansawdd ac ymddangosiad. |
| **Sawsiau:**<br>mintys    soy<br>Tabasco    pesto<br>Caerwrangon    sorito<br>saws coch | I wella'r blas ac i gyd-fynd â'r prif gynnyrch. Mymryn mewn cawl, stiw, grefi, prydau cig/pysgod neu bryd tro-ffrio. | Gall saws newid lliw cyffredinol y cynnyrch. Gall hefyd ychwanegu lliw arall os caiff ei ddefnyddio fel cyfwyd. Gan eu bod yn hylifol gellir eu hychwanegu'n hawdd. |
| **Gwellwyr blas:**<br>monosodiwm<br>glwtamad | I ddod â blas bwyd allan – cig a physgod er enghraifft. Fe'u defnyddir mewn coginio Tsineaidd yn bennaf. | Mae pryder eu bod yn gallu gwaethygu gorfywiogrwydd. |
| **Rhiniau:**<br>rhin cig eidion (Bovril)<br>rhin burum (Marmite) | Gellir eu hychwanegu at gawl, stiw, caserôl a grefi. Fe'u defnyddir fel past neu ddiod. | Gall newid lliw cyffredinol y cynnyrch. Wrth ddefnyddio rhiniau cig, sicrhewch eu bod yn dderbyniol. Gellir taenu, haenu neu doddi pastau mewn hylif arall. |
| **Confennau:**<br>halen    pupur<br>finegr    mwstard | Fe'u defnyddir fel gwellwyr blas/arogl cyffredinol. Gall halen weithiau leihau surni cynnyrch asidig. Gall pupur roi arogl persawrus. Gellir defnyddio mwstard mewn sawsiau a relis. | Gallant newid peth ar ymddangosiad y cynnyrch trwy adael darnau o liw neu trwy newid y lliw cyffredinol. Gall gormod o finegr wneud y cynnyrch yn soeglyd. Mae rhai mwstardau yn llyfn ac eraill yn fras. |
| **Olewau naws a rhinflasau:**<br>olew pupur Jamaica<br>anato hylifol | Mae olewau naws yn rhiniau pur a geir o ffrwythau a phlanhigion eraill. Maent yn gostus iawn. Mae fersiynau synthetig neu artiffisial ar gael. Ychwanegir hwy at felysion, teisennau, hufen iâ. | Mae'n bosibl na fydd blas cyflasynnau artiffisial yn berffaith. Ond gallant gael eu defnyddio am resymau economaidd. Gall ymateb rhai cyflasynnau i dymheredd uchel fod yn anghyson. |

## Siart Dewis Ansawdd: Cynhwysion

Gallwch ddefnyddio'r Siart Dewis hwn i'ch helpu i gael yr ansawdd sydd ei angen arnoch o'r prif gynhwysion rydych yn eu defnyddio.

| Cynhwysyn | Triniaethau mecanyddol | Triniaethau cemegol | Dulliau coginio |
|---|---|---|---|
| cig | pwnio<br>tafellu<br>torri<br>briwio | marinadu i'w dyneru | caserolio toriadau gwydn<br>rhostio darnau cig<br>gridyllu tafellau tenau<br>ffrio briwgig |
| pysgod | tafellu<br>torri | marinadu i'w dyneru | potsio<br>ffrio<br>gridyllu |
| caws | tafellu<br>gratio | | addas ar gyfer ei doddi neu ei gymysgu<br>mewn llenwadau |
| wyau | mae chwyrlïo'r gwynnwy<br>yn creu ewyn | | sgramblo<br>potsio<br>berwi<br>ffrio |
| ffrwythau | tafellu<br>malu<br>gwneud purée | defnyddio pectin i wneud jam | berwi<br>pobi |
| llysiau | tafellu<br>malu<br>gratio<br>gwneud purée | | berwi<br>pobi<br>ageru<br>caserolio |
| siwgr | | | mae berwi hydoddiannau siwgr yn rhoi<br>syrup i ddechrau ac yna caramel |

Sylwer bod dulliau microdon cyfatebol ar gyfer llawer o'r dulliau coginio confensiynol.

### Siart Dewis Ansawdd: Cynhyrchion blawd

Gallwch ddefnyddio'r Siart Dewis hwn i'ch helpu i gael yr ansawdd sydd ei angen arnoch ar gyfer pasta, bara, crwst a theisennau.

| Cynnyrch | Cynhwysion allweddol | Triniaethau mecanyddol | Dulliau coginio | Ychwanegiadau posibl |
|---|---|---|---|---|
| pasta | math o flawd | gwahanol allwthiadau yn bosibl | berwi mewn dŵr hyd nes ei fod yn ddigon meddal i'w fwyta, hawdd i goginio gormod arno | |
| bara | math o flawd, codydd | tylino i wneud y toes yn elastig, neu gellir defnyddio fitamin C fel dull cyflym | pobi hyd nes bod y crystyn yn galed ond y tu mewn yn feddal | hadau a chnau ar ei ben i'w wneud yn greisionllyd, ffrwythau sych y tu mewn i'w wneud yn drioglyd |
| crwst | math o flawd, cymhareb braster i flawd | crwst brau – ei rolio i'w wneud yn friwsionllyd, crwst haenog – ei rolio a'i blygu i'w wneud yn gras | pobi–amseru yn allweddol, ymylon yn llosgi'n rhwydd, ageru, ffrio | ffrwythau ffres a sych i'w wneud yn drioglyd, siwgr i'w wneud yn ronynnog, cnau i'w wneud yn greisionllyd |
| teisennau | math o flawd, codydd, siwgr, cymhareb braster i flawd | rhwbio i'w gwneud yn friwsionllyd/gnoadwy, hufennu i'w gwneud yn gnoadwy/soeglyd, chwyrlïo i'w gwneud yn feddal/hufennog, toddi i'w gwneud yn gnoadwy/briwsionllyd | pobi–amseru yn allweddol, ymylon yn llosgi'n rhwydd, ageru, mewn microdon – ni fydd yn gras | ffrwythau sych i'w gwneud yn drioglyd, cnau i'w gwneud yn greisionllyd, sglodion siocled i'w gwneud yn greisionllyd ac yna'n llyfn |

### Siart Dewis Ansawdd: Sawsiau

Gallwch ddefnyddio'r Siart Dewis hwn i'ch helpu i gael yr ansawdd sydd ei angen arnoch ar gyfer sawsiau.

| Saws | Cynhwysion allweddol | Triniaethau mecanyddol | Dulliau coginio | Ychwanegiadau posibl |
|---|---|---|---|---|
| saws melys, e.e. cwstard | cyfrannedd startsh i hylif | | ei droi wrth ei gynhesu; rhaid i gymysgeddau startsh ferwi | |
| saws sawrus, e.e. saws caws | cyfrannedd startsh i hylif | | ei droi wrth ei gynhesu; rhaid i gymysgeddau startsh ferwi; i wneud grefi cymysgir y startsh â suddion y cig | madarch i'w wneud yn gnoadwy, wy wedi ei ferwi'n galed i'w wneud yn friwsionllyd |
| saws ffrwythau | cyfrannedd ffrwythau i hylif | gogru neu wneud purée mewn hylifydd a'i ogru i gael gwared â cherrig neu hadau | ageru, mudferwi neu eu coginio mewn microdon i'w meddalu | darnau o ffrwythau amrwd i'w wneud yn greisionllyd |
| saws llysiau, e.e. saws coch | cyfrannedd llysiau i hylif | gogru neu wneud purée mewn hylifydd a'i ogru i gael gwared â'r hadau | ageru, mudferwi neu eu coginio mewn microdon i'w meddalu | nionyn i'w wneud yn greisionllyd |

# Dylunio ar gyfer oes silff cynnyrch

## Pam mae'n bwysig?

Cyn gynted ag y caiff planhigion eu cynaeafu neu anifeiliaid eu lladd maen nhw'n dechrau dirywio. Mae'r celloedd y tu mewn i'r bwyd yn dechrau ymddatod a gall micro-organebau ymosod arnynt. Mae hyn yn ei dro yn arwain at newid mewn siâp, lliw, arogl, blas ac ansawdd. Mae'n bwysig felly fod y broses hon yn cael ei gohirio cyhyd â phosibl er mwyn rhwystro cynhyrchion bwyd rhag dirywio a'u cadw mewn cyflwr addas i'w gwerthu.

Oes silff yw'r amser y gall cynnyrch ei dreulio 'ar y silff' cyn cael ei werthu. Rhaid taflu unrhyw gynnyrch y mae ei oes silff wedi dod i ben. Mae'r tabl isod yn crynhoi'r gwahanol ffyrdd o estyn oes silff cynhyrchion.

| Ffyrdd o estyn oes silff | Sylwadau |
|---|---|
| Dewis cynhwysion | Y cynhwysion mwyaf ffres sy'n para hwyaf. |
| Arferion hylan | Mae arferion gwael yn arwain at halogiad sy'n byrhau oes silff cynnyrch. |
| Proses goginio | Mae gan fwydydd wedi'u coginio oes silff hirach na bwydydd amrwd weithiau. |
| Technegau cadw: | |
| • tymheredd isel | Mae oeri (5°C) yn arafu twf micro-organebau. Mae rhewi (-18°C) yn atal micro-organebau rhag tyfu. Gall effeithio ar ansawdd. |
| • tymheredd uchel | Mae tymereddau uchel yn lladd micro-organebau; mae angen ager tra-phoeth i ladd y rhai mwyaf gwydn. |
| • dadhydradu | Mae'n tynnu'r dŵr o'r bwyd; mae'n lladd micro-organebau yr un pryd. Mae'n effeithio ar y blas a'r ansawdd. |
| • piclo | Mae presenoldeb asid gwanedig (finegr) yn atal twf micro-organebau. Mae'n effeithio ar y blas a'r ansawdd. |
| • jamio | Mae presenoldeb siwgr mewn crynodiad uchel yn lladd micro-organebau. Mae'n effeithio ar y blas a'r ansawdd. |
| • mygu | Mae'r cemegau mewn mwg yn atal twf micro-organebau. Mae'n effeithio ar y blas a'r ansawdd. |
| • halltu | Mae'n lladd micro-organebau ac yn atal eu twf. Mae halltu modern yn defnyddio nitridau sy'n llai effeithiol na halltu traddodiadol. Mae'n effeithio ar y blas a'r ansawdd. |
| • arbelydriad | Mae'n lladd micro-organebau heb fawr ddim effaith ar y blas a'r ansawdd. |
| Bridio detholus | Gellir hyrwyddo'r rhywogaethau sy'n aros yn ffres hwyaf |
| Addasu genetig | Yn dal i gael ei ddatblygu. |
| Pecynnu: | |
| • pacio dan wactod | Mae'n tynnu'r aer ac felly'n atal twf micro-organebau. |
| • pacio mewn amgylchedd wedi'i addasu | Mae'n atal effeithiau ensymau, colli lleithder, a thwf micro-organebau. |
| • canio/potelu | Mae'n defnyddio diheintio tymheredd-uchel ac yn atal halogi pellach. |
| • defnyddiau lapio | Maent yn amddiffyn y cynnyrch rhag difrod corfforol a phlâu ac yn ei atal rhag sychu. Mae'n rhaid cael defnydd pacio athraidd ar gyfer rhai cynhyrchion i atal cyddwyso, sy'n gallu hybu twf micro-organebau. |
| Storio addas: | |
| • claear, glân a sych | Ar gyfer bwydydd wedi'u sychu. |
| • oer, glân a sych | Ar gyfer bwydydd i'w rhoi mewn oergell. |
| • rhewllyd, glân a sych | Ar gyfer bwydydd i'w rhoi mewn rhewgell. |

# Cynhyrchu bwyd

## Cynhyrchu prototeipiau

Mae cynllunio yn hanfodol wrth gynhyrchu prototeip o gynnyrch bwyd.

Bydd angen i chi lunio rhaglen gynhyrchu sy'n disgrifio'r drefn a'r dilyniant gorau ar gyfer y cynhyrchu. Os oes mwy nag un cynnyrch yn cael ei wneud yr un pryd, bydd angen i chi gymryd hyn i ystyriaeth a chynllunio fel bod modd datblygu'r prosesau gyda'i gilydd. Gallwch ddefnyddio siartiau llif a siartiau Gantt i'ch helpu gyda hyn.

Mae'r Siartiau Dewis canlynol yn disgrifio rhai o'r dulliau y gallech eu defnyddio i gynhyrchu prototeipiau o gynhyrchion bwyd. Defnyddiwch y wybodaeth yn yr adran hon i ddewis y dulliau ar gyfer eich dyluniad chi. Gofynnwch i'ch athro am ganllawiau a chyngor manwl ar y ffyrdd mwyaf diogel o ddefnyddio'r dulliau hyn.

### Siart Dewis: Paratoi Defnyddiau Bwyd

| Dull | Offer | Cymwysiadau | Rheoli ansawdd |
|---|---|---|---|
| mesur yn ôl pwysau | clorian cegin | I sicrhau'r union feintiau a'r cymarebau cywir mewn ryseitiau lle mae hyn yn allweddol. | Cadw golwg ar y darlleniad ar y raddfa ac ychwanegu cynhwysion yn ofalus at badell y glorian, yn enwedig tua'r diwedd. |
| mesur yn ôl cyfaint | jygiau mesur | I sicrhau'r union feintiau a'r cymarebau cywir mewn ryseitiau lle mae hyn yn allweddol. | Cadw golwg ar y lefel yn erbyn y raddfa ar y jwg ac ychwanegu'n ofalus, yn enwedig tua'r diwedd, nes cyrraedd y lefel angenrheidiol. |
| gratio | gratiwr llaw, prosesydd bwyd | I gynhyrchu cynhwysion ar ffurf darnau hir tenau a phowdrau bras. | Dewis o gratiwr o fain i fras; hefyd pwysau llyfn ar y gratiwr. Dewis llafnau prosesydd o wahanol faint a dewis hyd y prosesu. |
| gogru | gogr | I gael gwared â lympiau mewn powdrau ac i sicrhau bod cynhwysion powdr yn cael eu gwasgaru'n gyson. | Dewis o ograu o fain i fras. |
| torri i faint | cyllyll, prosesydd bwyd | I gwtogi ar yr amser coginio. I allu defnyddio'r un amser coginio. I hwyluso rheoli cyfrannau. | Sicrhau defnydd cyson o'r gyllell. Ychwanegu'r bwyd ar gyfradd gyson trwy blât torri'r prosesydd. Amseru gofalus os yw corff y prosesydd yn cael ei ddefnyddio, neu mae perygl o greu slwtsh. |
| torri allan | cyllyll, torwyr | I reoli siâp defnyddiau tenau megis crwst neu fisgedi. | Sicrhau defnydd cyson o'r gyllell wrth dorri heb dorwyr. Gofalu bod y siapiau a dorrir allan yn agos at ei gilydd i arbed gwastraff. |
| peipio | bag peipio | I reoli trawstoriad defnyddiau y gellir eu hallwthio. | Pwysau llyfn ar y bag yn bwysig yn ogystal â sicrhau symudiad cyson y big. |
| rholio allan | rholbren | I reoli trwch defnyddiau tenau. | Pwysau llyfn ar y rholbren a defnyddio gwahanwyr yn ganllaw i gael y trwch angenrheidiol. |

## Siart Dewis: Cyfuno Defnyddiau Bwyd

| Dull | Offer | Cymwysiadau | Rheoli ansawdd |
|------|-------|-------------|----------------|
| rhwbio i mewn – braster i flawd fel rheol | dwylo, rhwng blaenau'r bysedd a'r bawd, prosesydd bwyd | Cynhyrchu crwst / cymysgeddau teisen | Edrych i sicrhau natur y cynnyrch gorffenedig – dylai'r cymysgedd: fod yn sych gynnwys gronynnau bach o'r un maint fod heb lympiau mawr beidio â bod yn felyn tywyll os defnyddiwyd braster melyn. Sylwer: mae'n hawdd iawn gor-rwbio wrth ddefnyddio prosesydd bwyd. |
| hufennu – braster i mewn i gynhwysion sych gan amlaf | llwy bren, cymysgydd trydan a ddelir yn y llaw, prosesydd bwyd, cymysgydd bwyd | Cynhyrchu crwst / cymysgeddau teisen | Edrych i sicrhau natur y cynnyrch gorffenedig – dylai fod ganddo ansawdd hufennog trwyddo. |
| cymysgu (blendio) – cymysgu un neu ragor o gynhwysion gyda'i gilydd, gan gynnwys hylif | llwy, cymysgydd, prosesydd bwyd | Cynhyrchu sawsiau, mousses | Edrych i sicrhau natur y cynnyrch gorffenedig – dylai fod ganddo ansawdd llyfn heb lympiau. |
| chwyrlïo i gynnwys cyfran uchel o aer | cymysgydd trydan, prosesydd bwyd, chwyrlïwr llaw | Cynhyrchu cymysgeddau sbwng a meringue | Edrych i sicrhau natur y cynnyrch gorffenedig – dylai cyfaint yr ewyn fod wedi cynyddu a dylai'r ewyn fod yn sefydlog. Mae'n bwysig osgoi gor-guro felly mae amseru'r curo'n bwysig. |
| tylino – toes bara fel rheol i gryfhau'r glwten | dwylo, defnyddio'r dyrnau, y bachyn toes mewn prosesydd bwyd | Cynhyrchu bara | Edrych i sicrhau natur y cynnyrch gorffenedig – dylai'r toes fod yn elastig. Mae hyn yn cael ei gyflawni trwy dylino'r toes am amser penodol. |

## Siart Dewis: Dulliau Coginio

| Dull coginio | Offer | Cymwysiadau | Rheoli ansawdd |
|---|---|---|---|
| Ageru – mae'r ager poeth yn coginio'r bwyd trwy ddargludiad a'r gwres cudd sy'n cael ei roi allan wrth i'r ager gyddwyso'n ddŵr hylifol. Ni fydd yn brownio'r bwyd. | agerwr | Pwdinau a llysiau. Mae'n helpu i gadw blas a fitamin C mewn llysiau. | Y tymheredd yn cael ei gadw ar 100°C wrth i'r dŵr berw gynhyrchu ager. Nid yw amseru union yn hanfodol. Ymddangosiad: dylai llysiau aros yn gadarn, dylai sbwng fod wedi codi'n dda a dylai'i wyneb neidio'n ôl wrth gael ei fodio. |
| Berwi – mae'r dŵr poeth yn coginio'r bwyd trwy ddargludiad. Ni fydd yn brownio'r bwyd. | sosban | Pwdinau, llysiau a phasta. | Y tymheredd yn cael ei gadw ar 100°C gan y dŵr berw. Nid yw amseru union yn hanfodol. Ymddangosiad: dylai'r llysiau aros yn gadarn, dylai pwdin fod wedi codi'n dda a dylai'i wyneb neidio'n ôl wrth gael ei fodio, dylai pasta fod yn al denté. |
| Ffrio – ffrio bas/sych. Mae'r braster poeth yn coginio'r bwyd trwy ddargludiad. | padell ffrio, wok, plât poeth | Bwyd wedi'i dafellu'n denau. Wok ar gyfer tro-ffrio, plât poeth neu badell ar gyfer cig moch, selsig a bwydydd sy'n ffurfio pyllau bas megis wyau a chapatis. | Rheolir y tymheredd gan y defnyddiwr trwy reoli'r llosgydd/ gwresogydd; tymheredd mwyaf tua 200°C. Nid yw amseru union yn hanfodol. Ymddangosiad: dylai llysiau feddalu ac yna frownio, dylai pysgod a chig frownio, dylid trywanu cig i weld a yw'r suddion sy'n llifo yn glir. |
| Ffrio – ffrio dwfn. Mae'r braster poeth yn coginio'r bwyd trwy ddargludiad, gan gyrraedd tymheredd o 200°C. | ffriwr dwfn | Pysgod, cig, ffrwythau a llysiau mewn cytew sy'n coginio'n gyflym, sglodion a thoesenni. | Rheolir y tymheredd gan y defnyddiwr trwy reoli'r llosgydd/ gwresogydd; tymheredd mwyaf tua 200°C. Mae amseru yn bwysig gan fod hwn yn ddull coginio cyflym. Mae lliw arwyneb y bwyd yn dangos faint mae wedi cael ei goginio. |

| Dull coginio | Offer | Cymwysiadau | Rheoli ansawdd |
|---|---|---|---|
| Gridyllu - mae'r bwyd yn cael ei goginio trwy belydriad is-goch. | gridyll, tostiwr | Bwydydd wedi eu tafellu'n denau megis selsig, cig moch, bara a rhai llysiau – pupurau, madarch a thomatos. | Gridyll – rheolir y tymheredd gan y defnyddiwr trwy reoli'r llosgydd/gwresogydd. Mae amseru yn bwysig gan fod hwn yn ddull cyflym o goginio. Tostiwr – amserydd awtomatig wedi'i osod gan y defnyddiwr. Mae lliw arwyneb y bwyd yn dangos faint mae wedi cael ei goginio. |
| Pobi/rhostio – mae aer poeth yn coginio'r bwyd trwy ddarfudiad. | ffwrn | Rhostio darnau o gig a dofednod, pobi cymysgeddau sy'n codi ac yn setio megis bara a theisennau, a choginio caserolau. | Rheolir y tymheredd gan y defnyddiwr trwy ddefnyddio rheolydd. Nid yw amseru union yn bwysig ar gyfer rhostio na chaserolio. Mae amseru yn bwysig yn achos pobi; dylid cadw golwg ar liw'r arwyneb a dylai neidio'n ôl wrth gael ei fodio. |
| Coginio mewn sosban frys – mae ager poeth iawn yn coginio'r bwyd trwy ddargludiad a gwres cudd. | sosban frys | caserolau a phwdinau sbwng. | Rheolir y tymheredd gan y defnyddiwr trwy ddefnyddio rheolydd – tymheredd uchaf 140°C. Amseru'n bwysig iawn gan ei bod yn hawdd coginio gormod ar y bwyd ac ni ellir ei weld. |
| Microdonnau – pelydriad microdon sy'n coginio'r bwyd. Ni fydd y bwyd yn brownio heb elfen wresogi. | ffwrn ficrodon | Dewis arall yn lle berwi, ageru a phobi ond nid rhostio. Dadrewi bwydydd wedi'u rhewi, cynhesu bwydydd cyfleus sydd wedi'u coginio'n barod. | Amseru'n bwysig iawn gan ei bod yn hawdd coginio gormod ar y bwyd. Gellir defnyddio'r panel rheoli i osod yr amser i'r eiliad agosaf. |

## Siart Dewis: Dulliau Gorffennu

| Dull | Offer | | Cymwysiadau | Rheoli ansawdd |
|---|---|---|---|---|
| ychwanegu garnais | amrywiaeth o offer torri a siapio: sisyrnau, cyllyll, gratwyr | | Addurniadau bwytadwy megis sbrigyn o berlysiau, perlysiau wedi'u malu, cnau rhost wedi'u malu, caws parma wedi'i ratio. | Sicrhau ffresni a maint/siâp priodol. |
| **Rheoli lliw arwyneb** | | | | |
| sgleinio | sosban a llwy i droi | | Rhoi sglein ar lysiau gwraidd wedi'u berwi, e.e. menyn ar foron. | Gofalu nad ydynt yn coginio gormod a bod yr haen yn gyson. |
| gridyllu | gridyll | | Brownio arwyneb bwydydd, e.e. haenen o gaws, cwstard hufen. | Gridyll – rheolir y tymheredd gan y defnyddiwr trwy reoli'r llosgydd/gwresogydd. Mae amseru'n bwysig gan ei bod yn hawdd llosgi'r arwyneb. |
| rhostio a phobi | ffwrn | | Brownio arwyneb bwydydd, e.e. cigoedd, teisennau a bisgedi. | Gosodir tymheredd y popty gan y defnyddiwr trwy ddefnyddio rheolydd. Nid yw amseru union yn bwysig gyda chigoedd ond mae'n hanfodol gyda theisennau a bisgedi. |
| caenu a throchi | sosban a llwy i droi | | Gorchuddio bwydydd solid â haen hylifol, e.e. cregyn pasta wedi'u troi mewn saws tomato. | Gofalu bod y bwyd wedi'i orchuddio'n gyson ac yn llwyr. |
| **Rheoli ansawdd yr arwyneb** | | | | |
| llyfnhau | cyllell balet | | Ffurfio arwyneb llyfn, e.e. rhoi eisin ar deisen sbwng. | Gofalu bod y bwyd wedi'i orchuddio'n llyfn ac yn llwyr. |
| marcio | fforc | | Rhoi ansawdd gweadog i'r arwyneb, e.e. fflwffio wyneb pastai'r bugail. | Gofalu bod y bwyd wedi'i orchuddio'n llwyr. |
| **Rheoli siâp** | | | | |
| plygu | dwylo | | Creu parseli crwst, e.e. samosa. | Eu trin yn ofalus a sicrhau eu bod wedi eu trefnu'n gyson a chywir. |
| torri allan | cyllyll, torwyr | | Creu addurniadau rhuban a siapiau eraill ar basteiod, teisennau a chrwst. | Sicrhau defnydd cyson o'r gyllell a'r torrwr. |
| cerflunio | cyllyll | | Creu addurniadau bwytadwy a diddorol, e.e. rhosenni wedi'u ffurfio o ruddygl. | Sicrhau defnydd cyson o'r gyllell a natur y cynnyrch gorffenedig. |
| allwthio | bag peipio | | Rheoli trawstoriad defnyddiau y gellir eu hallwthio, e.e eisin ar deisen ben-blwydd. | Sicrhau pwysau cyson ar y bag a symudiad cyson y big. |
| **Rheoli ffurf** | | | | |
| ffurfio | dwylo, tuniau pobi, mowldiau | | Creu siapiau 3D megis ffigurau marsipan, teisennau bach a jelïau. | Sicrhau bod y siapiau'n addas. Eu rhyddhau o'r tuniau a'r mowldiau yn ofalus. |

# Siart Dewis Defnyddiau Modelu

Dyma rai awgrymiadau i'ch helpu i benderfynu pa ddefnydd modelu i'w ddefnyddio ar gyfer modelu syniadau dylunio ym mhob trywydd diddordeb.

| Trywydd diddordeb | Technegau modelu | Model |
|---|---|---|
| Pecynnau a defnydd pacio | Rhwydweithiau papur neu gerdyn | |
| Gwybodaeth | Delweddu cyflym | |
| Arwyddion | Torri darnau o bapur a cherdyn allan | |
| Peirianneg cerdyn | Torri darnau o bapur allan a rhwydi papur | |
| Dylunio mewnol | Efelychu cornel ystafell | |
| Rhyngwynebau defnyddiwr | Modelau bloc gyda manylion yr arwynebau | |
| Gêmau bwrdd a phosau | Prototeipio cyflym | |

# Siart Dewis Strategaethau

Mae'r Siart Dewis hwn yn rhoi gwybodaeth am strategaethau:

- pryd i ddefnyddio strategaeth mewn Tasg Gallu;
- faint o amser y bydd y strategaeth yn ei gymryd;
- pa mor gymhleth yw'r strategaeth;
- a yw'n cynnwys pobl eraill.

Defnyddiwch yr allwedd i ddarganfod ystyr yr eiconau.

| Strategaeth | Sylwadau |
| --- | --- |
| Darganfod anghenion a hoffterau | |
|     corfforol, deallusol, emosiynol a chymdeithasol | |
|     gwylio pobl | |
|     gofyn cwestiynau | |
|     defnyddio llyfrau a chylchgronau | |
|     byrddau delwedd | |
|     holiaduron | |
| Briffiau dylunio | |
| Manylebau | |
| Creu syniadau dylunio | |
|     saethu syniadau | |
|     dadansoddi priodoleddau | |
|     lluniadu arsylwadol | |
|     lluniadu ymchwiliol | |
| Modelu | |
|     ymddangosiad | |
|     perfformiad | |
|     â chyfrifiaduron | |
| Cymhwyso gwyddoniaeth | |
| Meddwl yn nhermau systemau | |
| Cynllunio | |
| Gwerthuso | |
|     holi'r defnyddwyr | |
|     enillwyr a chollwyr | |
|     profi perfformiad | |
|     priodoldeb | |

**Allwedd i'r eiconau:**

Pryd: dechrau   canol   diwedd

Amser: byr i hir

Cymhlethdod: syml i gymhleth

Pobl eraill: un arall i nifer o bobl

# Pecynnau a defnyddiau pacio

## Pam mae angen pecynnau?

Mae gan becynnau sawl pwrpas pwysig:

- dal a chadw cynnyrch;
- diogelu nwyddau rhag difrod;
- rhoi gwybodaeth i'r cwsmer am y cynnyrch;
- hyrwyddo cynnyrch a helpu i'w werthu;
- gwneud y cynnyrch yn hawdd i'w gario, ei ddefnyddio a'i storio.

## Dewis defnyddiau

Mae'r rhan fwyaf o becynnau'n cael eu gwneud o ddefnyddiau sylfaenol megis papur, cerdyn, plastigion, metel a gwydr. Bydd y defnydd a ddewiswch yn effeithio ar ddyluniad y pecyn.

*Mae pecynnau ar gael mewn amrywiaeth eang o siapiau, meintiau a defnyddiau*

## Siart Dewis Defnyddiau

| Defnydd | Manteision | Anfanteision | Defnydd a awgrymir ar gyfer gwneud dymi | Mathau o becynnau |
|---------|-----------|--------------|------------------------------------------|--------------------|
| Papur a cherdyn | dwysedd isel | dŵr yn cael effaith andwyol arno | papur neu gerdyn | grawnfwydydd brecwast, powdrau golchi |
| Thermoplastigion | dwysedd isel, diddos | gwres yn cael effaith andwyol arno | mowldin dwy-ran gan ddefnyddio ffurfio â gwactod | diodydd ysgafn, nwyddau ymolchi |
| Metel | cryf, anystwyth, diddos | drud, dwysedd uchel | caniau metel sydd wrth law | diodydd ysgafn, bwydydd tun |
| Gwydr | tryloyw, diddos | drud, malu'n hawdd, dwysedd uchel | poteli sydd wrth law | diodydd drutach, coffi |

# Defnyddio delweddau yn eich dyluniadau

I gychwyn, bydd angen i chi benderfynu ar y brif naws rydych am ei chyfleu. Dyma rai dewisiadau cyferbyniol: traddodiadol neu fodern, benywaidd neu wrywaidd, oeraidd neu gynnes, moethus neu sylfaenol. Pan fyddwch wedi penderfynu ar brif naws eich dyluniad, gallwch ddefnyddio'r siart isod i ddewis yr iaith weledol briodol ar ei chyfer.

| Naws | Lliwiau | Siapiau | Patrwm a gwead | Llythrennu | Cyfrwng a defnydd graffig |
|---|---|---|---|---|---|
| **Traddodiadol** hen ffasiwn, hiraethus, dibynadwy, wedi ei wneud â llaw, gwladaidd | | | motiffau traddodiadol patrymog iawn – patrymau pesli, tartan, marmor, hesian, gwehyddiad basged, lledr | llythrennau seriff, llythrennau crwn, llythrennu â llaw | creon, pensil, dyfrlliw, pen ac inc, pren gweadog, torri ac argraffu, papurau wedi'u gwneud â llaw, felwm neu ffabrig |
| **Modern** bywiog, cyfoes, ffres, cyffrous, newydd, ffasiynol, ifanc | | | mympwyol neu geometregol, syml a chymharol ddi-batrwm, plaen a di-lol, glân, gwead llyfn a sgleiniog | llythrennau bychain sans seriff – bylchiad llydan neu agored, gor-brintio neu'r annisgwyl, torri confensiynau | cynhyrchu ar gyfrifiadur, brwsh aer neu farcwyr, defnyddiau diaddurn fel dur, acrylig neu bapur llwyd |
| **Tyner** cywrain, gosgeiddig, dymunol, meddal, pur, sensitif | | | patrymau ysgafn, naturiol neu fain, dail, blodau, cymylau ysgafn, dŵr yn chwyrlïo. Gorffeniadau, sidanaidd, satin, melfedaidd neu feddal | seriffau, ysgafn, yn llifo, bregus, gosgeiddig, main, cywrain | creon pensil, pastelau, dyfrlliw, papurau wedi'u gwneud â llaw neu bapur, sidan |
| **Cryf** beiddgar, gwydn, pwerus, ymosodol, hyderus, caled | | | blociau o batrymau cyferbyniol; trawiadol, cryf a solid gyda llinellau, stribedi neu amlinellau tebyg i beiriannau, neu haniaethol, gwydn a phlaen | sans seriff, trawiadol, ymylon caled, onglog, plaen | marcwyr, pen ac inc, paent acrylig, papurau lliw, print, paentiau chwistrell metelig |

| Naws | Lliwiau | Siapiau | Patrwm a gwead | Llythrennu | Cyfrwng a defnydd graffig |
|---|---|---|---|---|---|
| **Oeraidd** ffres, oerllyd, croyw, tawel, glân, clinigol, pell | | miniog, pigog, pendant, onglog, danheddog, main, caled, dagrau a dŵr yn chwyrlïo | patrymau miniog ac onglog, trionglau a phlu eira, stribedi cul, geometrig, a danheddog, arwynebau metelig, gwydrog, sgleiniog a barugog | sans seriff, ysgafn, ffres, pigog, tal, main, onglog | brwsh aer, marcwyr, cynhyrchu ar gyfrifiadur, lliwiau fflat, gorffeniadau metelig, sgleiniog neu farugog |
| **Cynnes** cysurlon, cyfeillgar, deniadol, hafaidd, clyd, hapus, egnïol | | crwn, meddal, crwm, agored, synhwyrus, mawr a swmpus | afreolaidd, gwlanog, mat, plisgyn wy, defnyddiau naturiol, pren, ffabrigau a ceramigau | seriffau ac italig, llythrennu â llaw, agored a hael, crwn a chrwm | dyfrlliwiau, pastelau, creon pensil, papurau wedi'u gwneud â llaw, ffabrig, cerdyn mat ac arwynebau gweadog |
| **Moethus** soffistigedig, drud, prin, safonol, clasurol, ceidwadol, pen ucha'r farchnad | | elipsau a cholofnau urddasol, ffurfiau geometrig cytbwys, petryalau, cylchoedd, wedi'u gwneud â llaw gyda manylion (tagiau, seliau, botymau a labeli) | patrymau diwylliannol cynnil, urddasol neu draddodiadol, gweadau, lledr naturiol, lliain, melfed, sidan, metel a phren | seriffau, main, cywrain, ysgafn, gosgeiddig, clasurol; italig neu wedi'i ysgrifennu â llaw, unigolyddol | dyfrlliw, pen ac inc, creon pensil, boglynnu, papur Japaneaidd neu bapur wedi'i wneud â llaw, ffabrig, pren, aur ac arian |
| **Sylfaenol** cyffredin, rhad, poblogaidd, beiddgar, gonest, pen isa'r farchnad | | siapiau beiddgar syml, tebyg i gartŵn gyda amlinellau duon ac ymylon pendant neu or-addurno | patrymau llachar, bywiog a phrysur, smotiau, llinellau, gweadau sgleiniog, plastigion a ffoil metel | sans seriff, trwchus, beiddgar, mawr, llydan, hawdd ei ddarllen | marcwyr, pennau ffelt, argraffu, cynhyrchu ar gyfrifiadur, plastigion, gorffeniadau sgleiniog |

# Defnyddio technoleg argraffu broffesiynol

Erbyn hyn mae gan y rhan fwyaf o ysgolion amryw o dechnolegau argraffu proffesiynol. Gallwch ddefnyddio'r wybodaeth yn y tabl isod i benderfynu pa bryd i'w defnyddio.

**Llungopïwr du a gwyn**

| Nifer y copïau | Defnyddiau | Maint | Cost yr uned | Cymwysiadau |
|---|---|---|---|---|
| ● hyd at 500 | ● papur<br>● tryloywder uwchdaflunydd | ● A4<br>● A3 | ● isel | ● atgynhyrchu taflenni gwybodaeth a llyfrynnau |

**Llungopïwr lliw**

| Nifer y copïau | Defnyddiau | Maint | Cost yr uned | Cymwysiadau |
|---|---|---|---|---|
| ● un yn unig | ● papur<br>● tryloywder uwchdaflunydd<br>● papur trosglwyddo gwres | ● A4<br>● A3 | ● uchel | ● delweddau gweledol ar gyfer pecynnau dymi<br>● trosglwyddo dyluniadau i ffabrig |

**Plotydd**

| Nifer y copïau | Defnyddiau | Maint | Cost yr uned | Cymwysiadau |
|---|---|---|---|---|
| ● un yn unig | ● papur<br>● cerdyn | ● A4<br>● A3<br>● a mwy | ● isel | ● cynlluniau dylunio mewnol<br>● rhwydi ar gyfer pecynnau<br>● rhwydi ar gyfer peirianneg cerdyn<br>● amlinellau ar gyfer arwyddion |

**Argraffydd laser**

| Nifer y copïau | Defnyddiau | Maint | Cost yr uned | Cymwysiadau |
|---|---|---|---|---|
| ● un yn unig | ● papur<br>● cerdyn tenau<br>● tryloywder uwchdaflunydd | ● A4 fel rheol | ● isel ar gyfer du a gwyn<br>● uchel ar gyfer lliw | ● paneli testun ar gyfer pecynnau dymi<br>● copïau gwreiddiol ar gyfer taflenni gwybodaeth a llyfrynnau |

**Lithograffi offset**

| Nifer y copïau | Defnyddiau | Maint | Cost yr uned | Cymwysiadau |
|---|---|---|---|---|
| ● dros 500 | ● papur<br>● cerdyn tenau | ● A4<br>● A3 | ● isel | ● atgynhyrchu taflenni gwybodaeth a llyfrynnau |

# Gwybodaeth am ddefnyddiau

## Pren naturiol

Mae cyfeiriad y graen yn effeithio ar nodweddion gweithio pren naturiol. Er enghraifft, mae pren yn hollti ar hyd y graen ond nid ar ei draws, ond mae'n crebachu neu'n chwyddo ar draws y graen yn hytrach nag ar ei hyd. Dylid trin pren gyda chadwolyn i'w amddiffyn rhag lleithder, pydredd a phryfed.

Defnyddiwch y Siart Dewis isod i'ch helpu i ddewis pa bren sydd orau ar gyfer eich dyluniad.

### Siart Dewis Pren

| Defnydd | Disgrifiad | Nodweddion a chynghorion wrth ei ddefnyddio | Cymwysiadau ym maes cynhyrchion graffeg | Cost |
|---------|-----------|---------------------------------------------|------------------------------------------|------|
| Pinwydden ① | hufen a brown golau, graen syth ond ceinciog | eithaf cryf, gweddol hawdd i'w dorri, trimio, siapio a'i uno, pydru'n gyflym os na chaiff ei drin | fframweithiau ar gyfer adeileddau 3D, setiau llwyfan ac arddangosfeydd, modelau bloc | isel |
| Jelwtong ② | hufen a llwydfelyn golau, graen syth, dim ceinciau | mwy gwydn na phinwydden, hawdd i'w drimio, torri, siapio ac uno | modelau bloc wrth ddylunio cynhyrchion, brasfodelau o siapiau poteli ac ati, mowldiau ar gyfer ffurfio â gwactod | canolig |
| Balsa ③ | pinc-wyn, ysgafn iawn o ran pwysau | hawdd i'w dorri, hawdd iawn i'w drimio a'i siapio, uno â sment balsa | adeileddau bach ac ysgafn, gwneud modelau'n gyflym, modelau ar raddfa fach | uchel |
| Helygen a chansen ④ ⑤ | coesynnau tenau, lliw hufen neu wyrdd ysgafn | ystwyth iawn, hawdd i'w blygu, ei dorri a'i drimio | fframweithiau ysgafn, adeileddau crwm | isel |

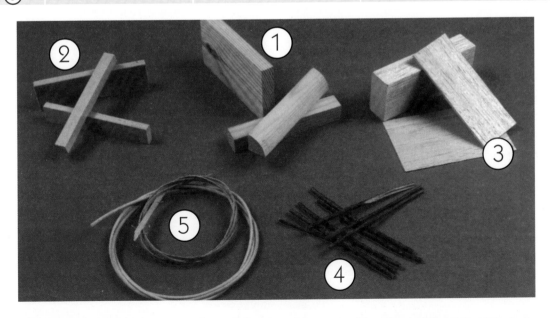

# Prennau cyfansawdd

Gellir torri pren naturiol yn llenni tenau neu'n stribedi, neu eu malu'n sglodion neu ffibrau a'u gludio a'u gwasgu i wneud byrddau. Mae nodweddion y rhain yn gwahanol iawn i nodweddion y pren gwreiddiol. Mae gan brennau neu fyrddau cyfansawdd ddwy brif nodwedd:

- maent ar gael mewn llenni mawr, gwastad o wahanol drwch

- nid ydynt yn chwyddo, yn crebachu nac yn ystumio dan amodau rhesymol.

Defnyddiwch y Siart Dewis hwn i'ch helpu i ddewis y pren cyfansawdd gorau ar gyfer eich dyluniad.

## Siart Dewis Prennau Cyfansawdd

| Defnydd | Disgrifiad | Nodweddion a chynghorion wrth ei ddefnyddio | Cymwysiadau ym maes cynhyrchion graffeg | Cost |
|---------|-----------|----------------------------------------------|------------------------------------------|------|
| Pren haenog (1) | haenau tenau o argaen yn rhedeg ar onglau sgwâr i raen yr un agosaf ato, amryw o liwiau | gwydn, nid yw'n ystumio, mae pren haenog allanol yn ddiddos, gall hollti wrth ei dorri | torri darnau allan i wneud arwyddion ac arddangosfeydd, ochrau cynwysyddion a chratiau | uchel |
| Caledfwrdd (2) | browngoch tywyll, gweadog ar un ochr, llyfn ar yr ochr arall | brau, yn rhwygo'n hawdd, yr ymylon yn anodd i'w gorffennu, dŵr yn ei wneud yn soeglyd | paneli gorchuddio ar gyfer setiau llwyfan ac ati | isel |
| Bwrdd ffibr dwysedd canolig (MDF) (3) | llwydfelyn, arwyneb llyfn, dwys, eithaf trwm | hawdd i'w siapio, hawdd i'w ddrilio, yr ymylon yn cadw'n dda, mae'n pylu offer, dŵr yn ei wneud yn soeglyd | torri darnau allan i wneud murluniau ac arddangosfeydd, modelau bloc wrth ddylunio cynhyrchion a phecynnau, mowldiau ffurfio â gwactod | canolig |
| Bwrdd sglodion (4) | gronynnau bras, sydd weithiau wedi'u gwasgu rhwng argaenau o blastig neu goed | brau, hawdd difrodi'r ymylon, anodd i'w siapio, gorffennu'n wael, mae'n pylu offer, dŵr yn ei wneud yn soeglyd | gwaelodion a phlinthiau mawr ar gyfer setiau llwyfan ac arddangosfeydd | isel |

Sylwer bod y rhan fwyaf o'r byrddau hyn yn cael eu gwerthu mewn maint safonol – 2440 x 1220 mm

# Plastigion

Gallwch ddefnyddio'r Siart Dewis hwn i'ch helpu i ddewis y defnydd plastig gorau ar gyfer eich dyluniad.

## Siart Dewis Plastigion

| Defnydd | Nodweddion | Cynghorion wrth ei ddefnyddio | Cymwysiadau ym maes cynhyrchion graffeg | Cost |
|---|---|---|---|---|
| Acrylig (ar gael fel llen, rhoden a thiwb) | anystwyth a chryf ond nid yw'n wydn, crafu'n hawdd, dewis eang o liwiau ar gael, thermoplastig | hawdd ei blygu â gwresogydd stribed, gorffennu'n dda, defnyddir sment Tensol i'w uno | torri darnau fflat allan i wneud arwyddion, ffurfiau 2D a 3D bach ar gyfer gêmau | canolig |
| Polyfinyl clorid (PVC) llen solid | anystwyth, cryf a gwydn, gwell am wrthsefyll crafu nag acrylig, thermoplastig | defnyddir hydoddydd hylifol i'w uno (ar werth fel defnydd plymio) | ffurfiau 2D a 3D bach ar gyfer gêmau | canolig |
| Polyfinyl clorid (PVC) llen ewyn dwysedd uchel | anystwyth, cryf, gwydn ac ysgafn, dewis eang o liwiau ar gael, thermoplastig | da ar gyfer peiriannu, torri'n hawdd a da | torri darnau fflat allan i wneud arwyddion, ffurfiau 2D a 3D bach ar gyfer gêmau | canolig |
| Llen polystyren | nid yw'n wydn, dewis eang o liwiau ar gael, thermoplastig | da ar gyfer ffurfio â gwactod, defnyddir sment polystyren hylifol i'w uno | ffurfiau cragen ar gyfer defnydd pacio a mannau talu | isel |
| Llen polypropylen rhychiog (Corriflute) | anystwyth ond heb fod yn gryf, ysgafn, dewis eang o liwiau ar gael, thermoplastig | gellir defnyddio rhybedion arbennig i'w uno ar frys | adeileddau ar gyfer mannau talu | isel |
| Acrylonitril bwtadien-styren (ABS) – llenni a rhodenni | anystwyth, cryf a gwydn, crafu'n hawdd, dewis eang o liwiau ar gael, thermoplastig | gellir defnyddio cydrannau arbennig i uno tiwbiau i ffurfio adeileddau | adeileddau ar gyfer mannau talu | canolig |
| Resin polyester | hylif sy'n caledu i ffurfio solid caled, dewis eang o liwiau ar gael, plastig thermosodol | mae'n bwysig defnyddio'r swm cywir o gatalydd caledu | castinau solid ar gyfer gêmau | canolig |
| Bloc polystyren ymledol | ysgafn, amsugno ardrawiadau | torri, siapio a gorffennu'n dda | defnydd pacio, modelau bloc | isel |
| Bwrdd ewyn wedi'i gefnu â cherdyn | ysgafn ac anystwyth, nid yw'n gryf | torri'n hawdd a da | modelau pensaernïol | uchel |
| Melamin-fformaldehyd (Formica) | ysgafn ond heb fod yn gryf, da iawn am wrthsefyll crafu, plastig thermosodol | torri'n lân, gellir ei engrafu, caiff ei ludio ar fwrdd mwy trwchus fel rheol | arwyddion bach | canolig |

# Papur a cherdyn

Gallwch ddefnyddio'r Siart Dewis hwn i'ch helpu i ddewis papur a cherdyn ar gyfer eich projectau.

### Siart Dewis Papur a Cherdyn

| Defnydd | Ffynhonnell | Cymwysiadau ym maes cynhyrchion graffeg | Cost |
|---|---|---|---|
| Papur leinio ① | siopau DIY | ar gyfer gwaith arbrofol mawr gyda phensiliau a marcwyr, ar gyfer patrymluniau mawr | isel |
| Papur gosodiad ② | cyflenwyr defnyddiau celf/graffeg | delweddu syniadau newydd, datblygu troshaenau'n gyflym | canolig |
| Papur dargopïo ③ | cyflenwyr defnyddiau celf/graffeg | datblygu troshaenau manwl | uchel |
| Papur catris ④ | cyflenwyr defnyddiau celf/graffeg | cyflwyno delweddau gweledol, dyluniadau neidio-i-fyny syml | canolig |
| Papur dyfrlliw | cyflenwyr defnyddiau celf/graffeg | cyflwyno delweddau gweledol | canolig |
| Papur sidan | siopau cadwyn a siopau eraill | modelau dylunio mewnol | isel |
| Papur crêp ⑤ | siopau cadwyn a siopau eraill | modelau dylunio mewnol | isel |
| Cerdyn rhychiog ⑥ | cyflenwyr arbenigol, defnydd pacio wedi'i daflu i ffwrdd | arddangosfeydd man talu | isel |
| Cerdyn tenau (< 300 micron) | cyflenwyr defnyddiau celf/graffeg | dyluniadau neidio-i-fyny | isel |
| Cerdyn canolig (300 i 640 micron) | cyflenwyr defnyddiau celf/graffeg | cartonau a phecynnau | canolig |
| Cerdyn trwchus (> 650 micron) | cyflenwyr defnyddiau celf/graffeg | arddangosfeydd man talu | canolig |
| Bwrdd mowntio | cyflenwyr defnyddiau celf/graffeg | modelau pensaernïol | uchel |

# Defnyddio defnyddiau gwrthiannol

Dyma ganllaw i'r gwahanol dechnegau y gallwch eu defnyddio i wneud eich cynnyrch o ddefnyddiau gwrthiannol (gwydn). Gallwch ddefnyddio'r wybodaeth yn yr adran hon i ddewis y technegau sydd eu hangen arnoch i wneud eich dyluniad. Bydd angen i chi gael cyngor ac arweiniad manwl eich athro ar y ffyrdd mwyaf diogel o ddefnyddio'r technegau.

## Torri siapiau o lenddefnyddiau

| | Pren cyfansawdd | Llen thermoplastig | Pren cyfansawdd a llen thermoplastig |
|---|---|---|---|
| Llinellau syth ac arwynebau gwastad | ar gyfer torri'r hyd / ar gyfer torri'r llen / ar gyfer trimio | ar gyfer torri'r hyd / ar gyfer trimio | ddim ar gael |
| Llinellau crwm | ar gyfer torri / ar gyfer trimio | ar gyfer torri / ar gyfer gwaith manwl / ar gyfer trimio | |
| Arwynebau crwm | ar gyfer torri / ar gyfer trimio | ar gyfer torri i'r siâp bras / ar gyfer trimio | |
| Tyllau crwn | ar gyfer marcio / ar gyfer tyllau hyd at 6 mm / ar gyfer tyllau mwy | ar gyfer marcio / ar gyfer tyllau hyd at 6 mm | |
| Tyllau sgwâr | ar gyfer tyllau trwodd mewn defnyddiau tenau / ar gyfer tyllau â gwaelod gwastad | Driliwch dwll 3 mm y tu mewn i'r siâp sydd ei angen a defnyddiwch lif fwa fach fel yn achos pren | |
| Tyllau o siâp afreolaidd | | | |
| Rhigolau | | Defnyddiwch beiriant melino | |
| Slotiau | | ar gyfer drilio cadwynol / ar gyfer trimio | |

**Siartiau dewis: Graffeg**

## Defnyddio llen blastig i gynhyrchu ffurfiau tri-dimensiwn

### Defnyddio gwresogydd stribed

1 Cynheswch y plastig hyd nes ei fod yn ddigon meddal i'w blygu.

2 Defnyddiwch jig plygu i gael yr ongl sydd ei hangen.

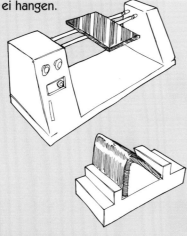

### Defnyddio ffwrn

1 Cynheswch y plastig mewn ffwrn.

2 Gosodwch yr acrylig meddal dros ffurfydd.

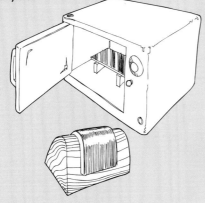

### Ffurfio thermoplastigion

Gallwch ffurfio llen thermoplastig mewn dwy ffordd:

● ffurfio plwg-ac-iau;

● ffurfio â gwactod.

### Ffurfio plwg-ac-iau

1 Torrwch siâp plwg allan o fwrdd ffibr dwysedd canolig (MDF).

2 Gludiwch iau ar sylfaen.

3 Gosodwch y llen blastig boeth dros yr iau.

4 Gwthiwch y plwg i mewn i'r iau.

5 Wedi iddi oeri tynnwch y llen blastig i ffwrdd.

6 Ar gyfer llen fwy trwchus defnyddiwch blwg taprog llai a chlampiau i roi pwysau.

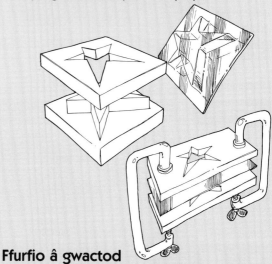

### Ffurfio â gwactod

1 Clampiwch len thermoplastig i'w lle a'i chynhesu hyd nes ei bod yn meddalu.

2 Gosodwch y llen dros ffurfydd a dechreuwch y pwmp gwactod.

3 Mae tynnu'r aer yn peri i wasgedd atmosfferig wthio'r plastig meddal dros y ffurfydd.

**Sylwer:** gallwch ddefnyddio ffurfwyr cerdyn a llinyn ar gyfer ffurfiau cerfwedd isel.

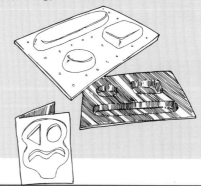

# Siart Dewis Defnyddiau Modelu

Dyma rai awgrymiadau i'ch helpu i ddewis pa ddefnydd modelu i'w ddefnyddio ar gyfer modelu syniadau dylunio ar gyfer pob trywydd diddordeb.

| Trywydd diddordeb | Defnyddiau modelu | Model |
|---|---|---|
| Dylunio cyfwisgoedd ffasiwn | Papur lliw, marcwyr, siswrn | |
| Dylunio bagiau a chariwyr | Papur, siswrn, llinyn, pinnau | |
| Dylunio mewnol | Samplau o ffabrig, papur sidan | |
| Dylunio barcutiaid | Gwifren ystwyth a thenau, papur sidan, glud, siswrn | |
| Dylunio ar gyfer amddiffyn | Bagiau plastig, gwellt, pinnau, tâp masgio | |
| Dylunio ar gyfer steil y stryd | Cerdyn lliw, marcwyr, cyllell fodelu | |
| Dylunio pebyll | Gwellt arlunio, glanhawyr pibell, papur, torrwr gwifrau, siswrn, glud | |
| Dylunio ar gyfer y theatr | Glanhawyr pibell, plastisin a darnau ffabrig | |

# Siart Dewis Strategaethau

Mae'r Siart Dewis hwn yn rhoi gwybodaeth am strategaethau:

- pryd i ddefnyddio strategaeth mewn Tasg Gallu;
- faint o amser y bydd y strategaeth yn ei gymryd;
- pa mor gymhleth yw'r strategaeth;
- a yw'n cynnwys pobl eraill.

Defnyddiwch yr allwedd i ddarganfod ystyr yr eiconau.

| Strategaeth | Sylwadau |
| --- | --- |
| Darganfod anghenion a hoffterau | |
| corfforol, deallusol, emosiynol a chymdeithasol | |
| gwylio pobl | |
| gofyn cwestiynau | |
| defnyddio llyfrau a chylchgronau | |
| byrddau delwedd | |
| holiaduron | |
| Briffiau dylunio | |
| Manylebau | |
| Creu syniadau dylunio | |
| saethu syniadau | |
| dadansoddi priodoleddau | |
| lluniadu arsylwadol | |
| lluniadu ymchwiliol | |
| Modelu | |
| brasluniau bawd | |
| torri allan | |
| lluniadu anodedig | |
| toiles | |
| casgliadau o samplau ffabrig | |
| Defnyddio cyfrifiaduron | |
| Cymhwyso gwyddoniaeth | |
| Meddwl yn nhermau systemau | |
| Cynllunio | |
| Gwerthuso | |
| holi'r defnyddiwr | |
| enillwyr a chollwyr | |
| manyleb perfformiad | |
| priodoldeb | |

**Allwedd i'r eiconau:**

Pryd: dechrau   canol   diwedd

Amser: byr i hir

Cymhlethdod: syml i gymhleth

Pobl eraill: un arall i nifer o bobl

# Cynhyrchu edafedd naturiol yn ddiwydiannol

Mae'r panel yn dangos rhai o'r prosesau a ddefnyddir i wneud edafedd allan o ddefnydd crai. Gwelwch fod yr un drefn gyffredinol yn cael ei dilyn wrth brosesu'r holl ffibrau naturiol ond bod manylion camau cyntaf y prosesau yn wahanol iawn gan fod y defnyddiau'n wahanol. Serch hynny, yr un yw pwrpas pob proses. Mae'r nyddu terfynol yn union yr un fath ar gyfer pob ffibr, er bod yr edafedd a gynhyrchir yn wahanol.

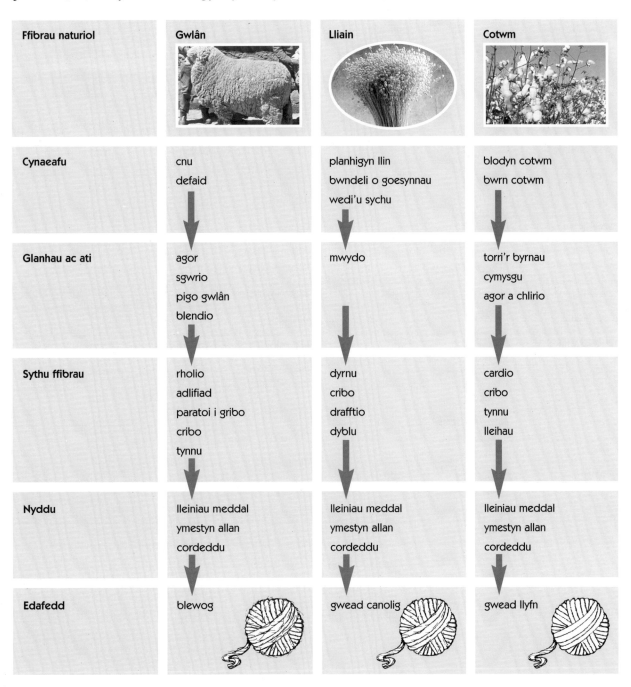

| Ffibrau naturiol | Gwlân | Lliain | Cotwm |
|---|---|---|---|
| Cynaeafu | cnu<br>defaid | planhigyn llin<br>bwndeli o goesynnau<br>wedi'u sychu | blodyn cotwm<br>bwrn cotwm |
| Glanhau ac ati | agor<br>sgwrio<br>pigo gwlân<br>blendio | mwydo | torri'r byrnau<br>cymysgu<br>agor a chlirio |
| Sythu ffibrau | rholio<br>adlifiad<br>paratoi i gribo<br>cribo<br>tynnu | dyrnu<br>cribo<br>drafftio<br>dyblu | cardio<br>cribo<br>tynnu<br>lleihau |
| Nyddu | lleiniau meddal<br>ymestyn allan<br>cordeddu | lleiniau meddal<br>ymestyn allan<br>cordeddu | lleiniau meddal<br>ymestyn allan<br>cordeddu |
| Edafedd | blewog | gwead canolig | gwead llyfn |

# Priodweddau ffibrau

Mae'r tablau yn dangos perfformiad gwahanol ffibrau yn erbyn meini prawf penodol. Yn achos pob maen prawf mae'r ffibrau wedi'u rhestru yn nhrefn eu perfformiad gyda'r perfformwyr gorau ar y brig a'r rhai gwaethaf ar y gwaelod.

| Glanweithdra a'r gallu i'w olchi | Y gallu i'w gannu | Gwrthsefyll pannu | Amsugnedd | Cryfder | Gwytnwch ac elastigedd |
|---|---|---|---|---|---|
| ffibr gwydr | cotwm | gwlân | cotwm | ffibr gwydr | elastomerig |
| elastomerig | llin | cotwm | llin | neilon | neilon |
| polyester | gwlân | llin | sidan | polyester | gwlân/ffibrau blewog |
| neilon | sidan (gyda gofal) | reion | fisgos | llin | sidan |
| acryligion | fisgos gyda sodiwm hypoclorit gwan | sidan | reion | sidan | polyester |
| acryligion wedi eu haddasu | asetad | asetad | gwlân a ffibrau blewog eraill | cotwm | acryligion |
| sidan | triasetad (gwan) | ffibrau gwneud eraill | asetad/triasetad | acryligion | acryligion wedi eu haddasu |
| asetadau | polyester neilon (gyda gofal) | | neilon | acryligion wedi eu haddasu | reion wedi ei addasu |
| triasetadau | acryligion | | acryligion | reion fisgos | asetad/ triasetad |
| llin | acryligion wedi eu haddasu (amrywio) | | acryligion wedi eu haddasu | asetad | fisgos |
| cotwm | elastomerig (gyda gofal mawr) | | polyester | gwlân/ ffibrau blewog | cotwm |
| reion | | | ffibr gwydr | metelig | metelig |
| fisgos | | | elastomerig | triasetad | llin |
| gwlân | | | metelig | elastomerig | ffibr gwydr |

Wrth ystyried glanweithdra a pha mor olchadwy yw ffibrau, gwelwn mai ffibr gwydr sy'n cadw'n lân ac yn golchi orau ac mai gwlân yw'r gwaethaf. Dyna pam mae'n rhaid bod yn ofalus iawn wrth olchi gwlân. Wrth ystyried pannu, gwelwn mai gwlân sy'n pannu fwyaf ond nad yw 'ffibrau gwneud eraill' yn debygol o bannu.

| Effaith gwres | Effaith golau | Llwydni | Gwyfynnod dillad | Llifo |
|---|---|---|---|---|
| mae ffibr gwydr yn meddalu ar 730°C | dim ond ar ôl bod yn y golau am gyfnod hir y mae elastomerig yn dechrau dirywio | neilon | cotwm | sidan |
| mae reion yn dadelfennu ar 300-400°C | acryligion wedi eu haddasu - yn gwrthsefyll yn dda | polyester | llin | cotwm |
| mae triasetad yn mynd yn ludiog ar 300°C | mae acryligion yn amrywio | acrylig | ffibrau gwneud | gwlân |
| mae asetad yn glynu wrth haearn smwddio ar 177°C, ac yn toddi ar 260°C | neilon | acryligion wedi eu haddasu | sidan | reion |
| mae polyester yn toddi ar 249-290°C | asetad | elastomerig | nid yw gwlân yn gallu eu gwrthsefyll | asetad |
| mae acryligion yn dechrau glynu ar 204°C, mae acryligion wedi eu haddasu yn pannu ar 235°C | reion | triasetad | | neilon |
| mae neilon yn melynu ar 150°C, mae'n toddi ar 215-250°C | gwlân | bydd asetad yn colli ei liw | | llin |
| mae gwlân yn dadelfennu ar 130°C, mae'n llosgi ar 300°C | llin | bydd gwlân yn dirywio dros amser maith | | polyester |
| caiff sidan ei ddinistrio ar 165°C | mae cotwm yn colli cryfder | bydd sidan yn dirywio ymhen amser | | acryligion |
| mae cotwm yn deifio ar 150°C, mae'n llosgi ar 246°C | mae sidan yn dirywio yn yr haul | cotwm | | acryligion wedi eu haddasu |
| | | llin | | |
| | | reion | | |

# Llifo eich edafedd eich hun

## Defnyddio llifynnau naturiol

Mae defnyddiau llifo naturiol fel arfer yn gweithio'n well ar ffibrau naturiol megis cotwm, gwlân neu sidan. Gall y canlyniadau amrywio tipyn a bydd cryfder a pharhad y lliw terfynol yn dibynnu ar nifer o ffactorau gan gynnwys:

- lliw gwreiddiol yr edafedd;
- y nifer o amhureddau sydd yn yr edafedd;
- y defnydd llifo a ddefnyddir;
- crynodiad y defnydd llifo;
- amser yn y baddon llifo;
- tymheredd y baddon llifo;
- defnyddio mordant neu gyfryngau sefydlogi eraill.

Mae'r broses ei hun yn un syml. Rhoddir yr edafedd mewn toddiant o'r llifyn mewn baddon llifo. Mae'r edafedd yn cael eu troi a'u gwlychu'n drwyadl er mwyn sicrhau bod y llifyn yn treiddio i'r ffibrau. Gellir cynhesu'r baddon llifo i sicrhau bod y llifyn yn treiddio'n well. Pan fydd yr edafedd wedi amsugno digon o'r llifyn, cant eu tynnu o'r baddon, eu rinsio, ac, os bydd angen, eu trin gyda mordant neu gyfrwng sefydlogi arall i rwystro'r lliw rhag mynd o'r edafedd pan gânt eu golchi'n ddiweddarach. Yna caiff yr edafedd eu rinsio a'u sychu.

Os byddwch yn defnyddio llifynnau naturiol, cofiwch am y pwyntiau diogelwch canlynol:

- byddwch yn ofalus wrth ddefnyddio cymysgwyr bwyd i baratoi'r defnydd llifo; peidiwch â'u defnyddio wedyn ar gyfer paratoi bwyd;
- byddwch yn ofalus wrth ddefnyddio mordantau, gan eu bod yn wenwynig neu'n gyrydol;
- byddwch yn ofalus wrth drin y toddiant llifo poeth.

Mae'r tablau isod yn rhestru rhai defnyddiau llifo naturiol ynghyd â rhai mordantau.

| Ffynhonnell y llifyn | Lliw posibl |
|---|---|
| plisgyn cnau ffrengig | |
| croen winwns* | |
| te | |
| mafon* | |
| cen | |
| twrmerig | |
| betys* | |

*mae angen defnyddio mordant gyda'r rhain

| Mordantau | |
|---|---|
| alwm | copr sylffad |
| fferrus sylffad | stannus clorid |

**NODYN DIOGELWCH**
Mae mordantau yn wenwynig ac yn gyrydol.

## Defnyddio llifynnau synthetig

Hyd nes y bydd gennych brofiad helaeth o ddefnyddio llifynnau naturiol, hap a damwain fydd y broses yn aml. Mae cael canlyniadau da yn gyson yn rhywbeth sy'n cymryd amser, ac yn faes ymchwil diddorol ynddo'i hun. Gallwch oresgyn y broblem hon trwy lifo gyda defnyddiau synthetig, sydd yn llawer mwy dibynadwy. Mae llifynnau Dylon yn rhai y gellir eu defnyddio yn rhwydd yn yr ysgol. Maen nhw'n gweithio'n dda gydag edafedd a ffabrigau. Mae'r tabl isod yn dangos y gwahanol fathau sydd ar gael.

| Llifyn | Dull | Cyfrwng sefydlogi | Ffibrau addas |
|---|---|---|---|
| Llifyn peiriant Dylon | Ei roi mewn peiriant golchi awtomatig blaen-lwytho | halen | cotwm, lliain, fisgos, a lliwiau ysgafnach ar gymysgedd polyester |
| Llifyn llaw Dylon | Defnyddio'r dŵr tap poethaf a'i gymysgu'n drwyadl mewn baddon llifo | halen | cotwm, lliain, fisgos, a lliwiau ysgafnach ar wlân, sidan, cymysgedd polyester/cotwm |
| Llifyn amlbwrpas Dylon | Cymysgu a mudferwi mewn baddon llifo. Mae cyfarwyddiadau arbennig ar gyfer gwlân | halen | cotwm, lliain, fisgos, gwlân, sidan, neilon ac elastomerig |
| Llifyn dŵr oer Dylon | Cymysgu mewn baddon llifo dŵr oer | halen a sefydlogyn oer | cotwm, lliain, fisgos, a lliwiau ysgafnach ar wlân a sidan |

## Cofiwch

Bydd y llifynnau hyn yn staenio eich dwylo a'ch dillad felly gwisgwch fenig rwber a hen ffedog bob amser. Byddwch yn ofalus hefyd wrth drin dŵr poeth.

# *Gorffennu ffabrigau*

Pan fydd ffabrigau yn dod o'r wŷdd neu'r peiriant gwau yn eu cyflwr anorffenedig garw fe'u gelwir yn 'nwyddau llwyd'. Mae'n rhaid iddynt fynd trwy wahanol brosesau mecanyddol a chemegol cyn y byddant yn barod i'w defnyddio at bwrpas arbennig.

Mae nifer o dechnegau gorffennu posibl ar gyfer ffabrigau. Y prosesau hyn sy'n rhoi'r olwg a'r nodweddion terfynol i'r ffabrig. Mae'r rhan fwyaf o'r peiriannau a ddefnyddir at y gwaith yn rhai arbenigol iawn. Mae'r siart yn disgrifio rhai ffyrdd o orffennu ffabrigau. Unwaith y bydd wedi ei orffennu, a'i archwilio'n derfynol, bydd y tecstil yn barod i'w ddefnyddio yn y cynnyrch terfynol.

| Proses | Pa ddefnydd? | Newidiadau |
|---|---|---|
| *Newid golwg ffabrigau* | | |
| sgleinio (proses gemegol) | ffabrigau/edafedd cotwm | Yn feddalach<br>Yn fwy amsugnol<br>Yn gryfach<br>Yn fwy gloyw |
| brwsio neu gedenu<br>(brwsio'r arwyneb yn fecanyddol) | gwlân, cotwm | Yn cynhyrchu arwyneb meddal a gwlanog; mae'r aer sy'n cael ei ddal yn cynyddu ynysiad thermol |
| llathrwasgu (calendro)<br>(mae'r ffabrig yn cael ei wasgu rhwng rholeri) | gwlân, cotwm | Yn fwy gloyw (ddim yn olchadwy)<br>Gorffeniad moiré |
| llathru (mae'r ffabrig yn cael ei drin â resin ac yna ei wasgu rhwng rholeri) | chintz cotwm | Gorffeniad sgleiniog |
| diloywi | reion | Llai o loywedd ar y ffabrig |
| cannu/gwynnu | cotwm, lliain | Yn mynd â'r lliw o ffabrigau ond gall effeithio ychydig ar eu cryfder |
| gorffennu crêpe (effaith gwres a lleithder ar edafedd cyfrodedd caled) | gwlân, sidan, reion fisgos | Yn rhoi golwg grychlyd ac arwyneb mwy garw |
| crêpe boglynnog (effaith gwres a rholer ysgythredig ynghyd â thriniaeth resin ar brydiau) | ffibrau synthetig | Yn debyg i orffennu crêpe ond ddim yn para cystal |

| Proses | Pa ddefnydd? | Newidiadau |
|---|---|---|
| **Newid teimlad, gorweddiad a phriodweddau ffabrigau** | | |
| gwrth-grychu (triniaeth resin) | cotwm | Llai o grychu, ond nid yw mor feddal |
| meddalu (triniaeth fecanyddol) | cotwm | Yn meddalu ac yn ei wneud yn fwy llipa |
| startsio (triniaeth starts) | cotwm, lliain | Yn gwneud y ffabrig yn fwy stiff; fe'i defnyddir ar gyfer llieiniau bwrdd |
| pannu | cotwm | Yn atal pannu pellach |
| gwrth-bannu (triniaeth gemegol) | gwlân | Yn atal pannu a ffeltio |
| **Gwneud ffabrigau'n fwy defnyddiol** | | |
| diddosi (drwy laminiadu neu araenu) | unrhyw un | Ni all dŵr dreiddio, parhaol |
| gorffeniad gwrth-ddŵr | unrhyw un | Gorffeniad y gellir ei adnewyddu sy'n llai effeithiol na diddosi |
| gorffeniad gwrth-staen | unrhyw un | Ddim yn staenio mor rhwydd |
| gorffeniadau gwrth-wynt (resinau a chwistrellir ar y ffabrig a chwyro) | cotwm | Ni all y gwynt dreiddio'r gorffeniad |
| gwrth-grychu (ychwanegir resin i wella nodweddion golchi-a-gwisgo) | cotwm, reion | Gorffeniad heb grychau |
| pletio parhaol (trwytho â resin a phoeth-wasgu) | gwlân a chymysgeddau gwlân/ synthetig | Crychau parhaol wedi eu poeth-wasgu |
| gorffeniad gwrth-fflam (chwistrellu'r gorffeniad ar y ffabrig) | cotwm, lliain, reion | Yn wrth-dân, ond yn cael ei golli'n aml gyda golchi |
| gwrth-statig (chwistrellu'r gorffeniad) | synthetig, sidan | Yn glynu llai, ond mae angen ei adnewyddu |
| gorffeniad amsugnol | unrhyw un | Dillad isaf, tyweli ac ati yn sugno gwlybaniaeth yn well |

# Dylunio cynhyrchion tecstil

## Dewis y priodweddau sydd eu hangen arnoch

Gallwch ddefnyddio'r wybodaeth yn y ddau siart hyn i'ch helpu i ddewis y ffabrigau ar gyfer eich dyluniad. Cofiwch ei bod hi'n ddoeth cadarnhau eich dewis bob amser trwy wneud profion ac ymchwiliadau syml.

### Siart Dewis Priodweddau Ffabrigau: 1

| Enw a chyfansoddiad | Pwysau | Gorweddiad | Ymddangosiad | Cryfder |
|---|---|---|---|---|
| Calico heb ei gannu<br>100% cotwm | ●●●● | ●● | gwehyddiad gweddol anystwyth, lliw hufen | ●●●● |
| Calico wedi ei gannu<br>100% cotwm | ●●●● | ●● | gwehyddiad gweddol anystwyth, gwyn | ●●●● |
| Cotwm trwm neu ganolig<br>100% cotwm | ●●●● | ●●● | gwehyddiad mwy meddal na chalico, hufen neu wyn; lliwiau plaen neu brintiau lliw | ●●●● |
| Cotwm main<br>100% cotwm | ●● | ●●●● | gwehyddiad meddal ond ychydig yn anystwyth, gwyn/lliwiau, gellir gweld drwyddo ychydig bach | ●●● |
| Mwslin<br>100% cotwm | ● | ●●● | gwehyddiad meddal a llac iawn, hufen neu wyn, mwy i'w weld drwyddo na chotwm main | ● |
| Polyester (gwehyddiad plaen)<br>100% polyester | ●● | ●●● | amrywiol | ●●●● |
| Polyester-cotwm (gwehyddiad plaen)<br>65% polyester/35% cotwm | ●● | ●●● | gwehyddiad plaen gweddol lyfn, lliwiau plaen neu batrymog | ●●●● |
| Neilon, diddos<br>100% neilon | ● | ●● | ffabrig wedi'i wehyddu a'l araenu, lliwiau plaen | ●●●● |
| Neilon, rhwyd<br>100% neilon | ● | ● | ffabrig rhwyd, eithaf anystwyth a brau, amrywiaeth o liwiau, rhwyd Lurex ac enfys hefyd ar gael | ● |
| Ffabrig ffwr<br>67% acrylig<br>33% acrylig wedi ei addasu | ●●● | ●● | wedi ei wehyddu neu wedi ei wau, amrywiaeth o liwiau a phatrymau | ●● |
| Ffabrig metelig<br>55% polyester metelig<br>45% neilon | ● | ●●● | wedi'i wehyddu fel arfer, yn aml yn arian neu aur | ●● |
| Hesian<br>100% jiwt | ●●/●●● | ●●/●●● | wedi'i wehyddu, gwahanol bwysau, lliwiau a gweadau, ar gael gyda chefn papur, braidd yn goslyd | ●●● |
| Sidan (pongee)<br>100% sidan | ● | ●●●● | wedi'i wehyddu, gwehyddiad llyfn, amrywiaeth o bwysau ysgafn/main | ●●● |
| Gwlân (gwlanen)<br>100% gwlân | ●●/●●● | ●●● | wedi'i wehyddu, ychydig yn weadog, amrywiaeth o liwiau | ●●● |
| Vilene | amryw | ddim yn berthnasol | wynebyn cudd heb ei wehyddu, gwahanol bwysau, du neu wyn gan amlaf, ei smwddio neu ei bwytho | ●/●●● |

Po fwyaf o smotiau sydd, mwyaf amlwg yw'r briodwedd dan sylw, e.e.

Yn achos pwysau:

mae ● yn golygu pwysau ysgafn

mae ●●●● yn golygu pwysau trwm

Yn achos fflamadwyedd:

mae ● yn golygu nad yw'n fflamadwy iawn

mae ●●●● yn golygu ei fod yn fflamadwy iawn

| Adlamedd | Amsugnedd | Fflamadwyedd | Ôl-ofal | Cost |
| --- | --- | --- | --- | --- |
| ●● | ●●●● | ●●●● | golch cotwm, haearn poeth, gall bannu | ● |
| ●● | ●●●● | ●●●● | golch cotwm, haearn poeth | ● |
| ●● | ●●●● | ●●●● | golch cotwm, haearn poeth, os yw wedi ei bannu'n barod ni wnaiff bannu eto | ●●● |
| ●● | ●●●● | ●●●● | golch cotwm, haearn poeth, haearn llaith | ●●/●●● |
| ●● | ●●●● | ●●●● | golch cotwm, haearn poeth, cymerwch ofal, ailsiapio, haearn llaith | ● |
| ●●●● | ● | ●●●● yn ymdoddi | golch synthetigion, haearn polyester, defnyddiwch feddalydd ffabrig | ●●● |
| ●●● | ●● | ●●●● rhai'n ymdoddi | golch synthetigion, haearn polyester, ychydig iawn o smwddio | ●●● |
| ● | ddim yn berthnasol | ●●●● yn ymdoddi | golch synthetigion isel, haearn oer neu ddim smwddio o gwbl | ●●● |
| ● | ddim yn berthnasol | ●●●● yn ymdoddi | golch synthetigion isel, dim smwddio | ●●/●●● |
| ●●● | ● | acrylig wedi ei addasu ●●●● acrylig ● | golch synthetigion, dim smwddio, brwsio'r peil | ●●●● |
| ●●● | ● | ●●●● yn ymdoddi | golch synthetigion, dim smwddio | ●●●● |
| ● | ●●●● | ●●●● | golch cotwm isel, haearn canolig, ailsiapio | ●●● |
| ●●● | ●●●● | ●● | golchi â llaw gan amlaf, haearn oer | ●●●/●●●● |
| ●●● | ●●●● | ●● | golch gwlân neu ddim o gwbl, haearn cynnes | ●●●/●●●● |
| ●●● | ddim yn berthnasol | ● | Fel ar gyfer yr eitemau mae ynghlwm wrthynt, ond gall ddod yn rhydd mewn golch poeth | ● |

## Siart Dewis Priodweddau Ffabrigau: 2

Mae'r siartiau hyn yn disgrifio perfformiad gwahanol ffabrigau yn erbyn gwahanol feini prawf. Yn achos pob maen prawf mae'r ffabrigau wedi'u rhestru yn nhrefn eu perfformiad gyda'r perfformwyr gorau ar frig y rhestr a'r rhai isaf ar y gwaelod.

| Pwysau | Gorweddiad | Cryfder | Adlamedd |
|--------|------------|---------|----------|
| **TRWM** | **GORWEDD YN DDA** | **CRYF** | **ADLAMU'N DDA** |
| gwlanoedd trwm | sidan | neilon | neilon |
| calico | gwlanoedd ysgafn | polyester | rhwyd neilon |
| cotymau trwm | (e.e.gwisg pen lleian) | sidan | polyester |
| ffabrig ffwr | llawer o wlanoedd eraill | ffabrig ffwr | llawer o wlanoedd |
| hesian | polyester/cotwm | ffabrig metelig | polyester/cotwm |
| gwlanoedd canolig | cotwm main | hesian | sidan |
| cotymau canolig | mwslin | gwlân | Vilene |
| polyester/cotwm | cotymau canolig | cotwm main | cotymau |
| cotwm main | polyester/cotwm | ffabrig ffwr | calico |
| polyester | polyester | ffabrig metelig | hesian |
| mwslin | ffabrig metelig | mwslin | |
| neilon | calico | Vilene ysgafn | **NID YW'N ADLAMU YN DDA** |
| rhwyd neilon | ffabrig ffwr | | |
| sidan | Vilene ysgafn | **HEB FOD YN GRYF IAWN** | |
| Vilene | neilon diddos | | |
| | rhwyd neilon | | |
| **YSGAFN** | hesian | | |
| | **NID YW'N GORWEDD YN DDA** | | |

| Amsugnedd | Fflamadwyedd | Ôl-ofal | Cost |
|---|---|---|---|
| **AMSUGNOL IAWN** | **FFLAMADWY IAWN** | **GOFAL CYFFREDINOL** | **RHAD** |
| gwlanoedd | cotymau | y rhan fwyaf o gotymau | mwslin |
| sidan | polyester/cotwm | polyester | rhwyd neilon |
| calico | polyester | polyester/cotwm | Vilene |
| cotymau eraill | ffabrig metelig | Vilene | calico |
| hesian | hesian | cotwm main | cotymau eraill |
| ffabrigau ffwr | gwlanoedd | mwslin | polyester |
| polyester/cotwm | sidan | ffabrig ffwr | polyester/cotwm |
| polyester | ffabrig ffwr | ffabrig metelig | neilon diddos |
| ffabrig metelig | neilon (yn ymdoddi) | hesian | hesian |
| rhwyd neilon | rhwyd neilon (yn ymdoddi) | neilon | ffabrig ffwr |
| Vilene | Vilene | rhwyd neilon | ffabrig metelig |
| neilon diddos | **DDIM YN FFLAMADWY** | sidan | gwlân |
| **DDIM YN AMSUGNOL** | | gwlân | sidan |
| | | **GOFAL ARBENNIG** | **DRUD** |

# Dewis y dulliau cau sydd eu hangen arnoch

Gallwch ddefnyddio'r Siart Dewis isod i'ch helpu i benderfynu ar y dulliau cau gorau ar gyfer eich dyluniad.

## Siart Dewis Dulliau Cau

| Dull cau | Pa mor hawdd i'w ddefnyddio | Pa mor hawdd i'w ffitio | Amrywiaeth | Cryfder | Pa mor hawdd i ofalu amdano | Cost |
|---|---|---|---|---|---|---|
| Botymau gyda thyllau | ●● | ●●●● | ●●●●● | ●●● | ●●● | ££ |
| Botymau gyda dolennau | ●● | ●●● | ●●●● | ●●● | ●● | £££ |
| Tyllau botwm | ●● | ● | ●● | | | |
| Toglau | ●●● | ●●● | ●● | ●● | ●● | £££ |
| Sipiau | ●●● | ● | ●● | ●●● | ●● | ££££ |
| Felcro | ●●●● | ●●●● | ● | ●●●● | ●●● | £££ |
| Bachau/llygaid/barrau ac ati | ●● | ●● | ●● | ● | ●●● | ££ |
| Stydiau gwasg | ●●● | ●● | ●● | ● | ●●● | ££ |
| Clipiau/ byclau | ●● | ●●● | ●● | ●●●● | ●●● | ££££ |
| Clymau/ bowiau | ●● | ●●● | ●●● | ●●● | ●● | ££ |

Po fwyaf o smotiau sydd, mwyaf amlwg yw'r briodwedd dan sylw, e.e.

Yn achos pa mor hawdd ydyw i'w ddefnyddio:

mae ● yn golygu nad yw'n hawdd i'w ddefnyddio

mae ●●●● yn golygu ei fod yn hawdd i'w ddefnyddio

Yn achos cost:

mae £ yn golygu cost isel

mae ££££ yn golygu cost uchel

# Dewis yr addurn arwyneb sydd ei angen arnoch

Gallwch ddefnyddio'r siart hwn i benderfynu pa addurn arwyneb sy'n fwyaf addas ar gyfer eich dyluniad.

## Siart Dewis Addurn ar gyfer Ffabrigau

| Techneg | Unwaith neu sawl gwaith | Yr amser a gymer | Syml neu gymhleth | Pryd i'w wneud | Cyfarpar arbennig |
|---|---|---|---|---|---|
| Clymu a llifo | unwaith | cyflym (yn arbennig gydag un lliw) | syml iawn | edafedd, cyn torri allan, ar ddarnau o'r ffabrig neu ar yr eitem orffenedig | llinyn, edau, cerrig ac ati |
| Batic | unwaith | mae'n amrywio (yn dibynnu ar y manylion a nifer y lliwiau) | angen ymarfer | cyn torri allan neu ar ddarnau wedi eu torri | cwyr, pot batic, erfyn tjanting, ffrâm, haearn smwddio |
| Peintio uniongyrchol | unwaith | cyflym (os yw'r motiff yn un syml) | syml | ar ddarnau wedi eu torri neu'r eitem orffenedig | gall ffrâm fod yn ddefnyddiol |
| Peintio chwistrell | unwaith | cyflym | syml | cyn torri allan neu ar ddarnau wedi eu torri | tryledwr chwistrell |
| Peintio troslun | unwaith | cyflym gyda motiffau syml | syml - mae'n rhaid trawsosod y llythrennu | ar ddarnau wedi eu torri neu'r eitem orffenedig | haearn smwddio |
| Printio bloc | sawl gwaith | araf - rhaid paratoi'r bloc yn gyntaf; mae'r argraffu'n gyflym | syml | cyn torri allan | defnydd ac offer i wneud y bloc; rholer a hambwrdd |
| Printio sgrin | sawl gwaith | mae'n cymryd amser i baratoi'r sgrin; mae'r argraffu'n gyflym | mae'n amrywio (yn dibynnu ar y nifer a wneir ac ar y lliwiau) | cyn torri allan | sgrin, offer a defnyddiau i wneud y sgrin; gwesgi (squeegee) |
| Appliqué | unwaith neu sawl gwaith | araf - rhaid bod yn ofalus wrth dorri, lleoli a phwytho | angen ymarfer | ar ddarnau wedi eu torri | offer i wnïo â llaw neu beiriant |
| Brodwaith | unwaith neu sawl gwaith | mae'r gwaith llaw a pheiriant yn amrywio yn ôl cymhlethdod | syml i gymhleth | ar ddarnau wedi eu tros-dorri neu ar yr eitem orffenedig | offer i wnïo â llaw neu beiriant, ffrâm |
| Cwiltio | unwaith neu sawl gwaith | mae'n amrywio (yn dibynnu ar y math o bwytho a faint mae angen ei wneud) | syml gydag ymarfer | cyn torri neu ar ddarnau wedi eu torri; gellir ei gyfuno gyda rhagbadio | offer i wnïo â llaw neu beiriant |

Siartiau dewis: Tecstilau

# Dewis y teimlad sydd ei angen arnoch

Mae'r panel isod yn ceisio eich helpu gyda hyn, trwy nodi pwysau, adlamedd a gwead gwahanol ffabrigau. Bydd angen i chi ddefnyddio'r allwedd yn ofalus.

## Siart Dewis Teimlad Ffabrigau

| Ffabrig | Pwysau | Adlamedd | Gwead |
|---|---|---|---|
| Calico canolig | | | |
| Dril cotwm | | | |
| Poplin cotwm (crysau) | | | |
| Jersey gwlân main | | | |
| Edafedd gweadog (gwau â llaw) | | | |
| Melfared cotwm trwm | | | |
| Cotwm main hancesi | | | |
| Mwslin cotwm | | | |
| Sachliain hesian | | | |
| Lliain tyweli sychu llestri | | | |
| Sidan gwyllt trwchus | | | |
| Gwlân - twîd siaced | | | |
| Crêp gwlân main | | | |
| Gwlân wedi ei wehyddu, pwysau ffrog | | | |
| Melfed neilon | | | |
| Leinin asetad | | | |
| Neilon gwlanog | | | |
| Ffabrig ffwr | | | |
| Ffabrig metelig main | | | |
| Rhwyd neilon | | | |
| Neilon ysgafn, diddos | | | |
| Polyester-satin | | | |
| Polyester-cotwm | | | |
| Vilene ysgafn ymdoddadwy | | | |

**Allwedd:**

**Pwysau**
- ysgafn
- pwysau canolig
- trwm
- main / yn 'nofio' oddi ar y llaw
- canolig / yn gorwedd yn llipa oddi ar y llaw
- garw / yn anystwyth oddi ar y llaw

**Adlamedd**
- gwehyddiad neu wau agored
- gwehyddiad neu wau gweddol dynn
- gwehyddiad neu wau tynn

**Gwead**
- gwead llyfn
- gwead canolig
- gwead garw
- mae pelenni (*bobbles*) ganddo
- mae ganddo resi neu farciau eraill ar yr arwyneb
- mae peil (cydynnau) ganddo
- mae ceden ganddo (gellir brwsio'r arwyneb i'r ddau gyfeiriad gyda'r bysedd / mae'n fwy llyfn i'r naill gyfeiriad nag i'r llall
- mae ffibrau blewog yn sefyll allan

Gallwch ddefnyddio'r siart i ddod o hyd i ffabrig gyda phriodweddau arbennig. Er enghraifft, os ydych chi'n chwilio am rywbeth sy'n teimlo'n ysgafn iawn, sydd â gwehyddiad agored, ac ychydig o wead, efallai na fyddwch yn gallu dod o hyd i'r union ffabrig ond gallwch chwilio am un tebyg iawn.

# Mynegai

# Mynegai i'r siartiau dewis

tudalennau 159-218